U0868731

岳麓書社

读名著　选岳麓

孟子

杨伯峻 杨逢彬 导读 注译

岳麓書社 · 长沙

前　言

一、本书两个母本的简介

读者手中的这本《孟子》，是将杨伯峻先生《孟子译注》和杨逢彬《孟子新注新译》（第二版）糅合在一道，然后加以缩写的本子。前者是华人世界以至全球影响最大、发行最广的《孟子》译注本，后者大约是迄今为止在注释《孟子》疑难词句方面做得最为精准的。本书取两书之长，删汰若干烦冗的考据，因而既适用于一般读者，又适用于专门研究者。

既然本书乃糅合《孟子译注》和《孟子新注新译》（第二版）而成，就有必要介绍一下作为母本的这两部书。

《孟子译注》是在国内外产生过重大影响的著作，已成为世界上许多大学的文科重要参考书。该书旁搜远绍，博采古今学人的研究成果，间下己意，于注释中尽量将历史知识、地理沿革、名物制度、古代民俗以及古代哲学思想考证交代清楚；作为语言学家，杨伯峻先生尤其注意字音词义、语法修辞规律的介绍，并时常对这方面的疑难问题进行论证。唯其如此，故能突破前修，独树一帜。书末附有《孟子词典》，尤便读者。所以著名古文字学家张政烺先生说：

> 在今注中确有极高的学术价值的，可以达到雅俗共赏的境地。杨伯峻的《论语译注》《孟子译注》《春秋左传注》就是其中的佼佼者。《论语》《孟子》成书较早，杨注虽对于典章制度的注释小有不

> 足，但其解决难点，疏通文意，都有独到之处。(《关于古籍今注今译》，载《张政烺文史论集》，中华书局 2004 年版，第 831 页)

正因为此，《论语译注》和《孟子译注》才成为同类著作的典范，近一个甲子以来，一版再版，历久不衰。既然《孟子译注》已成为同类著作的典范，也就无需再多作介绍了。

而《孟子新注新译》(第二版)主要想要做的，就是怎样尽可能地使得它的注释的准确性、可靠性较之同类注本做得更好。

这里所说的“准确性、可靠性”，是指对“字面上”意义的把握，而字、词、句所蕴含的思想或哲理，是思想史家或哲学家的任务。字、词、句的释读，是语言学所管的；字面后所蕴藏的思想、哲理，是思想史或哲学所管的。这是两个步骤，不宜合二为一。

现在我们说说“做得更好”的依据何在。

一个词的多义，体现在字典词典里；在特定的上下文中它却是单义的。也即，上下文锁定了该词，让它只能呈现出一个意义。而且，每个词，以及每个词下面的每个意义，它的分布(通俗地解释，就是上下文条件，或“语境”)都是独一无二，而与其他词、其他意义是有所区别的；就像身份证号码和车牌，是和具体的人、车一一对应的。总之，分布限定了词义，分布就是特定词义的标志牌。考察分布，杨树达先生谓之“审句例”。《孟子新注新译》(第二版)的著者对考察分布也即审句例，是“死死抓住不放”的。

高邮王氏考据古词语的典范之作，都是审句例得来的，也都符合分布的原理。例如王氏父子解读《诗经·邶风》中“终风且暴”一词，就是通过对“终温且惠”“终窭且贫”“终和且平”“终善且有”等“终～且～”格式句子的归纳分析，确定了“终”的类似于“既”的意义。由此亦可见，通过审句例来考察分布，其重要任务之一就是归纳格式。格式，最能体现语言的系统性。在格式中，词义不但得以锁定，有些隐晦不彰的词义也能得以凸显——如“终”的类似于“既”的意义。

更为重要的是，考察分布时，要对词汇、语音尤其是语法知识加以运用。

考察分布，其背后的逻辑是语言的社会性，用王引之的话来说，就是“揆之本文而协，验之他卷而通”。

古人考察分布也即审句例要靠博闻强记，今人借助计算机及其软件，海量例句，转瞬即到眼前；但一条条例句还须逐一分析，从中总结规律。这仍需要坐冷板凳。考察分布，其结论的得出，全依审句例的结果而定，不是事先预设的。

王力先生主张，要重视故训，不要轻易推翻。许多审句例的结果证明，汉晋人的说法比清人的说法要可靠得多。

当今解读或注解古书，有两种常见的做法。第一种，即“广综博览，择善而从”，如陈鼓应先生的《老子今注今译》《庄子今注今译》等。第二种，其第一步常常是指出现在通行的理解不合情理，不符合某人的一贯思想，因此必须重新解读云云。第二步，或者是改变句读从而改变句子结构，或者是说对某字某词应重新理解——通常是找出该字该词的某个很偏的意义放入该句子。如果实在找不到作者期望找到的意义，就或是通过故训、因声求义等办法，说某字和另一字相通假，应读为另一字；或是说因字形相近，乃另一字之误，等等。第三步，说只有如此，才符合情理，符合某人的一贯思想。

两种做法，若必二选一，著者宁愿选第一种。因为，第一种做法之“择善而从”总有择对的。第二种做法，则几乎毫无正确的可能。因为：1. 该做法一定要否定旧说另立新说，而旧说中往往有一说能够通过审句例的检验因而正确，而正确结论一般又是独一无二的；则新说不可通的命运，似乎已经注定。2. 该做法的第二步只能证明可能性，远不能证明接近必然性。3. 该做法的作者往往因为过分相信自己的语感，而省略了审句例这不可或缺的一环。4. 他人对其审句例的结果往往能证明这一新说是不能成立的。5. 该做法的作者实际进行了"字词置换"，而在原文经共时语言全面考察文从字顺时，字词置换因为 3 个低概率（见第一版《孟子新注新译·导言》第 21 小点）的存在，其成功概率接近于零。

第二种做法之难以成功，还由于它把语言外部证据作为主要证据甚至唯一证据，但"语言系统内部的现象和现象之间的规律都可以通过系统本身来加以解释，而不需要向外界去寻找解释的理由"（语言学家胡明扬语）。

我们的做法，可归纳为"双突出"或"一个剥离，一根主轴"。

双突出，就是我们在求证古今见仁见智未臻一是的疑难字词句时，面临语言内部证据和语言外部证据时，以语言内部证据为主，即突出语言内部证据。这是第一个突出。在语言内部证据中，又突出考察分布，即考察关键词所处的上下文条件，也即杨树达先生所谓"审句例"。这是第二个突出。

一个剥离，一根主轴，是指将语言外部证据从主要证据甚至唯一证据位置上剥离开来，同时将与词义存在一对一关系的分布树立为插入圆心的主轴。因为，语言系统外广阔无边，那里的"证据"多如牛毛；在语言系统内部，也存在无数的"点"，在这无数点上，使用义训、形训、声训，乃至二重证据法等方法、手段展开论证，最后也可能有无数结论。只有圆心是独一无二的，而有资格插入圆心成为主轴的，是与词义存在一对一对应关系的"分布"。

但我们并未放弃任何诸如形训、义训、声训以及二重证据法等训诂方法、手段，只是区分了证据的主次，并主张当主次证据产生矛盾时应当放弃次要证据而服从主要证据。

如此做法，在出土文献作用日益重要的今天，在传统文献内部解决古书中的疑难问题依然大有可为，因为审句例即考察分布所得结论是可重复、可验证因而是确切可信的。

读过了这篇《前言》，读者朋友如感觉意犹未尽，还想深入了解《孟子新注新译》(第二版）著者的理念，可读该书《导言》以及该书中的两百多例《考证》。本书由于体例所限，未能再充分展开了，读者谅之！

侧闻有些学者认为，我们这样解读古书，偏离了训诂的正轨。训诂的正轨云何？训诂学自汉至宋，自宋至清，以迄民国，何曾故步自封闭关自守过？清代古音大明，学者因而得以突破字形，而知因声求义；到了民国，又自觉地“以文法为训”；我们不过是将“以文法为训”向前推进了一步而已。试问高邮王氏之“审句例”(其典型范例即释“终风且暴”）是否偏离了训诂正轨？何独我们“以文法为训”而“审句例”却偏离了正轨？对诸如“偏离训诂正轨”的说法，杨树达先生七八十年前就曾评价道：“故我所无者，整个系统之文法学耳，非无文法也……若谓非我国固有即不必为，请问论者，出外亦乘火车汽车否乎？家居亦用电灯电话否乎？夫时代进步，吾人之治学亦当后胜于前，不能固步自封。必如论者之说，则吾人今日应茹毛饮血否乎？”是以我于此高论，实不欲多言。

二、孟子生平及《孟子》其书

必须声明，这一部分及下一部分，是杨伯峻先生《孟子译注·导言》的缩写。

孟子名轲，邹国（故城在今山东邹城）人。约生于周安王十七年（前385)，卒于周赧王十一年（前304）前后。关于他的父母，我们知道得很少。西汉韩婴的《韩诗外传》载有他母亲“断织”“买东家豚肉”及“不敢去妇”等故事，刘向的《列女传》还载有他母亲“三迁”和

"去齐"等故事，可见他很得力于母亲的教导。

孟子出生时，孔子的孙子子思也已去世若干年了。他曾说："予未得为孔子徒也，予私淑诸人也。"(《离娄下》)《荀子·非十二子篇》把子思、孟轲列为一派，《史记·孟荀列传》说他"受业子思之门人"，是较为合理的。

关于孟子的生平，我们从《孟子》原书考察，孟子第一次到齐国正当齐威王之世。他在齐大概不甚得志，连威王所馈兼金百镒都谢绝了（《公孙丑下》)。威王三十年，宋王偃始称王，而且要行仁政（《滕文公下》)，孟子便到了宋国。告戴不胜多荐贤士（《滕文公下》)，答戴盈之问（同上)，都在这个时期。

在孟子看来，宋王偃左右贤人大概不多；既不能使宋王偃为善，孟子也就在接受馈赠七十镒（《公孙丑下》）后离开了。

当孟子留在宋国的时候，滕文公还是太子，因去楚国，道经宋国国都彭城，而两次和孟子相见（《滕文公上》)。不久，孟子回到邹国，和邹穆公的问答（《梁惠王下》）大概在这个时候。或许由于孟子说话过于率直，引起了穆公的不满，便停止了馈赠，因而使得孟子绝粮（见应劭《风俗通·穷通篇》)。

滕定公死了，文公使"然友之邹问于孟子"(《滕文公上》)。鲁平公即位，将要使孟子学生乐正克为政（《告子下》)，孟子便到了鲁国。可是因为臧仓的破坏，孟子便有"吾之不遇鲁侯，天也"(《梁惠王下》）的慨叹。滕文公嗣位，孟子便去了滕国。文公"问为国"，又"使毕战问井地"(《滕文公上》)。齐人打算修建薛邑城池，文公害怕，又曾请教孟子（《梁惠王下》)。和许行的信徒陈相的辩论（《滕文公上》）也在这个时候。滕国究竟只是个方圆不到五十里的小国，孟子很难有所作为，当梁惠王后元十五年，便来到了梁国，这时，他已年近七十了。和梁惠王的问答（《梁惠王上》）应该都在这一时期。

第二年，惠王去世，襄王嗣位，孟子和他一相见，印象就很坏（《梁惠王上》）。这时，齐威王已死，宣王嗣位，孟子便由梁来齐。“加齐之卿相”（《公孙丑上》）、“出吊于滕”（《公孙丑下》）都在这几年间。

宣王五年，齐国伐燕。两年之后，“诸侯将谋救燕”（《梁惠王下》），孟子劝宣王送回俘虏，归还重器，和燕国臣民商量立君，然后撤兵。可是宣王不听。第二年，燕国和诸侯的军队并力攻齐，齐国大败。齐宣王便说“吾甚惭于孟子”（《公孙丑下》），孟子因此辞职。

孟子一方面非常失望，一方面又因年岁已大，主张又不能实现，只得说道：“五百年必有王者兴，其间必有名世者。由周而来，七百有余岁矣。以其数，则过矣；以其时考之，则可矣。夫天未欲平治天下也！”（《公孙丑下》）孟子这时年已七十余，从此便不再出游，而和“万章之徒序《诗》《书》，述仲尼之志，作《孟子》七篇”（《史记·孟荀列传》）了。

关于《孟子》的作者，我们认为上面所引的太史公的这段话较为可信。这里，我们可以得到这样的概念：《孟子》一书的撰写，虽然有“万章之徒”参加，但主要作者还是孟子自己，而且是在孟子生前便基本上完成了。关于这一点，魏源在《孟子年表考》中有所体会：“又公都子、屋庐子、乐正子、徐子皆不书名，而万章、公孙丑独名，《史记》谓退而与万章之徒作七篇者，其为二人亲承口授而笔之书甚明（咸丘蒙、浩生不害、陈臻等偶见，或亦得预记述之列）。与《论语》成于有子、曾子门人故独称子者，殆同一间，此其可知者。”

太史公只是说“作《孟子》七篇”；到应劭《风俗通·穷通篇》却说，“退与万章之徒序《诗》《书》、仲尼之意，作书中外十一篇”；班固《汉书·艺文志》也说“《孟子》十一篇”。赵岐《孟子章句》，便给这十一篇分列真伪，他说：“又存《外书》四篇——《性善辨》《文说》《孝经》《为政》——其文不能宏深，不与《内篇》相似，似非《孟子》本真，后世依放而托也。”因为赵岐肯定《外书》是赝品而不给它作注，以后读《孟子》的人便不读它，于是逐渐亡佚了。

赵岐又说：“孟子退自齐、梁，述尧舜之道而著作焉，此大贤拟圣而作者也。”又说：“《论语》者，五经之錧鎋，六艺之喉衿也。《孟子》之书则而象之。”这些话，把《孟子》和《论语》相比，似乎有些道理，也确实代表了两汉人一般的看法。

《墨子》《庄子·内篇》《荀子》都是每篇各有主旨，而篇名也与主旨相应。《孟子》却不然，各章的篇幅虽然比《论语》长，但各章间的联系并没有一定的逻辑关系；积章而成篇，篇名也只是撮取第一句的几个字，并无所取义。这都是和《论语》相同，而和《墨子》《庄子》《荀子》相异的。所以赵岐说《孟子》是拟《论语》而作的。

《论语》既是“五经之錧鎋，六艺之喉衿”，《孟子》又是“拟圣而作”，那《孟子》也成为经书的传记了。尽管《汉书·艺文志》把《孟子》放在《诸子略》中，视为子书，但汉人心目中却把它看成为辅翼“经书”的“传”。汉文帝将《论语》《孝经》《孟子》《尔雅》各置博士，便叫“传记博士”。王充《论衡·对作篇》说：“杨墨之学不乱传义，则《孟子》之传不造。”这便明明是把《孟子》视为传了。又如《汉书·刘向传》《后汉书·梁冀传》《说文解字》等书所引《孟子》都称“传曰”。可见把《孟子》和《论语》并列，不是赵岐“一人之私言”，而是两汉人的公论。

到五代时，后蜀主孟昶命毋昭裔楷书《易》《书》《诗》《仪礼》《周礼》《礼记》《公羊》《穀梁》《左传》《论语》《孟子》十一经刻石，宋太宗又加翻刻，这恐怕是《孟子》列入“经书”的开始。到南宋孝宗的时候，朱熹从《礼记》中取出《大学》《中庸》两篇，与《论语》《孟子》合编为“四书”，于是《孟子》的地位便更加提高了。到明清两朝，规定科举考试中八股文的题目从“四书”中选取，而且要“代圣人立言”，于是当时任何读书人便不得不把《孟子》读得烂熟了。

《孟子》的重要参考书，除了本文第一部分介绍过的两部外，还有东汉赵岐作《注》北宋孙奭作《疏》并收入《十三经注疏》的《孟子注疏》、南宋朱熹《四书集注》中的《孟子集注》、清代焦循的《孟子正义》及现代董洪利的《孟子研究》等。

三、孟子思想的简介

孟子自认为是孔子的忠实信徒，依他自己说：“乃所愿，则学孔子也。”因之，他极为推崇孔子，他引用孔门弟子宰我、子贡、有若的话，说：“自生民以来，未有盛于孔子也。”(《公孙丑上》)

《孟子》最后一章，即《尽心下》的第三十八章，提出了尧、舜、汤、文王、孔子的序列，这是儒家“道统”的先声。孟子把这一章安排在全书之末，是有特殊意义的。孟子以接受孔子传统自居，却不明说，只暗示道：“由孔子而来至于今，百有余岁，去圣人之世若此其未远也，近圣人之居若此其甚也，然而无有乎尔，则亦无有乎尔。”

尽管如此，但因时代已相距百年，形势也已发生很大变化，孟子对孔子学说便不能不有所取舍，且有所发展。

首先，孟子和孔子之论“天”稍有不同。“天”的意义，一般有三四种。一是自然之天，一是义理之天，一是主宰之天，一是命运之天。《孟子》讲“天”，除“天子”“天下”等双音词外，连“天时”“天位”“天爵”等在内，不过八十多次。其中有自然之天，有义理之天，有命运之天，却没有主宰之天。在《孟子》中还有一种意义比较艰深的“天”，其实也是义理之天，或者意义更深远些，如“天不言，以行与事示之而已矣”(《万章上》)。实质上，这种“天”，就是民意。孟子说得明白：“《太誓》曰：‘天视自我民视，天听自我民听。’”《孟子》中所谓“天吏”“天位”“天职”“天禄”“天爵”，都是这种意义；而这种意义，是在《论语》中所没有的。《论语·尧曰》有“天禄”一词，和

《孟子》“弗与食天禄也”(《万章下》) 意义有所不同。《论语》的“天禄”是指帝位,《孟子》的“天禄”是指应该给予贤者的俸禄，依它们的上下文加以比较，便可看出其中的歧异。

孟子也讲“命”，或者“天命”。他说:“天下有道，小德役大德，小贤役大贤；天下无道，小役大，弱役强。斯二者，天也。顺天者存，逆天者亡。”(《离娄上》) 然而孟子绝不是宿命论者。他对命运的态度是:“莫非命也，顺受其正；是故知命者不立乎岩墙之下。尽其道而死者，正命也；桎梏死者，非正命也。”(《尽心上》) 在孟子看来，无论命运有多么巨大的力量，但我还依我的“仁义”而行，不无故送死。只要“尽”我之“道”，死也是“正命”；如果胡作非为，触犯刑罚而死，便不是“正命”。

孔子重视祭祀，孟子便不大多讲祭祀。《论语》仅12700余字，“祭”字出现14次;《孟子》有35370余字，为《论语》2.7倍强，“祭”字仅出现9次，“祭祀”出现2次，总共不过11次，而且都未作主要论题。

第二，孔子讲“仁”，孟子则经常“仁义”并言。孔子重视人的生命，孟子更重视人民生存的权利。孔子因为周武王以伐纣而得天下，便认为武王的乐舞《武》“尽美矣，未尽善也”(《论语·八佾》)。孟子却不如此。齐宣王说武王伐纣是“臣弑其君”，孟子却答道:“贼仁者谓之‘贼’，贼义者谓之‘残’。残贼之人谓之‘一夫’。闻诛一夫纣矣，未闻弑君也。”孟子不但主张“民为贵，社稷次之，君为轻”(《尽心下》)，还主张“贵戚之卿”可以废掉坏君，改立好君。这种思想，是孔子“仁”学说的大发展，在先秦诸子中是绝无仅有的。

孟子看待君臣间的相互关系也比孔子有所前进。孔子只说“君使臣以礼，臣事君以忠”(《论语·八佾》)，孟子却说:“君之视臣如手足，则臣视君如腹心；君之视臣如犬马，则臣视君如国人；君之视臣如土芥，则臣视君如寇仇。”(《离娄下》) 这种思想比后代某些理学家所谓“君要臣死，不得不死”高明而先进不知多少倍!

第三，孟子“道性善”(《滕文公上》)，并且说：“人皆有不忍人之心。”“无恻隐之心，非人也；无羞恶之心，非人也；无辞让之心，非人也；无是非之心，非人也。”(《公孙丑上》) 他还说：“万物皆备于我矣。”(《尽心上》) 由于这类话，孟子便被某些人扣上了主观唯心主义的帽子，但这些人并未透彻了解孟子的思想。

我们应该了解，孟子所谓“性善”，其实际意义是人人都可为善。用他自己的话说，“乃若其情，则可以为善矣，乃所谓善也。若夫为不善，非才之罪也”(《告子上》)。

最值得注意的，一是孟子承认环境可以改变人的思想意识。他说：“富岁，子弟多赖；凶岁，子弟多暴，非天之降才尔殊也，其所以陷溺其心者然也。”(《告子上》) 二是他承认事物各有客观规律，而且应该依照客观规律办事。他说：“天下之言性也，则故而已矣。故者以利为本。所恶于智者，为其凿也。如智者若禹之行水也，则无恶于智矣。禹之行水也，行其所无事也。如智者亦行其所无事，则智亦大矣。天之高也，星辰之远也，苟求其故，千岁之日至，可坐而致也。”(《离娄下》) 相传禹懂得水性，所以治水能成功。孟子认为一切都有各自的客观规律，依客观规律办事，便是“行其所无事”而不“凿”。即使天高得无限，星辰远得无涯，只要能推求其“故”(客观规律)，就是千年之内的冬至日，也可以在房中推算出来。这种言论，难道是主观唯心主义者说得出来的吗?

判断唯心还是唯物，只有一个标准，即以思想意识为第一性的，还是以物质为第一性的。孟子只讲人有恻隐、羞恶、辞让、是非之心，这是仁、义、礼、智的四端。端就是萌芽，也可以说是可能性。说人有某种可能性，并不等于说人有某种思想意识。孟子说“矢人唯恐不伤人，函人唯恐伤人”(《公孙丑上》)，这是由于他们职业的缘故，可见不一定人人都是仁人。孟子讲性，还涉及两件事，一曰“食色，性也”(《告子上》)，一曰“形色，天性也”(《尽心上》)。求生存和求配偶，不但是人类的本能，也是其他动物的本能。每种动植物，都有各种形体容貌，这都是自然赋予的。因此，孟子的这些话并没有错。

至于“万物皆备于我”，说的是自我修养。这一章之上，另有一章，全文如下：“求则得之，舍则失之，是求有益于得也，求在我者也。求之有道，得之有命，是求无益于得也，求在外者也。”由此可见，孟子认定仁义道德是“求则得之”“在我”的东西，而富贵利达是“得之有命”“在外”的东西。“万物皆备于我”的“万物”，是最大的快乐，是自身本有的仁义道德，既不是主观的虚幻境界，也不是超现实的精神作用。这里谈不上唯心和唯物。

最后，孟子的政治主张，有保守的一面，如要滕文公行井田制(《滕文公上》)，事实上是行不通的。

孟子强调“仁义”，而当时的七大雄国——秦、楚、齐、燕、韩、赵、魏（梁）——只讲富国强兵。孟子说：“故善战者服上刑，连诸侯者次之，辟草莱、任土地者次之。”不知这几项正是当时形势迫使各大国非这样做不可的。赵国有廉颇、赵奢、李牧，便能抵抗侵略；燕国有乐毅，便能收复全国，并深入齐境；齐国有田单，便全部收复失地。纵不侵犯别国，为了保卫自己，没有善战的大将也是不行的。一部《战国策》，讲的基本上是合纵连横之术。要打仗，便得多多联合同盟国家，哪能不“连诸侯”呢？至于开垦土地，发展农业，更是当时富国的最重要途径。商鞅为秦孝公“为田开阡陌封疆”(《史记·商君列传》)，奠定了秦国富强的基础。司马迁评孟轲“则见以为迂远而阔于事情”，似乎并没有冤枉他。

杨逢彬

目 录

离娄章句上

万章章句

告子章句

尽心章句

孟子

梁惠王章句

梁惠王章句上 凡七章

导读

《梁惠王上》共七章。第一章开宗明义，说："王何必曰利？亦有仁义而已矣。"本书《前言》已经说道，"孔子讲'仁'，孟子则经常'仁义'并言"。如同"仁"是《论语》和孔子的思想核心一样，在双音节词已经勃兴的《孟子》一书中，"仁义"便是孟子其人和其书的思想核心了。第二章讲君主应与民同乐。反之，如统治者将自己的快乐建立在人民痛苦的基础上，人民拼了命也要反抗，君主也就乐不成了。第三章是回应梁惠王说自己如何尽心尽意为国为民操劳的。孟子指出他不过是"五十步笑百步"罢了，关键是要不夺民时去发动兼并战争，要让老百姓"养生丧死无憾"。孟子还教导惠王丰年要多收购粮食，灾荒年要开仓赈济。能做到这些，才是"王道之始"。第四章先展示出一幅可怖的场景："庖有肥肉，厩有肥马，民有饥色，野有饿莩。"然后批判说："此率兽而食人也！"统治者若如此，"恶在其为民父母也"？第五章面对梁惠王念念不忘报仇雪恨，孟子仍教导他要行仁政，与民休息。第六章教导梁襄王不要"嗜杀人"。第七章更循循善诱，通过齐宣王的"以羊易牛"，指出这就是"仁术"；然后话锋一转："今恩足以及禽兽，而功不至于百姓者，独何与？然则一羽之不举，为不用力焉；舆薪之不见，为不用明焉；百姓之不见保，为不用恩焉。故王之不王，不为也，非不能也。"因而"老吾老，以及人之老；幼吾幼，以及人之幼。天下可运于掌"结论的得出，也就如同瓜熟蒂落水到渠成了。以往，常有人说，儒家思想是麻醉人民的精神鸦片。我们看这整个《梁惠王上》，都是教导统治者要爱护人民，不要与人民为敌的。又赵纪彬说，“教”是对奴隶的强制性训练，对贵族要用动词“诲”；本篇末章齐宣王却明明说道：“愿夫子辅吾志，明以教我。”我们可以归纳总结《梁惠王上》是给诸侯王定下的行为准则和行为规范。这一准则和规范的总基调，我们在《梁惠王下》的《导读》中，用四个字给予了回答。

原文

1.1 孟子见梁惠王[1]。王曰:“叟[2]不远千里而来,亦将有以利吾国乎?”

孟子对曰:“王何必曰利？亦[3]有仁义而已矣。王曰:‘何以利吾国?’大夫曰:‘何以利吾家?’士庶人[4]曰:‘何以利吾身?’上下交征利[5]而国危矣。万乘之国,弑[6]其君者,必千乘之家;千乘之国,[7]弑其君者,必百乘之家。[8]万取千焉,千取百焉,不为不多矣。苟[9]为后义

译文

孟子晋见梁惠王。惠王说:“老先生不辞千里长途的辛劳而来,是不是将给我国带来利益呢?”

孟子答道:“王何必非要说利呢？也要有仁义才行呢。如果王只是说‘怎样才有利于我的国家呢?’大夫也说‘怎样才有利于我的封地呢?’那一般士子和老百姓也都会说‘怎样才有利于我自己呢?’这样,上上下下都互相追逐私利,国家便危险了！在拥有一万辆兵车的国家里,杀掉它的国君的,一定是拥有一千辆兵车的大夫;在拥有一千辆兵车的国家里,杀掉它的国君的,一定是拥有一百辆兵车的大夫。在一万辆里头,他就拥有一千辆,在一千辆里头,他就拥有一百辆,这些大夫的产业不能不说是够多的了。假若他把‘义’抛诸脑后而事事‘利’字当先,那他不把国君的一切都剥

而先利,不夺不餍[10]。未有仁而遗其亲者也,未有义而后其君者也。王亦曰仁义而已矣,何必曰利?”

夺,是不会满足的。从没有以‘仁’存心的人会遗弃父母的,也没有以‘义’存心的人会怠慢君上的。王只要讲仁义就可以了,为什么一定要讲‘利’呢?”

注释

1 梁惠王:即魏惠王,名罃,“惠”是他的谥号。公元前339年,魏国都城由安邑迁往大梁(今河南开封),所以又叫梁惠王。他在即位最初二十几年内,使魏国在战国诸雄中最为强大。本篇名为“梁惠王章句上”,是因为《孟子》的篇名和《论语》一样,不过是择取每篇开头的一个重要的词或词组而已。“章句”是汉代经学家常用的术语,即分析古书章节句读的意思。在这里,用作训解古书的题名。这里“梁惠王章句上”是东汉赵岐所著《孟子章句》的旧题,他把《孟子》七篇各分为上下两卷,所以这里题为“章句上”。

2 叟:音 sǒu,老先生。

3 亦:意义较虚,有“也不过是”的意义;这一意义似乎也可译为“只”,但两者还是有所不同。

4 庶人:平民;庶,音 shù。

5 上下交征利:征,取。交,交互,互相。该词是由“交叉”义引申出交互、互相义,常用为状语。而“互相”义是双方(或多方)同时、一道(做某事),因此,训作“俱”,也即“都”,也差不离。在“上下交征利”这句中,译为“上上下下互相追逐私利”无疑是较为准确的,而某书用“上下都追逐私利”来“纠正”之,则未达一间。

6 弑:以下杀上,以卑杀尊。

7 万乘之国、千乘之国:兵车一辆叫一乘;乘,音 shèng。春秋战国时以兵车的多少来衡量国家的大小强弱;战国七雄为万乘,宋、卫、中山、东周、西周为千乘。

8 千乘之家、百乘之家：古代的执政大夫有一定的封邑，拥有这种封邑的大夫叫家。

9 苟：假如，假设，如果。

10 餍：音 yàn，饱，满足。

原文

1.2 孟子见梁惠王。王立于沼上[1]，顾[2]鸿雁麋鹿，曰："贤者亦乐此乎？"

孟子对曰："贤者而后乐此，不贤者虽有此，不乐也。《诗》云：'经始灵台，经之营之[3]，庶民攻[4]之，不日[5]成之。经始勿亟[6]，庶民子[7]来。王在灵囿，麀鹿攸伏[8]，麀鹿濯濯[9]，白鸟鹤鹤[10]。王在灵沼，於牣[11]鱼跃。'文王以民力为台为沼，而民欢乐之，谓其台曰灵台，谓其沼曰灵沼，乐其有麋鹿鱼鳖。古之人与民偕乐，故能乐也。

译文

孟子晋见梁惠王。王站在池塘边，一边转动脖子欣赏着鸟兽，一边说："有德行的人也享受这种快乐吗？"

孟子答道："只有有德行的人才能体会到这种快乐，没有德行的人即使有这一切，也没法享受。〔怎么这样说呢？我拿周文王和夏桀的史实为例来说说吧。〕《诗经·大雅·灵台》中说：'开始筑灵台，勘测又标明。百姓都来做，慢慢就完成。王说才开始，不要太着急。百姓如儿子，都来出把力。王到鹿苑中，母鹿正栖息。母鹿肥又亮，白鸟毛如雪。王到灵沼上，满池鱼跳跃。'周文王虽然用了百姓的力量筑高台挖深池，但百姓乐意这样做，他们管这台叫'灵台'，管这池叫'灵沼'，还乐意那里有许多麋鹿和鱼鳖。古时候的圣君贤王因为能与老百姓同乐，才能得到真正的快乐。〔夏桀却恰恰相反，百姓

《汤誓》[12]曰:'时日害丧[13],予及女偕亡。'民欲与之偕亡,虽有台池鸟兽,岂能独乐哉?"

诅咒他死,他却自比太阳:'太阳什么时候消灭,我才什么时候死亡。']《汤誓》中便记载着百姓的哀歌:'太阳啊,你什么时候灭亡呢?我宁肯和你一道去死!'老百姓恨不得与他同归于尽,即使有高台深池,珍禽异兽,他又如何能独自享受呢?"

注释

1 沼上:池塘边。沼,池塘。上,边。上古汉语"水名+上"都是某水边的意思。参见《论语新注新译》6.9"汶上"的《考证》。

2 顾:转动脖子看。

3 经之营之:测量它,标记它;经,测量;营,标记。

4 攻:治,工作。

5 不日:不设期限。

6 经始勿亟:这是文王所说;亟,急。

7 子:像儿子那样。

8 麀鹿攸伏:麀,音 yōu,母鹿;攸,所。

9 濯濯:白而无杂质貌;濯,音 zhuó。

10 鹤鹤:羽毛洁白貌。

11 於牣:於,音 wū,词的前缀,无实义;牣,音 rèn,满。

12《汤誓》:《尚书》中的一篇,为商汤伐桀誓师词。

13 时日害丧:时,此;害,同"曷",何,何时。

原文

1.3-1 梁惠王曰:"寡人[1]之于国也,尽心焉耳矣。河内

译文

梁惠王〔对孟子〕说:"我对于国家,可算是操心到家了。河内

凶，则移其民于河东，[2]移其粟[3]于河内；河东凶亦然。察邻国之政，无如寡人之用心者。邻国之民不加少[4]，寡人之民不加多，何也？”

地方遭了灾，我便把那里的百姓迁到河东，还把河东的粮食运到河内。河东遭了灾也这么办。细察邻国的政治，没有一个国家能像我这样费尽心思的。尽管这样，邻国的百姓并不减少，我的百姓并不增多，这是为什么呢？”

孟子对曰：“王好战，请[5]以战喻。填然鼓之[6]，兵[7]刃既接，弃甲曳兵而走[8]。或[9]百步而后止，或五十步而后止。以五十步笑百步，则何如？”曰：“不可；直[10]不百步耳，是[11]亦走也。”

孟子答道：“王喜欢战争，就请让我用战争来作比喻吧。战鼓咚咚一响，双方刀枪一碰，就扔掉盔甲拖着兵器逃跑。有的一口气跑了一百步停下，有的一口气跑了五十步停下。假设跑了五十步的耻笑跑了一百步的战士〔胆小〕，那又如何？”王说：“这不行，他只不过没跑到一百步罢了，但这也是逃跑了呀。”

注释

1 寡人：寡德之人，古代王侯的自谦之辞；寡，少。

2 河内、河东：魏国的河内地，在今河南济源一带；河东地，在今山西夏县西北一带。

3 粟：禾、黍的子粒。

4 加少：更少。

5 请：请您允许我……

6 填然鼓之：填然，即“填填地(响)”“咚咚地(响)”；鼓，击鼓；之，这里指击鼓的事由。

7 兵：兵器，武器。

8 走：上古跑叫“走”；这里指逃跑。

9 或：有的人。

10 直：只是，不过。

11 是：此，这。

原文

1.3-2 曰："王如知此，则无[1]望民之多于邻国也。不违农时，谷不可胜[2]食也；数罟不入洿池[3]，鱼鳖不可胜食也；斧斤以时[4]入山林，材木不可胜用也。谷与鱼鳖不可胜食，材木不可胜用，是使民养生丧死无憾也。养生丧死无憾，王道之始也。"

译文

孟子说："王如果懂得这个道理，就不要指望老百姓比邻国多了。如果在农忙时，不去〔征兵征工，〕占用耕作的时间，那粮食便会吃不完了；不用太过细密的网到池塘去捕鱼，那鱼鳖也就吃不完了；砍伐树木有固定的时间，木材也就用不尽了。粮食和鱼鳖吃不完，木材用不尽，这样就使老百姓对生养死葬没有遗憾了。老百姓对生养死葬没有遗憾，这就是王道的基础哇！"

注释

1 无：同"毋"，不要。

2 胜：旧读 shēng，尽。

3 数罟不入洿池：数，音 cù，密；罟，音 gǔ，渔网；洿，音 wū，不流动的水，池塘。

4 以时：按一定的时间，按时。

原文

1.3-3 "五亩之宅，树之以桑，五十者可以衣[1]帛矣。

译文

"每家都有五亩地的宅院，院里种满桑树，五十岁以上的人就可以穿鸡豚狗彘之畜[2],无失其时,七十者可以食肉矣。百亩之田,勿夺其时,数口之家可以无饥矣。谨庠序[3]之教,申[4]之以孝悌之义,颁白者不负戴于道路[5]矣。七十者衣帛食肉,黎民不饥不寒,然而不王[6]者,未之有也。

"狗彘食人食而不知检[7],途有饿莩而不知发[8];人死则曰:'非我也,岁也。'是何异于刺人而杀之,曰:'非我也,兵也。'王无罪岁,斯[9]天下之民至焉。"

上丝绵衣了。鸡、狗和猪的畜养,不要耽误繁殖的时机,七十岁以上的人就可以有肉吃了。一家人百亩的耕地,不要让他们失去耕种收割的时机,一家几口人就可以吃得饱饱的了。好好地办些学校,反复地用孝顺父母敬爱兄长的道理教育他们,那么,须发斑白的老人也就用不着背负、头顶着重物奔波于道路上了。七十岁以上的人有丝绵衣穿,有肉吃,平民百姓不受冻饿,这样还不能使天下归服的,是从未有过的事。

"〔丰收年份〕猪狗能吃上人吃的粮食,却不晓得及时收购以备荒年;道路上有饿死的人,却没想到要打开仓库赈济灾民。老百姓死了,就说'不怪我呀,怪年成不好'。这种说法和拿刀子杀了人,却说'不怪我呀,怪兵器吧'有什么不同呢?王假如不去怪罪年成,〔而切切实实地去改革政治,〕这样,天下的百姓都会来投奔了。"

注释

1 衣:音 yì,这里是穿的意思。

2 鸡豚狗彘之畜:鸡和猪、狗的畜养;畜,音 xù,畜养,饲养,养育。

3 庠序:古代的地方学校;庠,音 xiáng。

4 申:一再,重复。

5 颁白者不负戴于道路:颁白,须发半白,也写作"斑白";负,背负;戴,顶在头上。

6 王：音 wàng，以仁义统一天下。

7 狗彘食人食而不知检：这句中“检”当读为“敛”。这句话的意思是，丰年时，谷贱伤农，狗彘都能吃上人的食物，当政者却不平价收买粮食，储藏之以备荒年。这样的解释，是颜师古对《汉书·食货志赞》“孟子亦非‘狗彘食人之食不知敛’”所作的解释。《汉书·食货志》“检”也作“敛”。但《孟子》赵岐《注》却解释为“不知以法度检敛也”，也就是不知以法度约束的意思。我们之所以从颜师古，是因为“检”之有法度义最早见于《荀子》，至于在此基础上产生的约束、限制义更是晚见于《论衡》。赵岐《注》显然是用汉代才有的意义解读这段话了。相反，“敛”的收藏、收捡义，在《孟子》成书的年代则较为常见。

8 途有饿莩而不知发：莩，音 piǎo，通“殍”，饿死；饿殍，饿死的人；发，打开，这里指打开粮仓赈济。

9 斯：这就。

原文

1.4 梁惠王曰：“寡人愿安[1]承教。”孟子对曰：“杀人以梃[2]与刃，有以异乎？”曰：“无以异也。”“以刃与政，有以异乎？”曰：“无以异也。”

曰：“庖有肥肉[3]，厩[4]有肥马，民有饥色，野有饿莩，此率兽而食人也！兽相食，且人恶之；为民父母，行政，不免于率兽而食

译文

梁惠王〔对孟子〕说：“我愿意耐心地接受您的教诲。”孟子答道：“杀人用棍子和用刀子，有什么不同吗？”王说：“没有什么不同。”“用刀子和用政治〔杀人〕，有什么不同吗？”王说：“没有什么不同。”

孟子又说：“厨房里有厚实的肉，马厩里有壮硕的马，老百姓却面有菜色，郊野外也饿殍横陈，这就是带领着禽兽来吃人！野兽间弱肉强食，人尚且厌恶；作为老百姓的父母官来从

人,恶[5]在其为民父母也?仲尼[6]曰:'始作俑者,其无后乎!'为其象人而用之也。如之何其使斯民[7]饥而死也?"

政,还不能避免带领着禽兽来吃人,这又怎么算是老百姓的父母官呢?孔子曾说:'最开始制作人俑来陪葬的人,该会断子绝孙吧!'这是因为人俑如同大活人,却用来陪葬。〔用人俑陪葬,尚且不可,〕又怎能让老百姓活活饿死呢?"

注释

1 安:安心,安然。

2 梃:音 tǐng,直的竹、木棒。

3 肥肉:厚肉;肉,肌肉;肥,肉质丰满。可知那时的"肥肉"和现在的"肥肉"意义有所不同。

4 厩:音 jiù,马栏,马厩。

5 恶:音 wū,何。

6 仲尼:孔子的字。

7 斯民:这些老百姓;斯,此。

原文

1.5 梁惠王曰:"晋国[1],天下莫强焉[2],叟之所知也。及寡人之身,东败于齐,长子死焉;[3]西丧地于秦七百里[4];南辱于楚[5]。寡人耻之,愿比死者壹洒之[6],如之何则可?"

译文

梁惠王〔对孟子〕说:"魏国的强大,天下没有比得上的,老先生是知道的。但到了我在位的时候,先是东边败给齐国,长子都死在那儿;西边割让了七百里土地给秦国;南边又被楚国所羞辱,〔被夺去八个城池。〕我为此深感屈辱,希望为死难者报仇雪恨,要怎样办才好呢?"

孟子答道:"即使百里见方的小国也

孟子对曰:"地方百里[7]而可以王。王如施仁政于民,省刑罚,薄税敛,深耕易耨[8];壮者以暇日修其孝悌[9]忠信,入以事其父兄,出以事其长上,可使制梃[10]以挞秦楚之坚甲利兵矣。

"彼夺其民时,使不得耕耨以养其父母。父母冻饿,兄弟妻子[11]离散。彼陷溺其民,王往而征之,夫谁与王敌?故曰:'仁者无敌。'王请勿疑!"

可以行仁政使天下归服,〔何况像魏国呢?〕您如果向百姓施行仁政,减免刑罚,减轻赋税,让他们能够深翻土,勤除草;青壮年在闲暇时能讲求孝顺父母、敬爱兄长、为人忠心、诚实守信的德行,并用来在家里侍奉父兄,在朝廷服侍上级,这样,就是举着木棒也足以抗击披坚执锐的秦楚大军了。

"那秦国楚国〔却相反〕,侵夺了老百姓的生产时间,使他们不能耕种来养活父母,父母因此受冻挨饿,兄弟妻儿东逃西散。那秦王楚王让他们的百姓陷在痛苦的深渊里,您去讨伐他们,那还有谁来与您为敌呢?所以说:'仁人无敌于天下。'请您不要疑虑了吧!"

注释

1 晋国:这里指魏国;韩赵魏三国瓜分晋国,魏国最为强大,所以用"晋国"指代魏国。

2 天下莫强焉:莫,没有……;焉,于是,于斯,于此;此句意为"天下没有哪个国家强于它(魏)"。

3 东败于齐,长子死焉:指马陵(今河南范县西南)之役,魏伐韩,韩求救于齐,齐军袭魏,魏军败于马陵,主将庞涓自杀,魏太子申被俘;焉,于此。

4 西丧地于秦七百里:马陵之役后,魏又屡败于秦,割河西之地及上郡之十五城。

5 南辱于楚:梁惠王后元十一年(前 324 年),楚遣柱国(武官名)昭阳统兵攻魏,破之于襄陵(今河南睢县西),得八邑。

6 愿比死者壹洒之:比,替;壹,全;洒,音义均同“洗”,洗雪,雪耻。

7 地方百里:当理解为“地,方百里”;方百里,意谓长宽各为百里。

8 易耨:易,做好;耨,音 nòu,锄草。当“易”带宾语,而且该宾语为土地田亩之类事物时,一般为“做好”的意思,如《孟子·尽心上》:“易其田畴。”。

9 悌:音 tì,弟弟尊敬兄长。

10 制梃:制,通“揭”,举起。焦循读“制”为“掣”,但“掣”意为拉牵,词义上解释不通。《孟子》时代的语言,持兵器所用动词为“执”“持”“扤”等,从不用“掣”。赵岐《注》:“制,作也。”因而《孟子译注》说:“当读如《诗·东山》‘制彼裳衣’之‘制’,制作、制造之意。”这也有疑问。制,本义是裁衣,后引申为制礼、制法度等,在此基础上产生了制度、法度等名词义。终先秦之世,未见以“梃”或其他兵器、农具或其他器具作宾语者。且当时语言中,在“动词+兵器+以+谓语”格式中,“兵器”之前的动词多为手持武器(或器具)的动作,未见“造作武器(或器具)来干什么”之例。“制”,可能通“揭”。制梃,即“揭竿”。揭,是“举”的意思。制、揭古音相近。制梃,谓手举木棒。

11 妻子:妻子和儿女;妻,妻子;子,子女。

原文

1.6 孟子见梁襄王[1],出,语[2]人曰:“望之不似人君,就之而不见所畏焉。卒然[3]问曰:‘天下恶乎[4]定?’吾对曰:‘定于一。’‘孰[5]能一之?’对曰:‘不嗜杀

译文

孟子谒见了梁襄王,出来后告诉别人说:“远远望去,不像个国君的样子;挨近他,也看不出哪一点值得敬畏。猛一开口就问:‘天下如何才安定?’我答道:‘天下一统,才会安定。’他又问:‘谁能一统天下?’我又答:‘不好杀人

人者能一之。'‘孰能与[6]之?'对曰:‘天下莫[7]不与也。王知夫苗乎?七八月[8]之间旱,则苗槁矣。天油然作云,沛然下雨,则苗浡然[9]兴之矣。其如是,孰能御之?今夫天下之人牧[10],未有不嗜杀人者也。如有不嗜杀人者,则天下之民皆引领[11]而望之矣。诚如是也,民归之,由[12]水之就下,沛然谁能御之?'"

的国君,就能一统天下。'他又问:‘那有谁来跟随他呢?'我又答:‘普天之下没有不跟随他的。您熟悉那禾苗吗?七八月间天旱,禾苗就枯槁了。这时,一团浓黑的乌云出现,哗啦哗啦下起了大雨,禾苗又茁壮茂盛地生长起来。在这种情势下,谁能阻挡得住那茁壮生长呢?当今各国的君主,没有不好杀人的。如有一位不好杀人的,那么,天下的老百姓都会伸长着脖子来盼望他了。真这样的话,百姓归附他跟随他,就好像水向下奔流一般,汹涌澎湃,谁能阻挡?'"

注释

1 梁襄王:梁惠王之子,名嗣。

2 语:音 yù,告诉。

3 卒然:同"猝然"。

4 恶乎:怎样。

5 孰:谁。

6 与:跟随。

7 莫:没有谁。

8 七八月:这是用的周代历法,相当于夏历的五六月,正是禾苗需要雨水的时候。

9 浡然:兴起貌;浡,音 bó。

10 人牧:治理人民的人,指国君。

11 引领：伸长脖子。
12 由：通“犹”。

原文

1.7–1 齐宣王[1]问曰：“齐桓、晋文[2]之事可得闻乎？”孟子对曰：“仲尼之徒无道桓文之事者，是以后世无传焉，臣未之闻[3]也。无以[4]，则王乎？”

曰：“德何如则可以王矣？”曰：“保[5]民而王，莫之能御也。

曰：“若寡人者，可以保民乎哉？”曰：“可。”曰：“何由知吾可也？”

曰：“臣闻之胡龁[6]曰，王坐于堂上，有牵牛而过堂下者，王见之，曰：‘牛何之[7]？’对曰：‘将以衅[8]钟。’王曰：‘舍之！吾不忍其觳觫[9]，若无罪而就死地。[10]’对曰：‘然则废衅钟与？’曰：‘何可废也？以羊易之！’——不识有诸[11]？”曰：“有之。”

译文

齐宣王问孟子说：“齐桓公、晋文公的事迹，我能请您讲给我听吗？”孟子答道：“孔子的门徒们没有谈到齐桓公、晋文公的事迹，所以后世没有流传，我也没听说过。非要讲的话，就说说‘王道’吧！”

宣王问道：“要多高的道德才能够实行王道呢？”孟子说：“通过保养百姓去实现王道，便没有人能够阻挡。”

宣王说：“像我这样的人，可以保养百姓吗？”孟子说：“能够。”宣王说：“根据什么晓得我能够做到呢？”

孟子说：“我听胡龁说，王坐在殿堂上，有人牵着牛从殿下走过，王看见了，便问：‘牵牛到哪里去？’那人答道：‘准备杀它来衅钟。’王便说：‘放了它吧！我实在不忍心看到它那哆哆嗦嗦的样子，好像没罪的人，却被押送刑场！’那人说：‘那么，就不衅钟了吗？’王又说：‘这怎么可以废弃呢？用只羊来代替吧！’——有这么回事吗？”宣王说：“有的。”

注释

1 齐宣王:威王之子,名辟疆。

2 齐桓、晋文:齐桓公名小白,晋文公名重耳,在春秋时代先后称霸,为“五霸”之首及第二位。

3 臣未之闻:我没有听说这个。当时语言,如果是否定句,代词作宾语一般要放在谓语动词之前;其他篇章的“未之有”“未之见”“未之学”“未之尽”“未之知”等等也是如此。

4 无以:不得已;以,同“已”。

5 保:安。

6 龁:音 hé。

7 之:往。

8 衅:祭礼名,宰杀一件活物来祭某种新器物或宗庙。

9 觳觫:音 húsù,惊恐战抖貌。

10 吾不忍其觳觫,若无罪而就死地:按,传统的断句为“吾不忍其觳觫,若无罪而就死地”。俞樾《孟子平议》在“若”字后断句。“觳觫若”为“害怕发抖的样子”。杨树达先生《古书句读释例》与俞书同。但表示“……的样子”,《孟子》用“然”而不用“若”。先秦文献中只有《诗经》偶用“若”表示“……的样子”。郑子瑜从吴昌莹、王引之说,认为“若”训“其”,指代“牛”,也讲不通。因为与代词“其”类似的“若”,与“其”一样,也处于定语位置,不处于主语位置。“若”在此句中,当然是“好比”“好像”的意思。为什么要否定传统读法呢?因为许多人认为牛本无罪,何须用一“若”字?又有人认为杨伯峻先生译“无罪”为“无罪之人”,乃是“增字解经”。其实,在《孟子》成书年代的语言中,“有罪”“无罪”一定是指人或指人的社会单位如“国”等,因此应当译为“无罪之人”;这当然不是什么“增字解经”。因为“无罪”指人不指牛,所以用一“若”字。

11 诸:“之乎”的合音。

原文

1.7–2 曰："是心足以王矣。百姓皆以王为爱[1]也，臣固知王之不忍也。"王曰："然；诚有百姓者。齐国虽褊[2]小，吾何爱一牛？即不忍其觳觫，若无罪而就死地，故以羊易之也。"

曰："王无异[3]于百姓之以王为爱也。以小易大，彼恶知之？王若隐[4]其无罪而就死地，则牛羊何择焉？"王笑曰："是诚何心哉？我非爱其财而易之以羊也。宜乎百姓之谓我爱也。"

译文

孟子说："有这样的想法足以实行王道了。老百姓都以为王是舍不得，我早就知道王是不忍心哪。"宣王说："对呀，确实有这样想的百姓。齐国虽狭小，我又何至于舍不得一头牛？我只是不忍心看到它不停地哆嗦，就像没犯罪的人，却被押去斩决，所以才用羊来替换它。"

孟子说："百姓以为王舍不得，王也不必奇怪。您用小的来换取大的，那些人怎么会清楚王的想法呢？如果说可怜它'像没犯罪的人却被押去斩决'，那么牛和羊又有什么好选择的呢？"宣王笑着说："这到底是一种什么心理呀？我确实不是吝惜钱财才用羊来代替牛。〔您这么一说，〕百姓说我舍不得真是理所当然的了。"

注释

1 爱：吝啬，舍不得。

2 褊：音 biǎn，小。

3 异：惊异，奇怪。

4 隐：怜悯。

原文

1.7–3 曰:“无伤也,是乃仁术也,见牛未见羊也。君子之于禽兽也,见其生,不忍见其死;闻其声,不忍食其肉。是以君子远[1]庖厨也。”王说[2]曰:“《诗》云[3]:‘他人有心,予忖度[4]之。’夫子之谓也。夫我乃行之,反而求之,不得吾心。夫子言之,于我心有戚戚[5]焉。此心之所以合于王者,何也?”

曰:“有复于王者曰:‘吾力足以举百钧[6],而不足以举一羽;明足以察秋毫之末[7],而不见舆薪[8],则王许[9]之乎?”曰:“否。”

译文

孟子说:“这也没什么关系。这种怜悯心正是实行仁政呀。因为王只看见了牛可怜,却没有看见羊可怜。君子对于飞禽走兽,看见它们活着的可爱,便不再忍心看到它们死去;听到它们的啼叫,便不再忍心吃它们的肉。君子总是远离厨房,就是这个道理。”宣王高兴地说:“有两句诗说:‘别人想的啥,我能猜到它。’原来就是说的您哪。我只是这样做了,再反躬自问,却想不出个所以然来。经您老这么一说,我的心便豁然开朗了。但我的这种想法合于王道,又是为什么呢?”

孟子说:“假如有个人向王报告说:‘我的臂力能够举起三千斤,却拿不起一根羽毛;我的眼力能把鸟儿秋天生的毫毛的末端看得一清二楚,却看不见眼前的一车柴火。’您会同意这话吗?”宣王说:“不会。”

注释

1 远:使……远离。

2 说:“悦”的古字。

3《诗》云:诗句见《诗经 · 小雅 · 巧言》。

4 忖度：音 cǔnduó，揣测。

5 戚戚：心动的样子。

6 钧：三十斤。

7 秋毫之末：鸟尾上的细毛，是极细小的东西。

8 舆薪：一车薪柴。

9 许：同意。

原文

1.7–4 “今恩足以及禽兽，而功不至于百姓者，独何与？然则一羽之不举，为不用力焉；舆薪之不见，为不用明焉；百姓之不见保，为不用恩焉。故王之不王，不为也，非不能也。”

曰：“不为者与不能者之形何以异？”曰：“挟太山以超北海[1]，语人曰：‘我不能。’是诚不能也。为长者折枝[2]，语人曰：‘我不能。’是不为也，非不能也。故王之不王，非挟太山以超北海之类也；王之不王，是折枝之类也。”

译文

孟子马上接着说：“如今王的好心好意足以推广到禽兽，却不能推广到百姓，这是为什么呢？这样看来，一根羽毛都拿不起，只是不肯下力气的缘故；一车子柴火都看不见，只是不肯用眼睛的缘故；老百姓不被保养，只是不肯施恩的缘故。所以，王未曾实行王道，只是不肯做，不是做不到。”

宣王说：“不肯做和做不到的样子有何不同呢？”孟子说：“把泰山夹在胳膊下跳过北海，告诉别人说：‘这个我办不到。’这是真的做不到。替老年人按摩肢体，告诉别人说：‘这个我办不到。’这是不肯做，不是做不到。王不行仁政不是属于把泰山夹在胳膊下跳过北海一类，而是属于替老年人按摩肢体一类的。”

注释

1 挟太山以超北海：太山即泰山，北海即渤海。

2 折枝：按摩肢体；枝，通“肢”。《孟子译注》：“古来有三种解释：甲、折取树枝；乙、弯腰行礼；丙、按摩搔痒。译文取第一义。”我们取丙说。这主要因为甲乙二说除晚起外，均与当时语言实际不符。先看甲说。a. 宾语或受事主语为人、兽或人兽身体一部分时，该“折”的“折断”义带有伤害性。b. 宾语或受事主语为树木或物体时，该“折”的“折断”不是人类的自主行为，例如为风所摧折。“折取树枝”说显然与此不符。再看乙说。其说为“罄折腰枝，盖犹今拜揖也”。“腰肢”若为定中结构，指腰，其意义甚晚起，《孟子》时代无此义。若为并列结构，则原文为“折枝”，并无“腰”或其古字“要”；且当时“枝”也无“腰肢”义。丙说甚早，且古人多理解“折枝”为按摩，故从之。

原文

1.7–5 “老吾老，以及人之老；[1] 幼吾幼，以及人之幼。天下可运于掌。《诗》云[2]：‘刑于寡妻[3]，至于兄弟，以御于家[4]邦。’言举斯心加诸彼而已。故推恩足以保四海，不推恩无以保妻子。古之人所以大过人者，无他焉，善推其所为而已矣。今恩足以及禽兽，而功

译文

“敬重我家里的长辈，并把这敬重之心推广到别人家的长辈；呵护我家里的儿女，并把这呵护推广到别人家的儿女。〔如果一切施政措施都基于这一点，〕治理天下就如同在手心转动小球一样了。《诗经》上说：‘先给妻子做榜样，扩展到兄弟，进而推广到封邑和国家。’就是说把这样的好想法扩展到其他方面就行了。所以由近及远地把恩惠推展开，便足以保有天下；不这样，甚至连自己的妻子儿女都保护不了。古代的圣贤之所以远远地超过一般人，没有别的诀窍，只是他们善于扩

不至于百姓者，独何与？

“权，然后知轻重；度，然后知长短。物皆然，心为甚。王请度之！

“抑[5]王兴甲兵，危士臣，构怨于诸侯，然后快于心与？”

展他们的好行为罢了。如今您的恩情足以扩展到动物，百姓却得不到好处，这是为什么呢？

“称一称，才晓得轻重；量一量，才知道短长。什么东西都如此，人的心更是这样。王考虑一下吧！

“难道说，动员全国军队，让将士臣子冒着危险，去和别国结仇构怨，这样做您心里才痛快吗？”

注释

1 老吾老，以及人之老：尊敬自己的长辈，并把这尊敬延及到他人的长辈；第一个“老”活用为动词，尊敬的意思；及，推及，延及；人，别人，他人。下句第一个“幼”也是动词活用，慈爱、爱护之意。

2《诗》云：诗句见《诗经·大雅·思齐》。

3 刑于寡妻：刑，同“型”，示范；寡妻，嫡妻。

4 家：指卿大夫之有采(cài)邑者。

5 抑：还是，表示选择。

原文

1.7–6 王曰：“否；吾何快于是？将以求吾所大欲也。”曰：“王之所大欲可得闻与？”王笑而不言。

曰：“为肥甘不足于

译文

宣王说：“不，我为什么非要这样做才快活呢？这样做，不过是追求满足我最大的愿望啊。”孟子说：“我可以听听王的最大愿望吗？”宣王只是笑，不作声。

孟子接着说：“是为了肥美的食物不够吃吗？是为了轻暖的衣服不够穿吗？

口与？轻暖不足于体与？抑为采色[1]不足视于目与？声音不足听于耳与？便嬖[2]不足使令于前与？王之诸臣皆足以供之，而王岂为是哉？”曰：“否；吾不为是也。”

曰：“然则王之所大欲可知已，欲辟[3]土地，朝[4]秦楚，莅[5]中国而抚四夷也。以若所为求若[6]所欲，犹缘木而求鱼也。”王曰：“若是其甚与？”

曰：“殆有甚焉[7]。缘木求鱼，虽不得鱼，无后灾。以若所为求若所欲，尽心力而为之，后必有灾。”

或者是为了鲜艳的色彩不够看吗？是为了曼妙的音乐不够听吗？是为了贴身的小臣不够您使唤吗？这些，您的臣下都能尽量供给，但是王真的是为了这些吗？”宣王说：“不，我不是为了这些。”

孟子说：“那么，您的最大愿望可以知道了。您是想要广辟疆土，您是想要秦楚来朝，您是想要治理华夏而抚有四夷。不过，以您这样的作为来满足您这样的愿望，就好比爬到树上去抓鱼一样。”宣王说：“有这样严重吗？”

孟子说：“恐怕比这更严重呢！爬上树去抓鱼，虽然抓不到，却没有灾祸。以您这样的作为去满足您这样的愿望，殚精竭虑去干了，〔不但达不到目的，〕还定有灾祸在后头。”

注释

1 采色：即“彩色”。

2 便嬖：音 piánbì，得到王的宠幸且朝夕相伴者。

3 辟：开辟。

4 朝：使其朝觐。

5 莅：音 lì，临。

6 若：如此，后来写作“偌”。

7 殆有甚焉:殆,可能。按,《孟子译注》:"有,同又。"似未达一间。a.周秦典籍中未见"殆又",而其他"殆有"之"有"均本字。b.此句为孟子回答王所言"若是其甚与"所说,"有甚"作谓语。当时语言中,"有甚"常见,"甚"是"有"的宾语。

原文

1.7–7 曰:"可得闻与?"曰:"邹[1]人与楚人战,则王以为孰胜?"曰:"楚人胜。"

曰:"然则小固不可以敌大,寡固不可以敌众,弱固不可以敌强。海内之地,方千里者九,齐集有其一。以一服八,何以异于邹敌楚哉?盖[2]亦反其本矣。今王发政施仁,使天下仕者皆欲立于王之朝,耕者皆欲耕于王之野,商贾皆欲藏于王之市,行旅皆欲出于王之途,天下之欲疾其君者皆欲赴诉于王。其若是,孰能御之?"

译文

宣王说:"〔这是什么道理呢?〕可以让我听听吗?"孟子说:"假设邹国和楚国打仗,王以为谁会胜利呢?"宣王说:"楚国会胜。"

孟子说:"这样看来,小国本来就不可以抗拒大国,人少的国家也不可以抗拒人多的国家,弱国不可以抗拒强国。现在华夏的土地,有九个纵横各一千里那么大,齐国不过占有它的九分之一。凭九分之一想叫九分之八归服,这跟邹国抗拒楚国有什么不同呢?〔既然这条路根本行不通,那么,〕为什么不从根基着手呢?现在王如果能改良政治,广施仁德,使天下的士大夫都想站立在齐国的朝廷,庄稼汉都想耕种在齐国的田野,行商坐贾都想把货物囤积在齐国的市场,来往旅客都想奔走在齐国的路途,各国痛恨本国君主的人也都想到王这儿来一吐苦水。若能做到这样,又有谁能抵挡得住呢?"

王曰："吾惛[3]，不能进于是矣。愿夫子辅吾志，明以教我。我虽不敏，请尝试之。"

宣王说："我头脑昏乱，不能达到这样的高度了；但希望您老人家辅导我达到目的，明明白白地教导我。我虽不聪明，也不妨试它一试。"

注释

1 邹：国名，就是邾国，国土极小。

2 盖：同"盍"，"何不"的合音。

3 惛：同"昏"。

原文

1.7-8 曰："无恒产而有恒心者，惟士为能。若[1]民，则无恒产，因无恒心。苟无恒心，放辟邪侈，无不为已。及陷于罪，然后从而刑之，是罔[2]民也。焉有仁人在位罔民而可为也？是故明君制[3]民之产，必使仰足以事父母，俯足以畜妻子，乐岁终身饱，凶年免于死亡[4]；然后驱而之善，故民之从之也轻[5]。今也制民之产，仰不足以事父母，俯不足以畜妻子；

译文

孟子说："没有固定的产业而有恒定的信念，只有士人才能够做到。如果是一般人，就没有固定的产业，因而也没有恒定的信念。若没有恒定的信念，就会胡作非为，违法乱纪，什么事都干得出来。等到他犯了法，然后再处以刑罚，这等于陷害。哪有仁爱的人坐了朝廷之位却做出陷害老百姓的事呢？所以贤明的君主规定人们的产业，一定要使他们上足以赡养父母，下足以抚养妻儿；好年成一年到头吃得饱，坏年成也不至于饿死或逃亡；然后督促他们往善良的路上走，这样老百姓要听从教导也容易。现在呢，规定人民的产业，上不乐岁终身苦，凶年不免于死亡。此惟救死而恐不赡[6]，奚[7]暇治礼义哉？”

足以赡养父母，下不足以抚养妻儿；好年成一年到头困苦，坏年成则要么死要么逃。这样，每个人要活一口气都怕做不到，哪有闲工夫学习礼义呢？”

注释

1 若：至于。
2 罔：同“网”，网罗，陷害。
3 制：制定法度。
4 死亡：按，《孟子》时代，“死亡”是一个短语，意为死去和逃亡；不是意为“死掉”的一个词。例如：“君为社稷死，则死之；为社稷亡，则亡之。”（《左传·襄公二十五年》，沈玉成译：“君主为国家而死，那么也就为他而死；为国家而逃亡，那么也就为他而逃亡。”）“司马以吾故，亡其良子。死亡有命，吾不可以再亡之。”（《昭公二十一年》，沈译：“司马由于我的缘故，使他的好儿子逃亡。死和逃亡都是命中注定，我不能再让他的儿子逃亡。”）
5 轻：轻易，容易。
6 赡：音 shàn，足够。
7 奚：何。

原文

1.7–9 “王欲行之，则盍[1]反其本矣：五亩之宅，树之以桑，五十者可以衣帛矣。鸡豚狗彘之畜，无失其时，

译文

“王如果要施行仁政，那为什么不从根基着手呢？每家都有五亩地的宅院，院里种满桑树，五十岁以上的人就可以穿上丝绵衣了。鸡、狗和猪的畜养，不要耽误繁殖的时机，七十岁以上的人就可以有肉

七十者可以食肉矣。百亩之田,勿夺其时,八口之家可以无饥矣。谨庠序之教,申[2]之以孝悌之义,颁白者不负戴于道路[3]矣。老者衣帛食肉,黎民不饥不寒,然而不王者,未之有也。"

吃了。每家都有百亩田地,不耽误他的农时,八口之家就可以吃饱肚子了。好好地办些学校,反复地用孝顺父母敬爱兄长的道理教育他们,那么,须发斑白的老人也就用不着背负、头顶着重物奔波于道路上了。七十岁以上的人有丝绵衣穿,有肉吃,平民百姓不受冻饿,这样还不能使天下归服的,是从未有过的事。"

注释

1 盍:"何不"的合音。

2 申:重申,一再地说。

3 颁白者不负戴于道路:颁白者,须发花白的老者;负戴,背负和用头顶着(重物)。

梁惠王章句下 凡十六章

导读

《梁惠王下》共十六章。第一、第二、第四章还是教导齐王要与民同乐。第四章说："乐民之乐者，民亦乐其乐；忧民之忧者，民亦忧其忧。乐以天下，忧以天下。"范仲淹"先天下之忧而忧，后天下之乐而乐"大约是化用了这段话。第三章提出了大国小国相交的准则："以大事小者，乐天者也；以小事大者，畏天者也。乐天者保天下，畏天者保其国。"第五章提出了孟子的"王政"——王天下——的理想。面对齐宣王"寡人好货""寡人好色"的推诿，孟子因势利导，用古圣贤公刘好货、太王好色而"居者有积仓，行者有裹粮""内无怨女，外无旷夫"的事迹开导宣王。说到底，这依然是阐述"与民同乐"的道理。第六章采用层层推进请君入瓮的办法，最后弄得齐宣王"顾左右而言他"，狼狈不堪，可发一讪。第七章讲述"兼听则明"的道理。而"所谓大学者，非谓有大楼之谓也，有大师之谓也"，则分明是化用本章"所谓故国者，非谓有乔木之谓也，有世臣之谓也"。第八章提出，对独夫民贼，可以讨伐，并非以下犯上。这是《孟子》全书中的一大闪光点。第九章提出治国理政要用专业人士，君主不能越俎代庖。这一理念至今仍极具现实意义。第十、十一章提出干涉别国时，要本着吊民伐罪的原则，而非攫取领土。十二章提出当民众"老弱转乎沟壑，壮者散而之四方"时，他们的君主以及官吏，没理由责怪他们的感情淡漠。十三、十四、十五章提出，当面临敌人入侵时，是守是迁，都取决于民众的意愿和利益。按，《孟子》书中多处体现了民本思想。

十六章将不能与鲁君见面归结为天命，在收尾时给《梁惠王》这全书第一篇平添了一抹无可奈何的惆怅。如果要归纳《梁惠王下》的总基调，“以民为本”四字，大约是差不离的；不！毋宁说它就是整个《梁惠王篇》的总基调。

原文

2.1–1 庄暴见孟子，曰：“暴见于王[1]，王语暴以好乐[2]，暴未有以对也。”曰[3]：“好乐何如？”

孟子曰：“王之好乐甚，则齐国其庶几[4]乎！”他日，见于王曰：“王尝语庄子以好乐，有诸？”

王变乎色[5]，曰：“寡人非能好先王之乐也，直好世俗之乐耳。”曰：“王之好乐甚，则齐其庶几乎！今之乐由古之乐也。”

曰：“可得闻与？”曰：“独乐乐，与人乐乐，孰乐？”曰：“不若与人。”

曰：“与少乐乐，与众乐乐，孰乐？”曰：“不若与众。”

译文

〔齐国的大臣〕庄暴来见孟子，说：“我去朝见王，王告诉我，他爱好音乐，我不知道该怎样回答。”又说：“爱好音乐好不好？”

孟子说：“王如果爱好音乐很厉害，那齐国便会不错了。”过了些时候，孟子谒见齐王，问道：“您曾经告诉庄先生，说您爱好音乐，有这回事吗？”

齐王变得严肃起来，不好意思地说：“我没能爱好先王的雅乐，只是爱好流行音乐罢了。”孟子说：“只要您爱好音乐很投入，那齐国便会不错了。现代音乐和古代音乐都是一样的。”

齐王说：“这道理我可以听听吗？”孟子说：“一个人欣赏音乐快乐，和别人一道欣赏音乐也快乐，哪一种更快乐呢？”齐王说：“跟别人一道欣赏更快乐。”

孟子说：“跟少数人欣赏音乐快乐，跟多数人欣赏音乐也快乐，哪一种更快乐呢？”齐王说：“跟多数人一起欣赏更快乐。”

注释

1 暴见于王：庄暴被王接见。

2 乐：音 yuè，音乐。

3 曰：一个人的话中间又加一“曰”字，表示讲话人有所停顿后又说。

4 庶几：差不多。

5 王变乎色：朱熹《集注》：“变色者，惭其好之不正也。”有的注本因此译“王变乎色”为“齐王很不好意思”。但当时典籍中的变色（变乎色、色变）的共同特点是表情变得严肃，笑容消失，未见一例是惭愧之色的。如《万章下》：“王勃然变乎色。”表示惭愧的，用愧色、惭色、怍色等来表达。例如：“子贡逡巡而有愧色。”（《庄子·杂篇·让王》）所以译这句为“齐王变得严肃起来”。

原文

2.1–2 “臣请为王言乐[1]。今王鼓乐于此，百姓闻王钟鼓之声，管籥[2]之音，举疾首蹙頞[3]而相告曰：‘吾王之好鼓乐，夫何使我至于此极也？父子不相见，兄弟妻子离散。’今王田猎[4]于此，百姓闻王车马之音，见羽旄[5]之美，举疾首蹙頞而相告曰：‘吾王之好田猎，夫何使我至于此极也？父子不相见，兄弟妻子离散。’此无他，不与民同乐也。

译文

孟子马上说：“请让我为王谈谈音乐。如果王在这里奏乐，老百姓听到敲钟打鼓的声音，听到吹奏箫管的声音，大家全都头痛而皱着眉头奔走相告：‘我们的王这样爱好音乐，那为什么使我困苦到这样极端的境地呢？父子不能相见，兄弟妻儿东逃西散。’如果王在这里打猎，老百姓听到车马的声音，看到仪仗的华丽，大家全都头痛而皱着眉头奔走相告：‘我们的王这样爱好打猎，为什么使我困苦到这样极端的境地呢？父子不能相见，兄弟妻儿

"今王鼓乐于此,百姓闻王钟鼓之声,管籥之音,举欣欣然有喜色而相告曰:'吾王庶几无疾病与,何以能鼓乐也?'今王田猎于此,百姓闻王车马之音,见羽旄之美,举欣欣然有喜色而相告曰:'吾王庶几无疾病与,何以能田猎也?'此无他,与民同乐也。今王与百姓同乐,则王矣。"

东逃西散。'这没有别的原因,就因为王〔只图自己快活而〕不和大家一道娱乐的缘故。

"如果王在这里奏乐,老百姓听到敲钟打鼓的声音,听到吹奏箫管的声音,全都眉开眼笑奔走相告:'我们的王大概很健康吧,要不怎么能够奏乐呢?'如果王在这里打猎,老百姓听到车马的声音,看到仪仗的华丽,全都眉开眼笑奔走相告:'我们的王大概很健康吧,要不怎么能够打猎呢?'这没有别的原因,只是因为王同百姓一道娱乐罢了。如果王同百姓一同娱乐,就可以使天下归服了。"

注释

1 乐:此处双关,既指"音乐",又指"娱乐"。

2 管籥:古代吹奏乐器,类似今之箫笙;籥,音 yuè。

3 举疾首蹙頞:举,全都;蹙,音 cù,皱着;頞,音 è,鼻梁。

4 田猎:打猎。

5 羽旄:旗帜。

原文

2.2 齐宣王问曰:"文王之囿[1]方七十里,有诸?"孟子对曰:"于传有之。"

译文

齐宣王〔问孟子〕说:"听说周文王有一处猎场,纵横各七十里,有这回事吗?"孟子答道:"史书上记载着呢。"

宣王说:"竟然这么大吗?"孟子说:

曰："若是其大乎？"曰："民犹以为小也。"曰："寡人之囿方四十里，民犹以为大，何也？"

曰："文王之囿方七十里，刍荛[2]者往焉，雉兔[3]者往焉，与民同之。民以为小，不亦宜乎？臣始至于境，问国之大禁[4]，然后敢入。臣闻郊关[5]之内有囿方四十里，杀其麋鹿者如杀人之罪，则是方四十里为阱于国中[6]。民以为大，不亦宜乎？"

"老百姓还嫌小呢。"宣王说："我的猎场纵横只有四十里，老百姓还嫌大了，为什么呢？"

孟子说："文王的猎场纵横各七十里，割草打柴的去，打鸟捕兽的也去，和老百姓一道用。老百姓以为太小，不是很自然吗？〔而您恰恰相反。〕我刚到边界，就打听齐国的大禁忌，然后才敢入境。我听说首都四关之内的郊区有一处猎场，纵横各四十里，谁要宰了里头的麋鹿，就如同犯了杀人之罪。那么，这等于在国都之中挖了一个纵横四十里的大陷阱。百姓认为太大了，不是应当的吗？"

注释

1 囿：没围墙的猎场叫"囿"。

2 刍荛：刍，音 chú，草；荛，音 ráo，柴；这里指打草砍柴。

3 雉兔：雉，音 zhì，野鸡；雉兔，名词活用为动词，狩猎之意。

4 国之大禁：按，《孟子译注》将"国之大禁"译为"齐国最严重的禁令"，似未达一间。"大禁"义为"严厉禁止"或"大禁忌"。例如："凡言而不可复，行而不可再者，有国者之大禁也。"(《管子·形势》)"斗者……君上之所恶也，刑法之所大禁也，然且为之，是忘其君也。"(《荀子·荣辱》)"行辟而坚，饰非而好，玩奸而泽，言辩而逆，古之大禁也。"(《荀子·非十二子》)以上"大禁"的，都是某种行为；这些行为是应当严厉禁止的，或者说干这些事是个大禁忌、大忌讳；这些行为本身，却不是大禁令。所以将“国之大禁”译为“齐国的大禁忌”。

5 郊关:四郊之门——古代城邑四郊起拱卫防御作用的关门。《白虎通》:“近郊五十里,远郊百里。”远的郊关距离城区一百里,自然能容纳四周各四十里的园囿了。

6 国中:有的译注本把“国中”译为“国内”,本书译为“国都之中”。当时典籍中的“国中”一般都指都城之内,而非国境之内。例如:“蚤起,施从良人之所之,遍国中无与立谈者。”(《离娄下》)当时语言中表达“国内”这一概念的,用“邦域之中”“四封”“四封之内”,例如:“夫颛臾,昔者先王以为东蒙主,且在邦域之中矣,是社稷之臣也。”(《论语·季氏》)

原文

2.3-1 齐宣王问曰:“交邻国有道乎?”

孟子对曰:“有。惟仁者为能以大事小,是故汤事葛[1],文王事昆夷[2]。惟智者为能以小事大,故太王事獯鬻[3],勾践事吴[4]。以大事小者,乐天者也;以小事大者,畏天者也。乐天者保天下,畏天者保其国。《诗》云:‘畏天之威,于时保之。[5]’”

王曰:“大哉言矣[6]!寡人有疾,寡人好勇。”

译文

齐宣王问道:“和邻国打交道有什么方法途径吗?”

孟子答道:“有的。只有仁爱的人才能够以大国的身份服事小国,所以商汤服事葛伯,文王服事昆夷。只有聪明的人才能够以小国的身份服事大国,所以太王服事獯鬻,勾践服事夫差。以大国身份服事小国的,是乐行天命的人;以小国身份服事大国的,是敬畏天命的人。乐行天命者能保有天下,敬畏天命者能保有本国。《诗经》说得好:‘敬畏上天的威灵,〔因此谨慎又小心,〕文王之道能安定。’”

宣王说:“这话真伟大!不过,我有个小毛病,就是太喜爱勇武。”孟子答道:

对曰："王请无好小勇。夫抚剑疾视曰：'彼恶敢当我哉！'此匹夫之勇，敌一人者也。王请大之！

"那么，请王不要喜好小勇。有种人，只会手按着剑柄圆睁双眼说：'那人怎么敢抵挡我呢？'这只是凡夫俗子的勇武，只能镇得住一个人。希望王能把它扩大。

注释

1 汤事葛：《滕文公下》第五章论之较详，可参。

2 昆夷：亦作"混夷"，周朝初年的西戎国名。

3 太王事獯鬻：太王即古公亶父(dǎnfǔ)；獯鬻(xūnyù)即猃狁(xiǎnyǔn)，当时北方的少数民族。

4 勾践事吴：越王勾践惨败于吴，卑辞厚礼求和，勾践替吴王当马前卒；后返国，十年生聚，十年教训，终于兴国灭吴。

5 畏天之威，于时保之：见《诗经·周颂·我将》；保，安定。

6 大哉言矣：这话真伟大呀！这是一句赞美的话，而不是说这话太夸大其词了。许多书证可以证明这点："林放问礼之本。子曰：'大哉问！'"（《论语·八佾》）"大哉尧之为君也！"（《论语·泰伯》）"大哉孔子！博学而无所成名。"（《论语·子罕》）"居移气，养移体，大哉居乎！"（《孟子·尽心上》）"大哉乾元，万物资始，乃统天。"（《周易·乾》）"大哉死乎！君子息焉，小人休焉。"（《荀子·大略》）因为有的书解释为"夸大其词"，所以有必要指出这点。

原文

2.3–2 "《诗》云[1]：'王赫斯[2]怒，爰[3]整其旅，以遏徂莒[4]，以笃周祜[5]，以对于天下。'此文王之勇也。文王

译文

"《诗经》说：'我王赫然一发怒，整肃军阵如猛虎，阻止侵莒的敌人，增添周室的福禄，报答天下的拥护。'这便是文王的勇武。文王一发

一怒而安天下之民。

"《书》曰[6]:'天降下民,作之君,作之师,[7]惟曰其助上帝宠之。四方有罪无罪惟我在,天下曷敢有越厥[8]志?'一人衡[9]行于天下,武王耻之。此武王之勇也。而武王亦一怒而安天下之民。今王亦一怒而安天下之民,民惟恐王之不好勇也。"

怒便使天下的百姓生活安定。

"《书经》说:'天降生了芸芸众民,也为他们降生了君主,也为他们降生了师长,这些君主和师长的唯一职责,就是帮助上帝来爱护人民。因此,四面八方的有罪者和无罪者,都由我负责。普天之下,谁敢超越他的本分〔胡作非为〕?'当时有个人在世上横行霸道,武王便认为是奇耻大辱。这便是武王的勇。武王也一发怒而使天下的百姓生活安定。如今王若是也一怒而安定天下的百姓,那么,百姓还生怕王不喜爱勇武呢。"

注释

1《诗》云:此诗见《诗经·大雅·皇矣》。
2 赫斯:勃然大怒的样子。
3 爰:句首语气词,可译为"于是"。
4 以遏徂莒:遏,止;徂,往;莒,国名。
5 以笃周祜:笃,厚;祜,音 hù,福。
6《书》曰:以下引句为《尚书》逸文,《伪古文尚书》采入《泰誓》上篇。
7 作之君,作之师:为他们造作君主,为他们造作师长。
8 厥:略同"其"。
9 一人衡:一人,指商纣王;衡,同"横"。

原文

2.4-1 齐宣王见孟子

译文

齐宣王在他的别墅雪宫里接见孟

于雪宫[1]。王曰:“贤者亦有此乐乎?”

孟子对曰:“有。人不得,则非其上矣。不得而非其上者,非也;为民上而不与民同乐者,亦非也。乐民之乐者,民亦乐其乐;忧民之忧者,民亦忧其忧。乐以天下,忧以天下,[2]然而不王者,未之有也。”

子。宣王问道:“贤人也有这种快乐吗?”

孟子答道:“有的。他们要是得不到这种快乐,就会非议他们的统治者的。得不到快乐就讲统治者的坏话,固然不对;作为老百姓的统治者有快乐而不与老百姓一同享受,也是不对的。把老百姓的快乐当作他自己的快乐的,老百姓也会把他的快乐当作自己的快乐;把老百姓的忧愁当作自己的忧愁的,老百姓也会把他的忧愁当作自己的忧愁。以天下万民之乐为乐,以天下万民之忧为忧,这样还不能使天下归服于他的,是从来不曾有的事。”

注释

1 雪宫:齐宣王的离宫(别墅)。

2 乐以天下,忧以天下:乐,以天下(民之乐),忧,以天下(民之忧);也即,以天下民之乐为乐,以天下民之忧为忧。

原文

2.4-2 “昔者齐景公问于晏子曰[1]:‘吾欲观于转附朝儛[2],遵海而南[3],放于琅邪[4],吾何修而可以比于先王观也?’晏子对曰:‘善哉问也!天子

译文

“当年齐景公问晏子说:‘我想到转附山和朝儛山去视察,然后沿着海岸南行,一直到琅邪,我该如何修为才能够比得上过往圣王贤君的巡游呢?’晏子答道:‘问得好哇!天子到诸侯国去叫作巡狩。巡狩,就是巡视诸侯职守的意思。

适诸侯曰“巡狩”。巡狩者，巡所守也。诸侯朝于天子曰“述职”。述职者，述所职也。无非事者。春省耕而补不足，秋省敛而助不给。夏谚曰：“吾王不游，吾何以休？吾王不豫[5]，吾何以助？一游一豫，为诸侯度。”今也不然：师行而粮食[6]，饥者弗食[7]，劳者弗息。睊睊胥谗[8]，民乃作慝[9]。方命[10]虐民，饮食若流。流连荒亡，为诸侯忧。从流下而忘反谓之流，从流上而忘反谓之连，从兽无厌谓之荒，乐酒无厌谓之亡。先王无流连之乐，荒亡之行。惟君所行也。”

诸侯去朝见天子叫作述职。述职，就是报告分内工作的意思。这一切都是工作。春天巡视耕种，补助贫穷农户；秋天考察收获，补助缺粮农户。夏朝的谚语说：“我王不出来游，我便劳作不休；我王不出来走，我的补助哪有？我王不歇脚步，给诸侯设立法度。”如今就不同了：国王仪仗还没动，官吏四处筹粮米。饿汉越发没饭吃，苦力累死难休息。大家切齿又骂娘，铤而走险揭竿起。既违天命又害民，成天大摆流水席。流连荒亡无节制，诸侯如何不着急！〔流连荒亡是什么意思呢？〕顺流而下地游玩，乐而忘返叫作流；溯流而上地游玩，乐而忘返叫作连；打猎从不厌倦叫作荒；喝酒不知节制叫作亡。过去的圣王贤君没有这种流连的乐趣、荒亡的行为。〔视察工作的出巡和只知自己快乐的流连荒亡，〕您从事哪一种，您自己选择吧！’”

注释

1 昔者齐景公问于晏子曰：齐景公，春秋时齐国之君，姓姜名杵臼；晏子，齐国贤臣，名婴。

2 观于转附朝儛：转附，疑即今之芝罘(fú)山（即芝罘岛）；朝儛(cháowǔ)，疑即今山东荣成东之召石山。

3 遵海而南：沿着海岸往南行；遵，循，沿着。

4 放于琅邪：放于，至于；放，音 fǎng；琅邪(lángyá)，山名，在今山东诸城东南。

5 豫：同"游"。

6 粮食：这里是筹措粮食的意思。

7 饥者弗食：受饿者吃不上饭；弗，不；"弗"修饰的动词一般不带宾语。

8 睊睊胥谗：睊睊，因忿恨侧目而视的样子；睊，音 juàn；胥，都；谗，毁谤。

9 慝：音 tè，恶。

10 方命：抗命；命，指上帝意旨。

原文

2.4–3 "景公悦，大戒于国[1]，出舍于郊。于是始兴发[2]补不足。召大师[3]曰：'为我作君臣相说之乐！'盖《徵招》《角招》[4]是也。其诗曰：'畜君何尤[5]？'畜君者，好君也。"

译文

"景公听了，大为高兴。先在都城发布命令，然后驻扎郊外。这时便发布补助贫户的命令，并付诸实施。景公又把乐官长叫来，对他说：'给我创作君臣同乐的乐曲！'这乐曲就是《徵招》《角招》，歌词说：'畜君有什么不对呢？'畜君，就是喜爱国君的意思。"

注释

1 大戒于国：按，此谓将更始决心遍告于国都。戒，告诫，发布命令。《逸周书·周书序》："周公陈武王之言及，以赞已言，戒乎成王，作《大戒》。"《国语·吴语》："吴王夫差既许越成，乃大戒师徒，将以伐齐。""戒乎成王"，谓告诫成王；"大戒师徒"，相当于今日的誓师，主要内容是对师徒训话。

2 兴发：兴，付诸实施；发，发布命令。

3 大师：即“太师”，古代乐官之长。

4《徵招》《角招》：徵(zhǐ)和角是古代五音（宫、商、角、徵、羽）中的两个；招，通“韶”。

5 尤：错误，过失。

原文

2.5–1 齐宣王问曰：“人皆谓我毁明堂[1]，毁诸？已[2]乎？”孟子对曰：“夫明堂者，王者之堂也。王欲行王政，则勿毁之矣。”

王曰：“王政何得闻与？”对曰：“昔者文王之治岐[3]也，耕者九一[4]，仕者世禄，关市讥[5]而不征，泽梁[6]无禁，罪人不孥[7]。老而无妻曰鳏[8]，老而无夫曰寡，老而无子曰独，幼而无父曰孤。此四者，天下之穷民而无告者。文王发政施仁，必先斯四者。《诗》云：‘哿矣富人，哀此茕独。[9]’”

王曰：“善哉言乎！”曰：“王如善之，则何为不行？”

译文

齐宣王问道：“别人都劝我拆掉明堂，到底是拆了呢，还是不拆？”孟子答道：“那明堂呢，是凭道德一统天下的王者的殿堂。您如果要实行王政，就不要把它给拆了。”

王说：“实行王政的事，我可以听听吗？”答道：“从前周文王治理岐地，对农夫九分抽一征税；做官的人能世袭俸禄；关卡和市场只稽查，不征税；湖泊任意捕鱼，没有禁令；罪犯只惩罚本人，不株连家属。老了没妻子的叫鳏夫，老了没丈夫的叫寡妇，没有儿女的老人叫孤独者，死了父亲的儿童叫孤儿。这四种人是世上最穷苦无依的人。周文王实行仁政，一定最先照顾这四种人。《诗经》说：‘那有钱人生活真美好，可怜这些人无依无靠！’”

宣王说：“这话说得真好！”孟子说：“您如果认为这话好，那为什么不实行呢？”

注释

1 明堂:明堂是天子召见诸侯的处所,此处之明堂在齐国境内,可能是准备天子东巡召见诸侯时用的。

2 已:止。

3 岐:在今陕西岐山一带。

4 耕者九一:这话可能是指孟子理想的土地制度井田制而言。

5 讥:同“稽”,查。

6 泽梁:在流水中拦鱼的一种装置。

7 不孥:孥,音 nú,妻室儿女;这里指不株连妻室儿女。

8 鳏:音 guān,老而无妻者。

9 哿矣富人,哀此茕独:哿,音 gě,可;茕,音 qióng,单独;这两句诗见《诗经·小雅·正月》。

原文

2.5-2 王曰:“寡人有疾,寡人好货。”

对曰:“昔者公刘[1]好货,《诗》云[2]:‘乃积乃仓[3],乃裹糇粮[4],于橐于囊[5]。思戢用光[6]。弓矢斯张,干戈戚扬[7],爰[8]方启行。’故居者有积仓,行者有裹粮也,然后可以‘爰方启行’。王如好货,与百姓同之,于王何有?”

王曰:“寡人有疾,寡

译文

宣王说:“我有个毛病,我喜爱财物〔,实行王政怕有困难〕。”

孟子说:“从前公刘也喜爱财物,《诗经》说:‘粮食堆满仓,用来作干粮,还装满橐囊。百姓安居国威扬。箭上弦,弓开张,梭镖大斧都上场,于是出发向前方。’留在家里的人都有存粮,行军的人都有干粮,这样才是‘于是出发向前方’。王如果喜爱财物,能跟百姓一道,对您实行王政有什么困难呢?”

宣王又说:“我有个毛病,我喜爱

人好色。"

对曰:"昔者太王好色,爱厥妃。《诗》云[9]:'古公亶父,来朝走马,率西水浒[10],至于岐下,爰及姜女[11],聿来胥宇[12]。'当是时也,内无怨女,外无旷夫。[13]王如好色,与百姓同之,于王何有[14]?"

女色〔,实行王政怕有困难〕。"

孟子答道:"从前太王也喜爱女色,十分娇宠他那个妃子。《诗经》说:'古公亶父清早骑着马,沿着漆水西,来到岐山下,视察民众的住宅,姜女始终跟着他。'这一时代,家中没有老处女,野外也找不到单身汉。王如果喜爱女人,能跟老百姓一道,对您实行王政有什么困难呢?"

注释

1 公刘:后稷的后代,周朝创业的始祖。

2《诗》云:以下引诗见《诗经·大雅·公刘》。

3 仓:装满仓。

4 糇粮:干粮;糇,音 hóu。

5 橐、囊:两种口袋。橐(tuó)两端有底,旁边开口;囊则无底,物件盛于两头。

6 思戢用光:思,语助词,无实义;戢,音 jí,和,安;光,发扬光大。

7 干戈戚扬:四种兵器。

8 爰:音 yuán,句首语气词。

9《诗》云:以下引诗见《诗经·大雅·绵》。

10 率西水浒:率,沿着;浒,水涯,指漆水沿岸。

11 爰及姜女:爰,句首语气词,无实义;姜女,即太姜,太王之妃。

12 聿来胥宇:聿,音 yù,语气助词;胥,音 xū,省视,视察;宇,屋宇。

13 内无怨女,外无旷夫:古代以女子居内,男子居外。

14 何有:"何难之有"的意思。

原文

2.6 孟子谓齐宣王曰："王之臣有托其妻子于其友而之[1]楚游者，比其反也[2]，则冻馁[3]其妻子，则如之何？"王曰："弃之。"

曰："士师[4]不能治士，则如之何？"王曰："已之。"

曰："四境之内不治，则如之何？"王顾左右而言他[5]。

译文

孟子对齐宣王说："您有一个臣子把老婆孩子托付给朋友照顾，自己前往楚国了。等他回来的时候，他的老婆孩子却在挨饿受冻。这样的朋友，该拿他怎么办？"王说："和他一刀两断。"

孟子说："司法长官不能约束他的下级，该拿他怎么办？"王说："撤他的职！"

孟子说："国内治理得不好，那该怎么办？"齐王一边扭头东张西望，一边转移话题东拉西扯。

注释

1 之：到……去。

2 比其反也：比，及，至，等到；反，同"返"。

3 馁：音 něi，饥饿。

4 士师：古代的司法官。

5 顾左右而言他：往左看看，往右看看，说些别的话；他，其他的，别的。

原文

2.7 孟子见齐宣王，曰："所谓故国者，非谓有乔木[1]之谓也，有世臣之谓也。王无亲臣矣，昔

译文

孟子谒见齐宣王，说："我们所说的'故国'，并不是说该国有高大树木的意思，而是有世代功勋的老臣的意思。您现在没有亲信的臣子了，过去所进用的今天

者所进，今日不知其亡[2]也。”王曰：“吾何以识其不才而舍之？”

曰：“国君进贤，如不得已，将使卑逾尊，疏逾戚，可不慎与？左右皆曰贤，未可也；诸大夫皆曰贤，未可也；国人皆曰贤，然后察之；见贤焉，然后用之。左右皆曰不可，勿听；诸大夫皆曰不可，勿听；国人皆曰不可，然后察之；见不可焉，然后去之。左右皆曰可杀，勿听；诸大夫皆曰可杀，勿听；国人皆曰可杀，然后察之；见可杀焉，然后杀之。故曰，国人杀之也。如此，然后可以为民父母。”

都不知到哪儿去了。”王问：“我怎样去识别那些没才能的人从而放弃他呢？”

孟子答道：“国君选拔贤人，如不得已要起用新人，就不得不把卑贱者提拔到尊贵者之上，把疏远的人提拔到亲近者之上，这种事能不慎重吗？因此，周围亲近的人都说某人好，还不行；各位大夫都说某人好，还不行；全国的人都说某人好，然后考察他；发现他真的不错，然后起用他。周围亲近的人都说某人不可用，不要听信；各位大夫都说某人不可用，也不要听信；全国的人都说某人不可用，然后考察他；发现他真的不可用，再罢免他。周围亲近的人都说某人可杀，不要听信；各位大夫都说某人可杀，也不要听信；全国的人都说某人可杀，然后考察他；发现他真的可杀，再杀他。所以说，他是全国人杀的。这样，才能做百姓的父母。”

注释

1 乔木：大树；乔，高。

2 亡：去位、去国之意。

原文

2.8 齐宣王问曰:“汤放桀[1],武王伐纣[2],有诸[3]?”孟子对曰:“于传[4]有之。”曰:“臣弑[5]其君,可乎?”曰:“贼仁者谓之‘贼’,贼义者谓之‘残’。残贼之人谓之‘一夫[6]’。闻诛[7]一夫纣矣,未闻弑君也。”

译文

齐宣王问道:“商汤流放夏桀,周武王讨伐商纣王,有这回事吧?”孟子答道:“史书上有这样的记载。”宣王说:“做臣子的弑他的君主,可以吗?”孟子说:“破坏仁爱的人叫作‘贼’,破坏道义的人叫作‘残’。残贼俱全的人,叫作‘一夫’。我只听说过武王诛杀了一夫殷纣,没有听说过他是以臣弑君的。”

注释

1 汤放桀:汤,商代开国之君;夏桀暴虐,汤兴兵讨伐他,把桀流放到南巢(今安徽巢湖)。

2 武王伐纣:商纣王无道,周武王伐之,纣王兵败,自焚而死。

3 有诸:有之乎;诸,“之乎”的合音字。

4 传:音 zhuàn,典籍文献。

5 弑:臣下无理地杀死君主,儿女杀死父母都叫作“弑”。

6 一夫:“独夫”的意思。

7 诛:合乎正义地讨杀罪犯叫作“诛”。

原文

2.9 孟子见齐宣王,曰:“为巨室,则必使工师求大木[1]。工师得大木,则王喜,以为能胜其任也。匠人斫[2]而小之,

译文

孟子谒见齐宣王,说:“建筑一幢大屋,就一定要派工师去寻找大树。工师找到了大树,王就高兴,认为他能够担负他的责任。如果木匠把木料砍小了,王就会生气,认为他担负不了他的责

则王怒,以为不胜其任矣。夫人幼而学之,壮而欲行之,王曰,'姑舍女所学而从我',则何如?今有璞玉[3]于此,虽万镒[4],必使玉人雕琢之。至于治国家,则曰,'姑舍女所学而从我',则何以异于教玉人雕琢玉哉?"

任。〔可见要学好一门手艺是很难的。〕比如某人从小学习一门手艺,长大了便想要运用它,可是王却对他说:'暂时放下你所学的,听从我的话吧!'那将如何呢?假如这里有一块没雕琢过的玉石,即使它非常值钱,也一定要请玉工来雕琢它。可是一到了治国理政,您却〔对政治家〕说:'暂时放下你所学的,听从我的话吧!'这跟您要教导玉工雕琢玉石,又有何不同呢?"

注释

1 工师求大木:工师,古代官名,主管各种工匠。大木,大树;不能理解为大木料,许多书证可以证明它。

2 斫:音 zhuó,砍削。

3 璞玉:玉之在石中者;璞,音 pú。

4 万镒:表示极为贵重;二十两为一镒。

原文

2.10 齐人伐燕,胜之。[1]宣王问曰:"或谓寡人勿取,或谓寡人取之。以万乘之国伐万乘之国,五旬而举之,人力不至于此。不取,

译文

齐国攻打燕国,战胜了它。齐宣王问道:"有些人劝我别兼并燕国,也有人劝我兼并它。〔我想:〕以一个万乘之国去讨伐另一个万乘之国,五十天便打下来了,光靠人力达不到这一目的〔,一定是天意如此〕。如果不去兼并,上天会〔认为我

必有天殃。[2]取之，何如？”

孟子对曰：“取之而燕民悦，则取之——古之人有行之者，武王是也。取之而燕民不悦，则勿取——古之人有行之者，文王是也[3]。以万乘之国伐万乘之国，箪食壶浆[4]以迎王师，岂有他哉？避水火也。如水益深，如火益热，[5]亦运[6]而已矣。”

们违反了他的旨意而〕降下灾害来。兼并它，怎么样？”

孟子答道：“如果兼并它，燕国百姓高兴，便兼并它——古人有这样做的，周武王就是个例子。如果兼并它，燕国百姓不高兴，就不要兼并它——古人有这样做的，周文王就是个例子。以一个万乘之国去讨伐燕国这个万乘之国，燕国的百姓却用筐盛着饭，用壶盛着酒来欢迎王的军队，难道会有别的意思吗？只不过想躲开那水深火热之苦罢了。假设反而是像水越深，像火越大，那燕国百姓也只会奔走逃避而去的。”

注释

1 齐人伐燕，胜之：事在齐宣王五年（前315年），燕王哙把燕国让给他的相国子之，国人不服，将军市被、太子平攻子之，子之反攻，杀市被、太子平；齐宣王派匡章乘机攻打燕国；燕士卒不战，城门不闭，燕君哙死，齐因而速胜。

2 不取，必有天殃：类似文字常见于先秦古籍，应是当时流行的观念。

3 文王是也：《论语·泰伯》说周文王三分天下有其二，仍服事殷商。

4 箪食壶浆：箪(dān)，古代盛饭的竹筐；食，饭；浆，用米熬成的酸汁，古人用以代酒。

5 如水益深，如火益热：按，这两句的“如”，是“好像……那样”的意思，不是“如果”的意思。表示“好像……那样”的“如”，其后通常接名词或名词词组，如：“如金如锡，如圭如璧。”（《诗经·卫风·淇奥》）

当表示这个意义的“如”后面所接的是一主谓结构时,主谓之间通常有一“之”字:“如川之流,绵绵翼翼。”(《诗经·大雅·常武》)但也不尽然:“诛其君,吊其民,如时雨降。”(《孟子·滕文公下》)“如水益深,如火益热”就属于后面这一类。若“如”表示“如果”,则为“如+(非主谓结构的)谓词性成分”。

6 运:徙,奔走逃避。

原文

2.11 齐人伐燕,取之。诸侯将谋救燕。宣王曰:“诸侯将谋伐寡人者,何以待之?”

孟子对曰:“臣闻七十里为政于天下者,汤是也。未闻以千里畏人者也。《书》曰:‘汤一征,自葛始。[1]’天下信之,东面而征,西夷怨;南面而征,北狄怨,曰:‘奚为后我?’民望之,若大旱之望云霓[2]也。归市者不止,耕者不变,诛其君而吊[3]其民,若时雨降。民大悦。《书》曰:‘徯我后[4],后来其苏[5]。’今

译文

齐国讨伐燕国,占领了它。别的国家在酝酿救助燕国。宣王问道:“许多国家正在酝酿要讨伐我,要怎样对待呢?”

孟子答道:“我听说过,凭着方圆七十里土地最终号令天下的,商汤就是,还没听说过拥有方圆一千里土地而害怕别国的。《书经》说过:‘商汤第一次征伐,从葛国开始。’天下人都相信他,因此,出征东面,西方国家的百姓便不高兴;出征南面,北方国家的老百姓便不高兴,都说:‘为什么把我们放到后面呢?’人们盼望他,就好像久旱以后盼望乌云和虹霓一样。〔汤征伐时,〕做买卖的依然熙来攘往,种庄稼的照样埋头耕耘,因为他们知道这军队是来诛杀那暴虐的国君是来抚慰那被残害的百姓的。真像降了场及时雨呀,所以百姓十分高兴。《书

燕虐其民，王往而征之，民以为将拯己于水火之中也，箪食壶浆以迎王师。若杀其父兄，系累[6]其子弟，毁其宗庙，迁其重器[7]，如之何其可也？天下固畏齐之强也，今又倍地而不行仁政，是动天下之兵也。王速出令，反其旄倪[8]，止其重器，谋于燕众，置君而后去之，则犹可及止也。”

经》又说：‘盼望我王，他来了，我们才重获新生！’如今燕国的君主虐待百姓，王去征伐他，那里的百姓认为您是要把他们从水深火热中拯救出来，因此都提着饭筐和酒壶来欢迎王的军队。如果您却杀掉他们的父兄，掳掠他们的子弟，毁坏他们的宗庙祠堂，搬走他们的传世宝器，这又怎么可以呢？天下各国本来就害怕齐国的强大，如今它的土地又扩大了一倍，而且还暴虐无道，这等于引发各国兴兵动武。您赶快发出命令，遣送回俘虏中的老幼者，停止搬运燕国的宝器，再与燕国人士商量，择立一位君主，然后撤军。这样做，要让各国停止兴兵，还是来得及的。”

注释

1 汤一征，自葛始：《滕文公下》引作“汤始征，自葛载”；载，也是“始”的意思。

2 云霓：霓，虹；虹出是下雨的兆头。

3 吊：抚恤，慰问。

4 徯我后：徯，音 xī，等待；后，王。

5 苏：苏醒，复活。

6 系累：束缚，捆绑。

7 重器：宝器，鼎鼐。

8 旄倪：旄，同“耄”(mào)，八九十岁的老人；倪，就是“儿”。

原文

2.12 邹与鲁哄[1]。穆公[2]问曰:“吾有司[3]死者三十三人,而民莫之死[4]也。诛之,则不可胜诛;不诛,则疾视其长上之死而不救[5],如之何则可也?”

孟子对曰:“凶年饥岁,君之民老弱转[6]乎沟壑,壮者散而之四方者,几[7]千人矣;而君之仓廪实,府库充,有司莫以告[8],是上慢而残下也。曾子[9]曰:‘戒之戒之[10]!出乎尔者,反乎尔者也。’夫民今而后得反之也。君无尤焉[11]!君行仁政,斯民亲其上,死其长矣。”

译文

邹国和鲁国发生了争斗。邹穆公问孟子说:“这一次冲突,我的官员死难了三十三人,老百姓却没有一人为这事儿而死的。惩罚他们吧,又罚不了那么多;不惩罚吧,又憎恨他们瞪着两眼看着长官被杀却不去救。该怎么办才好呢?”

孟子答道:“灾荒年岁,您的百姓,年老的弃尸于沟壑之中,年轻力壮的便四处逃难,这样的几乎有一千人了。而您的谷仓里堆满了粮食,库房里装满了财宝。这种情形,您的官员们谁也不来报告,这就是在上位的人对百姓漠然视之,甚至还残害他们。曾子说过:‘警惕呀,警惕呀!你做了什么,会有报应回到你身上哪!’那百姓从今往后可逮着报复的机会了。您不要责备他们吧!您如果实行仁政,您的百姓自然就会爱护他们的上级,情愿为他们的长官牺牲了。”

注释

1 哄:音 hòng,争斗。

2 穆公:当是邹穆公;孟子是邹人,所以穆公问他。

3 有司:有关部门。

4 莫之死:可理解为“莫死之”,意为“没有人为他们牺牲”。

5 疾视其长上之死而不救:“疾”是主要动词,痛恨的意思;其他则为“疾”的宾语。

6 转:弃尸。

7 几:几乎。

8 有司莫以告:即“有司莫以之告”,有关部门没有谁把以上情况告诉(百姓);介词“以”的宾语经常省略,这里省略的宾语“之”指“凶年饥岁,君之民老弱转乎沟壑,壮者散而之四方者,几千人矣;而君之仓廪实,府库充”等情形。

9 曾子:孔子弟子曾参。

10 戒之戒之:祈使句的“戒之”都是警惕戒备的意思。《左传·昭公五年》:“楚王汏侈已甚,子其戒之!”沈玉成译末句:“您还是要警惕一点!”重叠形式也常用以表达祈使语气,如《诗经·周颂·敬之》“敬之敬之,天维显思,命不易哉!”

11 君无尤焉:无,同“毋”,不要;尤,责备,怪罪。杨伯峻先生《孟子译注》注云:“尤,动词,责备、归罪之意。”他译为:“您不要责备他们吧!”但中华书局焦循《孟子正义》沈文倬先生点校本作“君无尤焉?”然则,此句当译为“您难道没有过错吗?”我们认为当从《孟子译注》。因为句末语气词“焉”之出现于疑问句,须有“何”“奚”等疑问代词伴随出现,例如:“王若隐其无罪而就死地,则牛羊何择焉?”(《孟子·梁惠王上》)也有例外:“善郑以劝来者,犹惧不暨,况不礼焉?”(《左传·隐公六年》)这句是用“况”来表反问。以上条件,“君无尤焉”都不具备。

原文

2.13 滕文公[1]问曰:“滕,小国也,间于齐、

译文

滕文公问道:“滕国是一个弱小的国家,夹在齐、楚两大国中间。是服侍齐国

楚。事齐乎？事楚乎？”

孟子对曰：“是谋非吾所能及也。无已，则有一焉：凿斯池[2]也，筑斯城[3]也，与民守之，效[4]死而民弗去，则是可为也[5]。”

呢，还是服侍楚国呢？”

孟子答道：“这个问题不是我的能力所能回答的。如不得已定要我说，就只有一个主意：把护城河挖深，把城墙筑牢，与百姓一道来保卫它，百姓宁愿死，也不离去，这样，还是可以试一试的。”

注释

1 滕文公：滕，周朝一小国，故城在今山东滕州西南。

2 池：护城河。

3 城：城墙；“长城”的“城”就是“城墙”的意思。

4 效：献。

5 则是可为也：可为，还可以有所作为，还可以试一试。不可为，不可有所作为。前者如：“且《志》曰：‘枉尺而直寻。’宜若可为也。”（《孟子·滕文公下》）“令尹子西喜曰：‘乃今可为矣。’”（《左传·定公六年》）后者如：“医至，曰：‘疾不可为也。在肓之上，膏之下，攻之不可，达之不及，药不至焉，不可为也。’”（《左传·成公十年》）“国多宠而王弱，国不可为也。”（《左传·襄公二十一年》）“国小而逼，族大宠多，不可为也。”（《左传·襄公三十年》）

原文

2.14 滕文公问曰：“齐人将筑薛[1]，吾甚恐，如之何则可？”

孟子对曰：“昔者大王居邠[2]，狄[3]人侵之，去之岐山[4]

译文

滕文公问道：“齐国人准备修筑薛邑的城郭，我很害怕，怎么办才好呢？”

孟子答道：“从前太王住在邠地，狄人来侵犯，他便搬迁到岐山之下居焉。非择而取之,不得已也。苟为善,后世子孙必有王者矣。君子创业垂统,为可继也。若夫成功,则天也。君如彼何哉?强为善而已矣。”

下定居。他并不是主动选取了这个地方,完全是出于不得已。要是一个君主能实行仁政,后代子孙定会有成为帝王的。有德君子创立功业,传于子孙,正是为了能代代相传。至于成不成功,自有天命。您奈何得了齐人吗?只有努力实行仁政罢了。”

注释

1 筑薛:薛,周初一小国,姓任,故城在今山东滕州东南;后为齐所灭,以之封田婴。

2 邠:同“豳(bīn)”,在今陕西旬邑西。

3 狄:即獯鬻(xūnyù),详本篇第三章注。

4 岐山:即今陕西岐山东北之箭括山。

原文

2.15 滕文公问曰:“滕,小国也;竭力以事大国,则不得免[1]焉,如之何则可?”

孟子对曰:“昔者大王居邠,狄人侵之。事之以皮币[2],不得免焉;事之以犬马,不得免焉;事之以珠玉,不得免焉。乃属其耆老[3]而告之曰:‘狄人之所欲者,

译文

滕文公问道:“滕是个小国,尽心竭力服侍大国,仍然难免于祸害,怎么办才好呢?”

孟子答道:“从前太王住在邠地,狄人来侵犯他。用皮裘和布帛去讨好,不能幸免;用好狗名马去讨好,不能幸免;用珍珠宝玉去讨好,仍然不能幸免。太王便召集邠地德高望重的老年人,向他们宣布:‘狄人所要

吾土地也。吾闻之也:君子不以其所以养人者害人。二三子何患乎无君?我将去之[4]。'去邠,逾梁山[5],邑[6]于岐山之下居焉。邠人曰:'仁人也,不可失也。'从之者如归市[7]。

或曰:'世守也,非身[8]之所能为也。效死勿去。'君请择于斯二者。"

的,乃是我们的土地。我听说过这个:有德行的人不让本来用以养人的东西成为祸害。你们何必害怕没有君主呢?我得离开了。'于是离开邠地,翻过梁山,在岐山之下重新盖了个庄子住了下来。邠地的老百姓说:'是有仁德的人哪,我们不能失去他。'追随他的人好像赶集的一样多。

也有人说:'土地是祖宗传下世世代代必须守住的基业,不是我本人能擅自把它丢弃的,宁愿死,也不离开。'以上两条道路,您可以在其中选择。"

注释

1 免:幸免。

2 皮币:皮,裘皮衣;币,缯帛。

3 属其耆老:属,集会,集合;耆(qí)老,一地之年长者。

4 去之:离开我们的土地;去,离开。

5 梁山:在今陕西乾县西北;由邠至岐,梁山为必经之地。

6 邑:这里活用为建筑城邑。

7 归市:归,归向,趋向;市,集市。

8 身:本身,本人。

原文

2.16–1 鲁平公[1]将出,嬖人[2]臧仓者请曰:"他日

译文

鲁平公准备外出,他所宠幸的小臣臧仓来请示说:"平日您外出,一定

君出，则必命有司所之。今乘舆[3]已驾矣，有司未知所之，敢[4]请。”

公曰：“将见孟子。”曰：“何哉，君所为轻身以先于匹夫者？[5]以为贤乎？礼义由贤者出；而孟子之后丧逾前丧[6]。君无见焉！”公曰：“诺。”

乐正子[7]入见，曰：“君奚为不见孟轲也？”曰：“或告寡人曰：‘孟子之后丧逾前丧。’是以不往见也。”

要告诉管事的人您到哪儿去。现在车马都预备好了，管事的人还不知道您要到哪儿去，因此我才冒昧来请示。”

平公说：“我要去拜访孟子。”臧仓说：“您轻视自己的身份先去拜访一介平民，是为了什么呢？您以为他是贤德之人吗？礼义都是以贤者为标杆的，而孟子办他母亲丧事的规格超过他从前办父亲丧事的规格，〔这是贤德的人所应有的行为吗？〕您不要去看他！”平公说：“好吧。”

乐正子入宫见平公，问道：“您为什么不去看孟轲呀？”平公说：“有人告诉我：‘孟子办他母亲丧事的规格超过他以前办父亲丧事的规格。’所以不去看他了。”

注释

1 鲁平公：景公之子，名叔。

2 嬖人：被宠幸的人，此处指亲信的小臣。

3 乘舆：车马；乘，音 shèng。

4 敢：谦敬副词，无实义。

5 何哉，君所为轻身以先于匹夫者：倒装句。下文之“何哉，君所谓逾者”与此同。

6 后丧逾前丧：后丧指其母丧，前丧指其父丧。

7 乐正子：乐正克，就是孟子在《尽心下》二十五章所说的“善人”“信人”。

原文

2.16–2 曰:“何哉,君所谓逾者?前以士,后以大夫;前以三鼎,而后以五鼎与?[1]”曰:“否;谓棺椁衣衾[2]之美也。”曰:“非所谓逾也,贫富不同也。”

乐正子见孟子,曰:“克[3]告于君,君为[4]来见也。嬖人有臧仓者沮[5]君,君是以不果来[6]也。”曰:“行,或使之;止,或尼[7]之。行止,非人所能也。吾之不遇鲁侯,天也。臧氏之子焉能使予不遇哉?”

译文

乐正子说:“您所说的‘超过’是什么意思呢?是指父丧用士礼,母丧用大夫礼吗?是指父丧用三只鼎摆放祭品,而母丧用五只鼎摆放祭品吗?”平公说:“不,我指的是棺椁衣衾的精美。”乐正子说:“那便不能叫‘超过’,只是前后贫富不同罢了。”

乐正子去见孟子,说:“我把您的事儿说了,鲁君为此要来看您,可是有一个受宠的小臣名叫臧仓的阻止了他,所以他没有来成。”孟子说:“某人要干件事情,会有种力量在推动他;要想不干,也有种力量在阻止他。干与不干,不是单凭人力所能做到的。我和鲁君之不能遇合,是由于天命。臧家那小子,怎能阻止我与鲁君遇合呢?”

注释

1 三鼎、五鼎:鼎是古代的一种器皿,祭祀时用以盛祭品者;祭礼,天子九鼎,诸侯七,卿大夫五,元士三;三鼎五鼎体现了士礼和卿大夫礼的差别。

2 棺椁衣衾:内棺曰棺,外棺曰椁。椁,音 guǒ。古代士以上的人常用两层以上的棺木);衣衾,死者装殓的衣被。

3 克:乐正子之名,当是孟子学生。

4 为:音 wèi,这一“为”后面的宾语“之”省略了。“之”指“克告于君”这事。王引之说这一“为”是“将”的意思,不可信。

5 沮:一本作“阻”,阻止。

6 不果来:没有来成。《词诠》谓:凡事与预期相合者曰“果”,不合者曰“不果”。

7 尼:音 nǐ,即今之所谓“扯后腿”。

孟子

公孙丑章句

孟子

公孙丑章句上凡九章

导读

《公孙丑上》共九章。第一章提出了“行仁政而王”的理想，且反对他人以管仲比拟自己——这是下一章以当代孔子自居的先声。第二章提出了著名的“我善养吾浩然之气”；并指出如何养气——“以直养而无害”，尤其不可“揠苗助长”；最后说自己的理想是向“出于其类，拔乎其萃”，自生民以来所未曾有的孔子看齐。第三章提出了“以德服人”的思想。第四章提出了“贵德而尊士，贤者在位，能者在职”的治国方略。第五章是将第四章提出的理念具体化，提出若能以德治国，“则无敌于天下。无敌于天下者，天吏也。然而不王者，未之有也”。孔子认为“仁”的本质是将对亲人的爱扩展到他人，孟子因而提出了“性善”说——人人都有“不忍人之心”；以德治国，不过是将“不忍人之心”“扩而充之”而已——这是第六章的主旨。第七章提出“术不可不慎”，也就是一个人选择职业不能光看赚不赚钱，还要考虑这职业是害人呢，还是救人？第八章提出要乐于接受批评，乐于从别人的话语中汲取营养。第九章通过描述两位古贤人伯夷、柳下惠并加以评述来阐明孟子认可的君子对待非君子的态度，既不能向伯夷那样对“乡人”采取嫌恶的态度，也不能像柳下惠那般完全和他们打成一片。这一部分的内容比较驳杂，但除了第二章主要谈养气以及第九章谈对他人的态度外，依然可以归纳出一个主题思想，即要以“仁”以“德”来治理天下国家。

原文

3.1–1 公孙丑[1]问曰："夫子当路[2]于齐，管仲、晏子[3]之功，可复许[4]乎？"

孟子曰："子诚齐人也，知管仲、晏子而已矣。或问乎曾西[5]曰：'吾子与子路孰贤[6]？'曾西蹴然[7]曰：'吾先子[8]之所畏也。'曰：'然则吾子与管仲孰贤？'曾西艴然[9]不悦，曰：'尔何曾[10]比予于管仲？管仲得君如彼其专也，行乎国政如彼其久也，功烈如彼其卑也；尔何曾比予于是？'"

曰[11]："管仲，曾西之所不为也，而子为[12]我愿之乎？"

译文

公孙丑问道："您如果在齐国当权，管仲、晏子的功业，您会期许它重现辉煌吗？"

孟子说："你真是个齐国人，仅仅知道管仲、晏子而已。曾经有人问曾西：'您和子路相比，谁强些？'曾西不安地说：'他是先父所敬畏的人。'那人又问：'那么，您和管仲相比，谁强些？'曾西马上变了脸色，不高兴地说：'你为什么竟把我和管仲相比？管仲得到君上的信赖是那样专一，操持国家的大政是那样长久，而功绩却那样卑小。你为什么竟把我和他相比？'"

停了一会儿，孟子又说："管仲是曾西不愿相比的人，而你以为我愿意学他吗？"

注释

1 公孙丑：孟子弟子。

2 当路：当权，当政。

3 管仲、晏子：管仲，齐桓公之相；晏子即晏婴，齐景公之相。

4 许：期许。

5 曾西：曾申，字子西，鲁人，曾参之子。

6 吾子与子路孰贤：吾子，对对方表亲密的称谓词；子路，孔子弟子，即仲由。

7 蹴然：不安貌；蹴，音 cù。

8 先子：古人用以称其已逝世的长辈；此处指曾参（孔子弟子，与子路为同学，年辈晚于子路）。

9 艴然：就是“勃然”，愤怒貌；艴，音 bó。

10 曾：竟然。

11 曰：仍是孟子所说，重一“曰”字者，表示孟子说话有停顿。

12 为：以为。

原文

3.1-2 曰：“管仲以其君霸，晏子以[1]其君显。管仲、晏子犹不足为与？”曰：“以齐王，由[2]反手也。”

曰：“若是，则弟子之惑滋甚[3]。且[4]以文王之德，百年而后崩，犹未洽[5]于天下；武王、周公[6]继之，然后大行。今言王若易然，则文王不足法与？”

曰：“文王何可当也？由汤至于武丁，贤圣之君六七作[7]，天下归殷久矣，久则难变也。武丁朝诸侯，有天下，犹运之掌也。纣

译文

公孙丑说：“管仲使桓公称霸天下，晏子使景公名扬诸侯。管仲、晏子难道还不值得学习吗？”孟子说：“以齐国来统一天下，易如反掌。”

公孙丑说：“像您这样说，我的疑惑便更深了。像文王那样的德行，活了百年才崩殂，他推行的德政，还没有周遍于天下；武王、周公继承了他的事业，然后才大大地推行了王道〔，统一了天下〕。现在您把统一天下说得那么容易，那么，文王也不值得效法了吗？”

孟子说：“文王谁又能比得上呢？从汤到武丁，贤明之君兴起多达六七次，天下的人归服殷朝已经很久了，时间一久便很难转变。武丁使诸侯来朝并治理

之去武丁未久也[8]，其故家遗俗，流风善政，犹有存者；又有微子、微仲、王子比干、箕子、胶鬲——皆贤人也——相与辅相之，[9]故久而后失之也。”

天下，就好像在手掌中运转小球一样。纣王的年代距武丁时并不太久，当时的世家耆老、善良习俗、先民遗风、仁惠政教还有幸存的，又有微子、微仲、王子比干、箕子、胶鬲——都是贤德的人——共同辅佐他，所以历经长久才亡国。”

注释

1 以：使，把。

2 由：通“犹”。

3 滋甚：更厉害；滋，愈加，更加。

4 且：况且。

5 洽：沾润，周遍。

6 周公：姓姬，名旦，武王之弟；助武王伐纣，一统天下；后又辅助成王安定天下。他是鲁国的始祖。

7 作：兴起。

8 纣之去武丁未久也：由武丁至纣，虽然经历七帝，但时间并不长。

9 “又有”至“相与辅相之”：微子名启，纣的庶兄。微仲，微子之弟，名衍。王子比干，纣的叔父，屡次向纣进谏，纣说：“吾闻圣人心有七窍。”于是剖之以观其心。箕子也是纣的叔父，比干被杀，箕子装疯为奴，又被囚；武王灭商后，他被释放。胶鬲(gé)，纣王之臣。相与，共同。辅相(xiàng)，辅佐。

原文

3.1–3 “尺地，莫非其有也；一民，莫非其臣

译文

“当时，没有哪一尺土地不是纣王所有，没有哪一个百姓不是纣王臣属，即便

也;然而文王犹方百里起,是以难也。齐人有言曰:‘虽有智慧,不如乘势;虽有镃基,不如待时。[1]’今时则易然也:夏后[2]、殷、周之盛,地未有过千里者也,而齐有其地矣;鸡鸣狗吠相闻,而达乎四境,而齐有其民矣。地不改辟矣,民不改聚矣,[3]行仁政而王,莫之能御也。”

这样,文王还是凭着方圆一百里的土地而兴旺发达,所以是非常困难的。齐国有句俗话:‘即使很聪明,还须趁势而起;即使有锄头,还得等待农时。’当今之世要推行王政,就容易了:即便在夏、商、周最兴旺发达的时候,也没有哪个国家的土地超过方圆一千里的,现在齐国却有这么辽阔的国土了;鸡鸣狗叫的声音,此起彼伏,处处相闻,一直传到四方边境,齐国有这样稠密的人口了。国土不必再开拓了,百姓也不必再增加了,只要实行仁政来统一天下,就没有谁能够阻止得了。”

注释

1 虽有镃基,不如待时:镃(zī)基,锄头;时,农时。
2 夏后:夏代的君主;后,君主。
3 改辟、改聚:改,更;辟,开辟;聚,人会合,人众多。

原文

3.1-4 “且王者之不作,未有疏于此时者也;民之憔悴于虐政,未有甚于此时者也。饥者易为食,渴者易为饮。[1]孔子曰:‘德之流行,速于

译文

“而且统一天下的贤明君主的未曾兴起,从来没有如今这样长久过;老百姓被暴虐的政治所摧残折磨,也从来没有如今这样厉害过。肚子饥饿的人容易置办食品,口干舌燥的人容易置办饮料。孔子说过:‘德政的流行,比设置驿站传

置邮而传命[2]。’当今之时，万乘之国行仁政，民之悦之，犹解倒悬也。故事半古之人，功必倍之，惟此时为然。”

达政令还迅速。’如今这个时代，拥有万辆兵车的大国实行仁政，老百姓欢迎它，就如同倒挂着的人被解救了一般。所以，用古人一半的事功，必将完成两倍于他们的伟业，也只有当今这个时代才行。”

注释

1 为食、为饮：为，做，置办。

2 置邮而传命：设置驿站来传达政令。按，朱熹说这句的“置”“邮”都是驿站，恐误。“置邮而传命”也即所谓“以邮传命”（《吕氏春秋·离俗览》：“故曰德之速，疾乎以邮传命。”），这能得到文献佐证：“于是秦始征晋河东，置官司焉。”（《左传·僖公十五年》）况且，“而”的功能是连接两个谓词性结构。如“置邮”是谓宾结构，则“而”在此文从字顺；否则，如“置邮”为同义短语，就必须用名词活用来解释了。

原文

3.2–1 公孙丑问曰：“夫子加[1]齐之卿相，得行道焉，虽由此霸王，不异[2]矣。如此，则动心否乎？”孟子曰：“否；我四十不动心。”

曰：“若是，则夫子过孟贲[3]远矣。”曰：“是不难，告子[4]先我不动心。”

译文

公孙丑问道：“老师若被任命为齐国的卿相，能够实现自己的主张，即使从此而成就霸业、王业，也是不足为奇的。果然能这样，您是不是〔有所惶恐〕而动心呢？”孟子说：“不，我四十岁以后就不再动心了。”

公孙丑说：“像这样看来，老师比孟贲强多了。”孟子说：“这个不难，告子能不动心比我还早呢。”

注释

1 加：加官。

2 异：以为奇异。

3 孟贲：古代勇士，卫国人，一说齐国人。

4 告子：墨子的弟子，较孟子年长三四十岁。

原文

3.2-2 曰："不动心有道乎？"

曰："有。北宫黝[1]之养勇也：不肤桡[2]，不目逃；思以一豪[3]挫于人，若挞之于市朝[4]；不受于褐宽博[5]，亦不受于万乘之君；视刺万乘之君若刺褐夫；无严[6]诸侯，恶声至，必反之。孟施舍[7]之所养勇也，曰：'视不胜犹胜也；量敌而后进，虑胜而后会[8]，是畏三军者也。舍岂能为必胜哉？能无惧而已矣。'孟施舍似曾子，北宫黝似子夏[9]。夫二子之

译文

公孙丑说："不动心有方法吗？"

孟子说："有。北宫黝的培养勇气：肌肤被刺不屈从，眼睛被刺也不眨。哪怕遭受一点点屈辱，也如同大庭广众中遭鞭挞。既不能忍受卑贱之人的侮辱，也不能忍受大国君主的侮辱；他看待刺杀大国君主如同刺杀卑贱之人一样；对各国的君主毫不敬畏，挨了骂，一定回敬。孟施舍培养勇气的方法〔又有所不同〕，他说：'我看待不能战胜的敌人，跟看待足以战胜的敌人一样〔无所畏惧〕。如果先估量敌人的力量这才进攻，先考虑胜败这才交锋，是害怕强敌大军的人。我岂能做到遇敌必胜呢？能做到无所畏惧罢了。'孟施舍像曾子，北宫黝像子夏。这两个人的勇气，我不知道谁更胜一筹，即便这样，〔我还是认为〕孟施舍所奉行的主张简单易行。从前曾子对子襄说：'你喜欢勇敢吗？我曾经

勇，未知其孰贤，然而孟施舍守约也。昔者曾子谓子襄[10]曰：'子好勇乎？吾尝闻大勇于夫子[11]矣：自反而不缩[12]，虽褐宽博，吾不惴[13]焉；自反而缩，虽千万人，吾往矣。'孟施舍之守气，又不如曾子之守约也。"

从我的先生那里听到过什么叫"大勇"：反躬自问，自己不占理，对方即便是最下贱的人，我也不去恐吓他；反躬自问，自己占了理，即便有千军万马，我也勇往直前。'孟施舍保养坚守勇气的方法，又不如曾子所奉行的主张更简单易行的价值判断。"

注释

1 北宫黝：焦循认为即齐人漆雕子；黝，音 yǒu。

2 桡：音 náo，屈服，屈从。有解"桡"为"退避"的，不可信。遍查先秦典籍，多见"桡"（挠）为屈曲、屈服义的，未见它为退避义的。如《墨子·法行》："折而不桡，勇也。"

3 豪：毫毛。

4 市朝：市，买卖之所；朝，朝廷；此处只有"市"义。

5 褐宽博：也就是下文的"褐夫"，地位低下的人；褐，音 hè，地位低下者所穿的粗衣。

6 严：尊敬，此处译为"敬畏"。

7 孟施舍：已无可考。

8 会：会战，交战。

9 子夏：孔子弟子卜商。

10 子襄：曾子弟子。

11 夫子：指孔子。

12 缩：直，占理。《韩非子·显学》："漆雕之议，不色挠，不目逃，行曲则违于臧获，行直则怒于诸侯，世主以为廉而礼之。""行直则怒于诸侯"

即“自反而缩，虽千万人吾往矣”。

13 惴：音 zhuì，使……惊惧。

原文

3.2–3 曰：“敢问夫子之不动心与告子之不动心，可得闻与？”

“告子曰：‘不得于言，勿求于心；不得于心，勿求于气。’[1]不得于心，勿求于气，可；不得于言，勿求于心，不可。夫志，气之帅也；气，体之充也。夫志至焉，气次焉[2]；故曰：‘持[3]其志，无暴[4]其气。’”

“既曰：‘志至焉，气次焉。’又曰：‘持其志，无暴其气。’何也？”曰：“志壹[5]则动气，气壹则动志也。今夫蹶[6]者趋者，是气也，而反动其心。”

译文

公孙丑说：“我冒昧地问问，老师您的不动心和告子的不动心，可以让我听听吗？”

孟子说：“告子曾说：‘言语上表达不顺畅，就不表达了，而不要在心里头再梳理一遍；心里头还没想明白，就应该克制自己，而不要求助于意气情感。’〔我认为：〕心里头还没想明白，就克制自己，而不求助于意气情感，这是对的；言语上表达不顺畅，就不表达了，而不在心里头再梳理一遍，这不对。因为心中的意志统帅着意气情感，意气情感充斥体内〔并表现在外〕。心中意志到了哪里，意气情感也跟着洋溢到那里。所以我说：‘要坚定心中意志，也不要任意宣泄意气情感。’”

公孙丑说：“您既然说：‘心中意志到了哪里，意气情感也跟着洋溢在那里。’可是您又说：‘要坚定心中意志，也不要任意宣泄意气情感。’这是为什么呢？”孟子说：“心志专一，就会影响意气情感；意气情感专一，心中意志也必然受到影响。比如跌倒与奔跑，这是意气情感波动导致的，但必然影响到思想，引起心志的波动。”

注释

1 “不得于言，勿求于心；不得于心，勿求于气”：译文根据的是朱熹的解释。赵岐说这“心”是别人的心，朱熹说是自己的心。朱说合于当时语言的表达习惯。《管子·轻重丁》“寡人不得于心”是说寡人不得于自己之心。至于他人之心，又是另外的表达法：“他人有心，予忖度之。”（《诗经·小雅·巧言》）至于“气”，指意气、情感。《荀子·劝学》：“有争气者，勿与辩也。”争气，指意气之争。赵岐说这“气”指“辞气”，但当时语言表达“辞气”的概念，一般都直接用这两个字：“出辞气，斯远鄙倍矣。”（《论语·泰伯》）

2 至焉、次焉：至，到；次，止，停留。焉，于此。《左传·成公十一年》：“晋侯先至焉，秦伯不肯涉河，次于王城。”沈玉成译：“晋侯先到达。秦伯不肯渡过黄河，住在王城。”

3 持：保持。

4 暴：乱。

5 壹：专一。《左传·庄公三十二年》：“神，聪明正直而壹者也。”孔颖达：“言其一心不二意也。”

6 蹶：音 jué，跌倒。

原文

3.2–4 “敢问夫子恶乎长？”曰：“我知言[1]，我善养吾浩然之气。”“敢问何谓浩然之气？”

曰：“难言也。其为气也，至大至刚，以

译文

公孙丑问道：“请问，老师擅长哪一方面？”孟子说：“我说话得体，还善于培养我的浩然之气。”“请问，什么叫作‘浩然之气’呢？”

孟子说：“很难讲清楚。它作为一种气呀，最浩大，最坚强。用正直去培养它，使它不受伤害，就会充溢于天地之间。这种气直养而无害[2],则塞于天地之间。其为气也,配义与道[3];无是,馁也。是集义所生者,非义袭而取之也。行有不慊[4]于心,则馁矣。我故曰,告子未尝知义,以其外之[5]也。必有事焉,而勿正;[6]心勿忘[7],勿助长也,无若宋人然。宋人有闵其苗之不长而揠之[8]者,芒芒然[9]归,谓其人[10]曰:'今日病[11]矣!予助苗长矣!'其子趋而往视之,苗则槁矣。天下之不助苗长者寡矣。以为无益而舍之者,不耘[12]苗者也;助之长者,揠苗者也——非徒无益,而又害之。"

呀,必须配合辅助道和义;而缺乏它,道和义就没有力量了。这种气是由正义汇聚而产生的,不是由义继承并取代它而产生的。只要做一次于心有愧的事,它就疲软了。所以我说,告子是不懂义的,因为他把它看作心外之物。〔其实义是心内固有的。〕一定要培养它,却不刻意扶持它;时刻惦记它,却不刻意助它成长,不要学那个宋国人的样。宋国有一个担心禾苗生长不快而去把它拔高的人,回到家里,茫然若失。对家人说:'今天累坏了!我帮助禾苗生长了!'他儿子赶快跑去一看,禾苗都枯槁了。其实天下不帮助禾苗生长的人是很少的。认为〔锄草〕没好处而放弃不干的,就是种庄稼不锄草的懒汉;'帮助'它生长的,就是拔苗的人——非但没有好处,反而伤害了它。"

注释

1 知言:说话得体。详见《论语新注新译》20.3 的《考证》(二)。

2 无害:没有损害,没有危害。按,不能读为"毋害";如果这样,"害"就是及物动词,而"毋"(无)修饰及物动词时,宾语必须出现,如:"鸡豚狗彘之畜,无失其时,七十者可以食肉矣。"

3 配义与道:配合辅助义和道;配,配合。按,"配"的宾语所指往往为主要的，而主语（或未出现的主语）所指则为次要的，用来配合宾语的某些事物。所以，该“配”字应译为“配合”“辅助”，而不能译为“和……相配”。

4 慊：同“愜”，音 qiè，满足，畅快。

5 外之：把它看作外在的。

6 必有事焉，而勿正：事，服事，帮助；正，使正，扶正它。按，这一“正”，由其受“勿”修饰可知，它在句中作谓语。《孟子》时代语言中“正”作谓语者，绝大多数都是“使正”的意思。这句也不例外。“必有事焉，而勿正；心勿忘，勿助长也”意为，对于“义”，一定要培养它，却不刻意扶持它；时刻惦记它，却不刻意助它成长。然后以“揠苗助长”故事为比喻，可谓一气贯通。

7 心勿忘：按，焦循《孟子正义》说：“‘忘’通‘妄’，即《易》‘无妄’之‘妄’。”恐非。先秦典籍中未见“勿妄”；因为“妄”是性质形容词，不能受“勿”修饰。“勿”修饰“忘”则没有滞碍。“忘”是及物动词，如：“志士不忘在沟壑，勇士不忘丧其元。”（《孟子·滕文公下》）而当“勿”修饰及物动词时，其宾语不能出现，如：“齐桓公问管子曰：‘吾念有而勿失，得而勿忘，为之有道乎？’”（《管子·桓公问》）“心勿忘”也是这样。

8 闵其苗之不长而揠之：闵，今作“悯”，忧虑；揠，音 yà，拔。

9 芒芒然：茫然若失的样子。类似书证如《庄子·内篇·大宗师》：“芒然彷徨乎尘垢之外，逍遥乎无为之业。”《杂篇·盗跖》：“孔子再拜趋走，出门上车，执辔三失，目芒然无见，色若死灰，据轼低头，不能出气。”赵岐说：“芒芒，罢倦之貌。”恐不确。朱熹说：“芒芒，无知之貌。”也就是所谓“脑子瞬间短路”，差不离。

10 其人：其家人。

11 病：疲倦。

12 耘：又作“芸”，除草。

原文

3.2-5 “何谓知言？”曰：“诐辞知其所蔽[1]，淫辞知其所陷[2]，邪辞知其所离[3]，遁辞知其所穷[4]——生于其心，害于其政；发于其政，害于其事。圣人复起，必从[5]吾言矣。”

“宰我、子贡[6]善为说辞，冉牛、闵子、颜渊[7]善言德行。孔子兼之，曰：‘我于辞命，则不能也。’然则夫子既圣矣乎？”

曰：“恶[8]！是何言也？昔者子贡问于孔子曰：‘夫子圣矣乎？’孔子曰：‘圣则吾不能，我学不厌而教不倦也。’子贡曰：‘学不厌，智也；教不倦，仁也。仁且智，夫子既圣矣。’夫圣，孔子不居——是何言也？”

译文

公孙丑问：“什么叫作‘说话得体’？”孟子答道：“说得不全面的话我知道它哪里片面，说得过头的话我知道它哪里有缺陷，不合正道的话我知道它哪里有偏差，躲躲闪闪的话我知道它哪里没道理。这四种话，从思想中产生，必然会危害政事；如果由执政者说出，一定会危害具体工作。如果圣人再出现，也一定听从我这话的。”

公孙丑说：“宰我、子贡善于讲话，冉牛、闵子、颜渊善于阐述德行，孔子兼有两长，但他依然说：‘我对于辞令，太不擅长。’〔而您既说话得体，又善于养浩然之气，言语道德兼而有之，〕那么，您已经是位圣人了吗？”

孟子说：“哎呀！这叫什么话！从前子贡问孔子说：‘老师已经进入“圣”的境界了吗？’孔子说：‘超凡入圣，我做不到；我不过学习不知厌倦，教人不知疲倦罢了。’子贡便说：‘学习不知厌倦，这是智；教人不知疲倦，这是仁。仁而且智，老师已经进入“圣”的境界了。’圣人，孔子都不自居，〔你却说我是，〕这叫什么话呢！”

注释

1 诐辞知其所蔽：诐，音 bì，偏颇；蔽，蒙蔽，局限。

2 淫辞知其所陷：淫，过度，过分；陷，失陷，犯错误。

3 邪辞知其所离：离于正则为邪。

4 遁辞知其所穷：遁，躲避；穷，乏。

5 从：听从。

6 宰我、子贡：孔子弟子宰予、端木赐。

7 冉牛、闵子、颜渊：孔子弟子冉耕（字伯牛）、闵损（字子骞）、颜回（字子渊）。

8 恶：音 wū，叹词，表惊讶不安。

原文

3.2–6 "昔者窃[1]闻之：子夏、子游、子张皆有圣人之一体[2]，冉牛、闵子、颜渊则具体而微[3]，敢问所安[4]？"

曰："姑舍是[5]。"

曰："伯夷、伊尹[6]何如？"

曰："不同道。非其君不事，非其民不使；治则进，乱则退，伯夷也。何事非君，何使非民；[7]治亦进，乱亦进，伊尹也。可以仕则仕，可以止则

译文

公孙丑说："从前我曾听说过，子夏、子游、子张都各有孔子的一些长处；冉牛、闵子、颜渊大体近于孔子，却不如他那样博大精深。请问老师，您以其中哪一位自命？"

孟子说："暂且不谈他们。"

公孙丑又问："伯夷和伊尹怎么样？"

孟子答道："他俩人生态度不同。不是他所理想的君主，他不去服事；不是他所理想的百姓，他不去使唤；天下太平就出仕，天下昏乱就隐居，伯夷就是如此。服事谁不是服事君主？使唤谁不是使唤百姓？天下太平也出仕，天下昏乱也出仕，伊尹就是如此。能够出仕就出仕，能

止[8]，可以久则久，可以速则速，孔子也。皆古圣人也，吾未能有行焉；乃[9]所愿，则学孔子也。”

够辞职就辞职，能够继续干就继续干，能够马上走就马上走，孔子就是如此。他们都是古代的圣人，可惜我都没有做到；至于我所希望的，是学习孔子。”

注释

1 窃：私下，用以表谦虚。

2 子夏、子游、子张皆有圣人之一体：子游、子张，孔子弟子言偃、颛孙师；一体，四肢叫作“四体”，一体就是一条胳膊或一条腿；“皆有圣人之一体”是比喻的说法。

3 具体而微：具备四体，但小一些；这也是比喻的说法。

4 所安：以之安身立命；这里译为“自命”。

5 姑舍是：姑，暂且；是，此。孟子自负，于子夏等，有不屑之意，故避而不谈；下文云“乃所愿，则学孔子也”，则似乎以当代孔子自居。

6 伯夷、伊尹：伯夷，与其弟叔齐为孤竹国君之二子，互相让位，终于逃去；周武王伐纣，两人叩马而谏；周既一统，两人不食其粟，饿死于首阳山。伊尹，商汤之相。

7 何事非君，何使非民：这两句我们译为：“服事谁不是服事君主？使唤谁不是使唤百姓？”近乎直译。杨伯峻先生译为：“任何君主都可以去服事，任何百姓可以去使唤。”近乎意译。有人说，“何”是“可”的借字，“非君”为“不好的君主”，“非民”为不好的百姓。恐非。“非”在先秦时代，未见这一用法。

8 止：“仕”的反面。

9 乃：“至于”的意思。

原文

3.2–7 “伯夷、伊尹于孔子,若是班乎[1]?”曰:“否;自有生民以来,未有孔子也。”

曰:“然则有同与?”曰:“有。得百里之地而君[2]之,皆能以朝诸侯,有天下;行一不义,杀一不辜,而得天下,皆不为也。是则同。”

译文

公孙丑问:“伯夷、伊尹与孔子,能像您上面说的那样将他们等量齐观吗?”孟子答道:“不。自有人类以来,没有比得上孔子的。”

公孙丑又问:“那么,他们三人有相同的地方吗?”孟子答道:“有。如果得到方圆一百里的土地而君临它,他们都能够使诸侯来朝并一统天下;即使叫他们做一件不义之事,杀一个无辜之人,便能得到天下,他们也都不会干的。这就是他们相同的地方。”

注释

1 若是班乎:若是,像这样地;班,班配,一样。“伯夷、伊尹于孔子,若是班乎?”可以直译为:“伯夷、伊尹相较于孔子,竟是这样地相似吗?”

2 君:成为君主的意思。

原文

3.2–8 曰:“敢问其所以异。”

曰:“宰我、子贡、有若[1],智足以知圣人,污[2]不至阿其所好。宰我曰:‘以予[3]观于夫子,贤于尧、舜[4]远矣。’子贡曰:

译文

公孙丑说:“请问,他们不同的地方又在哪里呢?”

孟子说:“宰我、子贡、有若三人,他们的聪明才智足以了解圣人,〔即使〕他们再不好,也不至于偏袒他们所爱好的人。〔但他们都不约而同地称颂孔子。〕宰我说:‘以我来看老师,比尧、舜都强多

'见其礼而知其政,闻其乐而知其德,由百世之后,等百世之王[5],莫之能违也。自生民以来,未有夫子也。'有若曰:'岂惟民哉?麒麟之于走兽,凤凰之于飞鸟,太山之于丘垤[6],河海之于行潦[7],类也。圣人之于民,亦类也。出于其类[8],拔乎其萃[9]——自生民以来,未有盛于孔子也。'"

了。'子贡说:'看见一国的礼制,就了解它的政治;听到一国的音乐,就知道它的德教。从现在到百代以后,衡量这百代君王的高下,其标准都不能违离孔子之道。自有人类以来,没有人能够比得上他老人家的。'有若说:'难道只有百姓如此吗?麒麟相比于走兽,凤凰相比于飞鸟,泰山相比于土堆,河海相比于溪涧,都算是同类。圣人相比于百姓,也是同类。虽然他来自民间,却远远超出大众——自有人类以来,还没有比孔子更伟大的。'"

注释

1 有若:孔子弟子,鲁人。

2 污:卑劣,不好。

3 予:宰我之名,古人常自称其名以示谦。

4 尧、舜:古代传说中上古的两位圣君。

5 等百世之王:等,《孟子译注》说:"朱熹解为'差等',是也。……赵岐解为'等同',误。"赵岐原文为:"从孔子后百世,上推等其德于前百世之圣王,无能违离孔子道者。"朱熹原文为:"是以我从百世之后,差等百世之王,无有能遁其情者。"《孟子译注》译为:"即使在百代以后去评价百代以来的君王,任何一个君王都不能违离孔子之道。"按,从孟子时代典籍中"等"作及物动词的情况来看,它的意义为"确定……的高下""确定……的级别""厘定……的位阶"的意思。《王力古汉语字典》给出的义项为"衡量"(例句包括这例),是准确的。

6 垤：音 dié，小土堆，小山头。

7 行潦(lǎo)：小水流。

8 出于其类：出自他的同类。那时文献，凡是"出于"，都是"出自"的意思。如："行旅皆欲出于王之涂。"(《孟子·梁惠王上》)"吾闻出于幽谷迁于乔木者。"(《滕文公上》)以往有些书解释这一"出"为高出、超出，但那时语言中，如要表示高出、超出，要在"出于"前加上别的词。如："于子之属，有拳勇股肱之力秀出于众者，有则以告。"(《国语·齐语》)

9 萃：聚，群。

原文

3.3 孟子曰："以力假仁者霸，霸必有大国；以德行仁者王，王不待大——汤以七十里，文王以百里。[1] 以力服人者，非心服也，力不赡[2]也；以德服人者，中心悦而诚服也，如七十子[3]之服孔子也。《诗》云[4]：'自西自东，自南自北，无思不服[5]。'此之谓也。"

译文

孟子说："仗着实力假借仁义征伐天下，可以称霸诸侯，称霸一定要是大国家；依靠道德来实行仁义的，可以使天下归心，这样做却不必是个大国——汤就仅仅用他方圆七十里的土地，文王也就仅仅用他方圆百里的土地〔实行了仁政，而使人心归服〕。仗着实力来使人服从的，人家不会心悦诚服，只是因为他本身的实力不够的缘故；依靠道德来使人服从的，人家才会心悦诚服，就好像七十多位弟子归服孔子一样。《诗经》说过：'从西从东，从南从北，没有哪种想法不心悦诚服。'正是这个意思。"

注释

1 汤以七十里，文王以百里：两句都承上省略了主要动词"王"字；如不省略，则为“汤以七十里王，文王以百里王”；二动词“王”皆音wàng。

2 赡：足。

3 七十子：《史记·孔子世家》：“孔子以诗书礼乐教弟子，盖三千焉；身通六艺者七十有二人。”通称为“七十子”。

4《诗》云：所引诗句在今《诗经·大雅·文王有声》。

5 无思不服：没有哪种想法不心悦诚服。按，这句和“无往不复”类似，其中“思”是动词。这一格式可归纳为“无V不V”。《毛诗》郑玄的笺说：“心无不归服者。”有些注本和古汉语虚词著作将这一句的“思”认定为助词，恐非。

原文

3.4–1 孟子曰：“仁则荣，不仁则辱；今恶辱而居不仁，是犹恶湿而居下也。如恶之，莫如贵德而尊士，贤者在位，能者在职；国家闲暇，及是时，明其政刑[1]。虽大国，必畏之矣。《诗》云[2]：‘迨天之未阴雨，彻彼桑土[3]，绸缪牖户[4]。今此下民[5]，或敢侮予？’孔子曰：‘为此诗者，其知道乎！能治其国家，谁敢侮之？’

译文

孟子说：“如果实行仁政，就会无上荣光；如果不行仁政，就会招致屈辱。如今这些人，害怕受屈辱，却依然处于不仁的境地；这正好比害怕潮湿，却依然处于低洼之地一样。若真害怕受屈辱，最好是崇尚道德而尊敬士人，让贤人居于高位，让能人担任要职。国家既无内忧外患，趁着这时修明政事、刑狱，这样即使是大国也会敬畏它了。《诗经》说：‘趁雨没下来云没起，桑树根上剥些皮，门儿窗儿都修理。下面的人们，谁敢把我欺?!’孔子说：‘这诗的作者真懂道理呀！能治理好他的国家，谁敢侮辱他？’

注释

1 明其政刑:明,显明,彰明,修明。政,政治、政事、政令。刑,刑罚、刑狱。《左传·隐公十一年》:“郑庄公失政刑矣。政以治民,刑以正邪,既无德政,又无威刑,是以及邪。”沈玉成译为:“郑庄公失掉了政和刑。政用来治理百姓,刑用来纠正邪恶。既缺乏有道德的政治,又缺乏有威信的刑罚,所以才发生邪恶。”

2《诗》云:以下诗句见《诗经·豳风·鸱鸮》。

3 彻彼桑土:彻,取。桑土,桑根;这里指桑根之皮,可作绳索用。

4 绸缪:缠结;缪,音 móu。

5 下民:百姓,人民;站在天的角度,故称下民。

原文

3.4–2 “今国家闲暇,及是时,般乐怠敖[1],是自求祸也。祸福无不自己求之者[2]。《诗》云[3]:‘永言配命[4],自求多福。’《太甲》[5]曰:‘天作孽,犹可违[6];自作孽,不可活[7]。’此之谓也。”

译文

“如今国家没有内忧外患,趁着这时候追求享乐,懒惰游玩,这等于自己找祸上身。祸害和幸福没有不是从自己那儿找来的。《诗经》说:‘永远配合天命,自己去求取更多福祉。’《太甲》也说:‘天造作的罪孽,还可以逃掉;自己造作的罪孽,却无处可逃。’正是这个意思。”

注释

1 般乐怠敖:般乐,快活;怠,怠惰;敖,同“遨”,出游。

2 自己求之者:从自己那儿获得的;自,从;己,自己。

3《诗》云:以下诗句见《诗经·大雅·文王》。

4 永言配命:永,长;言,词缀,无实义;配命,说我周朝之命与天命相配。

5 《太甲》:《尚书》篇名,今已亡佚。

6 违:避。

7 活:《礼记·缁衣》引作"逭(huàn)";逭,逃。

原文

3.5 孟子曰:"尊贤使能,俊杰[1]在位,则天下之士皆悦,而愿立于其朝矣;市,廛而不征[2],法而不廛[3],则天下之商皆悦,而愿藏于其市矣;关,讥[4]而不征,则天下之旅[5]皆悦,而愿出于其路矣;耕者,助[6]而不税,则天下之农皆悦,而愿耕于其野矣;廛[7],无夫里之布[8],则天下之民皆悦,而愿为之氓[9]矣。信能行此五者,则邻国之民仰[10]之若父母矣。率其子弟,攻其父母,自生民以来未有能济者也[11]。如此,则无敌于天下。无敌于天下者,天吏也。然而不王者,未之有也。"

译文

孟子说:"尊重有道德的人,使用有能力的人,杰出的人物都有官位,那么天下的士子都会高兴,都愿意到这个朝廷来效力了;在市场,拨出房屋储藏货物,却不征税,如果滞销,依法收购,不让它长久积压,那么天下的商人都会高兴,愿意把货物存放在这个市场了;关卡,只稽查而不收税,那么天下的旅客都会高兴,愿意经过这里的道路了;对种田人实行井田制,只助耕公田,不再收税,那么天下的农夫都会高兴,愿意到这里的田野来耕种了;空宅空地,不征空置税,无业者也不派发劳役,那么天下的百姓都会高兴,愿意到这里定居了。真正能够做到这五项,那么邻近国家的百姓都会举头仰望他就像仰望父母一样了。〔如果邻国之君要率领人民来攻打他,便好比〕率领儿女去攻打他们的父母,从人类诞生以来,这种事没有能够成功的。真能这样,便会天下无敌。天下无敌的人叫作'天吏'。这样还不能统一天下的,是从来不曾有过的。"

注释

1 俊杰：才能、德行出众者。

2 廛而不征：廛，音 chán，指市中储藏、堆积货物的栈房，这里指用栈房储藏；征，征税。

3 法而不廛：依法收购，使不积压于廛。

4 讥：通“稽”，稽查，稽核。

5 旅：行旅，旅客。

6 助：上古九百亩为一井，状如囲，八家各有一百亩，中为公田，公事毕然后敢治私事，这种制度叫“助”。

7 廛：此处指民居。

8 夫里之布：即夫布、里布；布，币，钱。不能助耕公田，以钱相抵，就是“夫布”；里布，即土地税。

9 氓：音 méng，外来之民。

10 仰：仰望，引申为爱戴、依赖。

11 自生民以来未有能济者也：有的本子作“自有生民以来未有能济者也”，“自”后多出一“有”字。按，此处不应添加“有”字。因为，一是从赵岐《注》看无“有”字。二是从当时语言中“自～以来”句看，～为体词性结构者是常态，～为谓词性的是特例；而“生民”是体词性的，“有生民”则是谓词性的。

原文

3.6 孟子曰：“人皆有不忍人之心。先王有不忍人之心，斯有不忍人之政矣。以不忍人之心，行不忍人之政，治天下可运之

译文

孟子说：“人人都有同情心。先王因为有同情心，于是就有同情别人的政治了。凭着同情心来实行同情别人的政治，治理好天下就像手掌里转动个小玩意一样简单。我之所以说人人都有

掌上。所以谓人皆有不忍人之心者，今人乍[1]见孺子将入于井，皆有怵惕恻隐[2]之心——非所以内交[3]于孺子之父母也，非所以要[4]誉于乡党朋友也，非恶其声而然也[5]。由是观之，无恻隐之心，非人也；无羞恶之心，非人也；无辞让之心，非人也；无是非之心，非人也。恻隐之心，仁之端[6]也；羞恶之心，义之端也；辞让之心，礼之端也；是非之心，智之端也。人之有是四端也，犹其有四体也。有是四端而自谓不能者，自贼者也；谓其君不能者，贼其君者也。凡有四端于我者，知皆扩而充之矣，若火之始然[7]，泉之始达。苟能充之，足以保[8]四海；苟不充之，不足以事父母。"

同情心，道理就在于：现在忽然看见一个小孩子将要掉到井里去了，每个人都会产生惊骇同情的心情——这不是为了要和这小孩的爹妈攀上交情，不是为了要在乡里朋友间博得声誉，也不是讨厌听到这小孩的哭闹声才这样的。从这一点来看，人没有同情之心，便不算是人；没有羞耻之心，便不算是人；没有推让之心，便不算是人；没有是非之心，便不算是人。同情之心是仁的发端，羞耻之心是义的发端，推让之心是礼的发端，是非之心是智的发端。人具备了这四种善心的发端，就好比他有手足四肢一般自然。有这四种善心的发端却自己认为不行的人，是自暴自弃的人；认为他的君主不行的人，是残害那君主的人。凡是具有这四种善心的发端的人，若明白把它们都扩充起来，那就会像刚点燃的火苗，〔终成燎原之势；〕刚涌出的泉水〔，终必汇为江河〕。真的能够扩充，便足以安定天下；如果不肯扩充，〔让它自生自灭，〕最终连赡养爹妈都办不到。"

注释

1 乍:忽然。

2 怵惕恻隐:怵惕(chùtì),惊惧;恻隐,哀痛。

3 内交:内,同“纳”;内交,即结交。

4 要:音 yāo,求。

5 非恶其声而然也:也不是因为厌恶那幼儿的哭闹声才这样的。“其”意为“……的”,常回指前面已经出现过的某一名词或代词。如《孟子·梁惠王上》:“君子之于禽兽也,见其生,不忍见其死;闻其声,不忍食其肉。”这句的“其”,回指上文的“孺子”。赵岐说:“非恶有不仁之声名。”但周秦时代“声”表“名声”意义一般为双音词:“故声闻过情,君子耻之。”(《孟子·离娄下》)“枝于仁者,擢德塞性,以收名声。”(《庄子·外篇·骈拇》)

6 端:发端,开始。

7 然:“燃”的本字。

8 保:定。

原文

3.7 孟子曰:“矢人岂不仁于函人[1]哉?矢人唯恐不伤人,函人唯恐伤人。巫匠[2]亦然。故术不可不慎也。孔子曰[3]:‘里仁为美。择不处仁,焉得智?’夫仁,天之尊爵也,人之安宅也。莫之御[4]而不仁,是不智也。

译文

孟子说:“制箭师难道比造甲师要残忍吗?制箭师只怕他的箭伤害不了人,而造甲师只怕箭射穿他造的甲而伤人。巫师和棺材匠也是这样。可见一个人选择谋生技术不能不慎重。孔子说:‘与仁共居最美好。居住不选择与仁共处,怎么能算聪明呢?’仁,是天最尊贵的爵位,是人最安逸的住宅。没有人来阻拦你,你却不仁,这是不明智不仁、不智、无礼、无义，人役也。人役而耻为役，由[5]弓人而耻为弓，矢人而耻为矢也。如耻之，莫如为仁。仁者如射：射者正己而后发；发而不中，不怨胜己者，反求诸己而已矣。”

的。不仁、不智、无礼、无义，这种人只能做仆役。作为仆役而自以为耻，就好比造弓师以造弓为耻，制箭师以制箭为耻。如果真的以它为耻，不如好好去践行仁义。行仁者如同弓箭手：弓箭手必先端正姿势然后开弓；开弓没有射中，不埋怨那些胜过自己的人，只能反躬自问罢了。”

注释

1 函人：制造铠甲的工匠；函，铠甲。

2 巫匠：巫，巫师，有时也以巫术治病；匠，木匠，这里特指造棺材的木匠。

3 孔子曰：以下引语见《论语·里仁》。

4 莫之御：可理解为“莫御之”；莫，没有人；御，抵御，抗拒。上古汉语的否定句，当宾语为代词时，一般要置于谓语动词之前。

5 由：通“犹”。

原文

3.8 孟子曰：“子路，人告之以有过，则喜。禹[1]闻善言，则拜。大舜有[2]大焉，善与人同，舍己从人，乐取于人以为善。自耕稼、陶、渔[3]以至为帝，无非取于人者。

译文

孟子说：“子路，别人指出他的错误，他便高兴。禹听到了有价值的话，就给人下拜。大舜有个伟大的地方，他的善和子路及禹是一样的——放弃自己的观点，而听从别人的有益的话，乐于从别人那儿吸取优点来行善。他从干农活、制陶器、打鱼直到做天子，没有哪一优点不取诸人[4]以为善，是与人为善者也。故君子莫大乎与人为善[5]。”

是取自于人的。优点取之于人而用来行善，就是和别人一道行善。君子最高的德行就是和别人一道行善。”

注释

1 禹：古代历史传说中开创夏朝的天子，也是中国第一位治理洪水的伟大人物。

2 有：这一“有”并不像有些注家解释的那样通“又”。

3 耕稼、陶、渔：《史记·五帝本纪》云：“舜耕历山，历山之人皆让畔；渔雷泽，雷泽上人皆让居；陶河滨，河滨器皆不苦窳。一年而所居成聚，二年成邑，三年成都。”

4 取诸人：取之于人；诸，“之于”二字的合音字。

5 故君子莫大乎与人为善：这句的“故”不表示“因此”“所以”“于是”，而与“夫”类似，可以不译；与，偕同。按，朱熹说“与”为“许”，那么，“与人为善”就是赞同他人为善（朱熹解释为帮助他人行善），恐非。《孟子译注》说“与，偕同之意”，是正确的。“与”为动词表“赞同”义时，它后面的宾语都很简单。参见《论语新注新译》5.9 的《考证》。与此相反，如理解这一“与”为表“偕同”的介词，则类似文例不胜枚举。仅仅《孟子·滕文公下》就有好些例，如“与民由之”“与葛为邻”等。

原文

3.9 孟子曰：“伯夷，非其君，不事；非其友，不友。不立于恶人之朝[1]，不与恶人言；立于恶人之朝，与恶人言，如以朝衣

译文

孟子说：“伯夷，不是他理想的君主，不去服事；不是他理想的朋友，不去结交。不站在坏人的朝堂上，不和坏人交谈；站在坏人的朝堂上，和坏人交谈，就好比穿戴着礼服礼帽坐在淤泥和炭

朝冠坐于涂炭。推恶恶之心,思与乡人立[2],其冠不正,望望然[3]去之,若将浼[4]焉。是故诸侯虽有善其辞命而至者,不受也。不受也者,是亦不屑就已。柳下惠[5]不羞污君,不卑小官;进不隐贤[6],必以其道;遗佚[7]而不怨,厄穷而不悯[8]。故曰:'尔为尔,我为我,虽袒裼裸裎[9]于我侧,尔焉能浼我哉?'故由由然[10]与之偕而不自失焉,援而止之[11]而止。援而止之而止者,是亦不屑去已。"孟子曰:"伯夷隘,柳下惠不恭。隘与不恭,君子不由[12]也。"

灰里。把这种厌恶坏人坏事的心情推广开来,他觉得即便同世俗之人站在一块,若那人的帽子没有戴正,他也会惭愧地走开,好像自己会被弄脏似的。所以当时诸侯即便有好言好语来招致他的,他也不接受。他之所以不接受,就是因为他不屑于去就职。柳下惠却不以侍奉坏君为耻,不以自己官职小为卑下;在朝做官,不隐蔽贤人,但荐举他一定要按自己的原则来办;不被起用,也不怨恨;艰难困苦,也不愤懑。他说:'你是你,我是我,你就是赤身裸体站在我旁边,你又怎能玷污我呢?'所以什么人他都高兴地与其相处,而且从不失态。牵住他,叫他留住,他就留住。叫他留住就留住,也是因为他不屑于离开的缘故。"孟子又说:"伯夷太狭隘,柳下惠不大严肃,狭隘和不严肃,都是君子所不取的。"

注释

1 不立于恶人之朝:不在恶人之朝做官。

2 思与乡人立:赵岐《注》:"思,念也。"《孟子译注》译为:"他便这样想,同乡下佬一块站着……"焦循却说"思"是"语辞"。按,焦说恐非。a."思与乡人立"与"思皇多士"结构不一样,前者"思"后面是谓词性结构,后者“思”后面是体词性结构。b.“思”用为助词也即焦循所谓“语辞”,多见于《诗经》《尚书》等早期文献;通观《孟子》全书,除引文外,“思”没有此种用法。c.如前所述,“思与乡人立”为“思”接谓词性结构,这种文例《孟子》中最为常见,都是“想要”“想着”的意思;且焦循也都不认为应视为“语辞”。如:“北宫黝之养勇也,不肤桡,不目逃,思以一豪挫于人,若挞之于市朝。”

3 望望然:惭愧的样子。赵岐《注》:“望望然,惭愧之貌也。”焦循《孟子正义》说:“赵氏盖读为‘惘惘’。‘惘惘’即‘罔罔’。”杨伯峻先生《孟子译注》云:“望望然,怨望之貌。”这样,“望望”就是形容词的叠用,如“好好学习”的“好好”。如按焦循所说“赵氏盖读为‘惘惘’。‘惘惘’即‘罔罔’”,则“望望”应为叠音形容词。先秦时期,形容词叠用可以由“~~”式转化为“~然”式或“~如”式,但较少转化为“~~然”。那么“望望然”的“望望”,很难认为是形容词的叠用,我们只能将它视为叠音形容词;后者不是字形与音义对应的,可以有多种写法。因此,“望望”就是“惘惘”,也即“罔罔”。

4 浼:音 měi,弄脏。

5 柳下惠:鲁大夫展获其采邑曰柳下,谥曰惠,后世因称柳下惠。

6 进不隐贤:按,“贤”有两说:一说为贤人,那么,“不隐贤”为见贤人不隐蔽而进用的意思;另一说为贤德,“不隐贤”为不隐瞒自己的贤德。据全面考察,以前说较为可信。

7 遗佚:即遗逸,不被用。

8 悯:忧。

9 袒裼裸裎:音 tǎnxīluǒchéng,裸体。

10 由由然:高兴的样子。

11 援而止之:扯住他不让走;援,牵引,扯;止,使动用法,使……停止不动。

12 由:行,走。

公孙丑章句下 凡十四章

导读

《公孙丑下》共十四章。第一章讲的是“天时不如地利，地利不如人和”“得道者多助，失道者寡助”的道理，读者一定耳熟能详。第二章指出君主对于他的老师应有的态度——“大有作为的君主必定有他不能召见的臣子；如有什么要商量，就到臣那儿去。”第三章则提出了接受外国君主馈赠的原则是，一定要有接受馈赠的理由。第四章一是指出地方官的责任是让百姓生活安定，二是他应当能够接受批评。第五章提出负有责任者应当尽责。第六章表明孟子对盖大夫王驩的态度，后者在其他篇还会上场，读者可注意孟子是如何反驳他的。第七章表明了“君子不以天下俭其亲”的态度，只要不越礼，厚葬是不为过的。第八章指出燕国有错可以讨伐，但不是任谁都能去讨伐，正如罪人必须由法官治罪一样。第九章表明君子对待错误的正确态度：有错即改，不能文过饰非。第十章表明自己既已辞官，就不会恋栈，不会像那“想把整个市场的利润一口独吞”的“贱丈夫”一般。十一章还是指出君主对于长者贤者应该尊重。这与第二章的主旨接近。十二章向尹士解释自己为何离开齐国时并不干脆，是因为对在齐国推行仁政仍抱有希望。孟子的一番解释让尹士很惭愧，说：“士诚小人也！”据说这还是元末义军领袖张士诚得名的由来。十三章虽短，内容却很丰富。1.“君子不怨天，不尤人。”2.“五百年必有王者兴，其间必有名世者。”3.“如欲平治天下，当今之世，舍我其谁也！”最末一章，可和第十章合参，进一步表明自己不接受俸禄的缘由。《公孙丑下》和《公孙丑上》一样，内容丰富而驳杂，如果非要抽绎出主题，那么就叫“原则”好了。原则决定了责任，原则决定了态度。因此，也可以把《公孙丑下》归纳为以下三个关键词：原则、责任、态度。

原文

4.1 孟子曰:“天时不如地利,地利不如人和。[1]三里之城,七里之郭[2],环[3]而攻之而不胜。夫环而攻之,必有得天时者矣;然而不胜者,是天时不如地利[4]也。城非不高也,池非不深也,兵革[5]非不坚利也,米粟非不多也;委[6]而去之,是地利不如人和也。故曰:域[7]民不以封疆之界,固国不以山溪之险,威天下不以兵革之利。得道者多助,失道者寡助。寡助之至,亲戚畔[8]之;多助之至,天下顺之。以天下之所顺,攻亲戚之所畔;故君子有不战,战必胜矣。”

译文

孟子说:“天时不如地利,地利不如人和。比如有一座小城,它的每一边有三里长,外郭每边有七里。敌人围攻它,却不能取胜。能够围而攻之,一定是得到了天时,然而不能取胜,这就说明得天时不如占地利。〔有时,〕城墙不是不高,护城河不是不深,兵器甲胄不是不锐利坚固,粮食不是不多,最终却放弃这些而逃走,这就说明占地利不如得人和。所以说,限制人民不必用国家的疆界,巩固国家不必靠山川的险阻,威慑天下不必凭兵器的锐利。行仁政的人大家都来帮助他,不行仁政的人很少有人帮助他。帮助的人少到了极点,就连亲戚都背叛他;帮助的人多到了顶点,普天之下都顺从他。用普天之下顺从的力量去攻打连亲戚都背叛的人,那么,君子要么不战,若要一战,就必然胜利。”

注释

1 天时、地利、人和：当时常用词组。
2 郭：外城。
3 环：围。
4 是天时不如地利：略同“此天时不如地利”；是，代词，意义近于“此”。
5 革：皮革，指甲胄。
6 委：丢弃。
7 域：界限，限定。
8 畔：同“叛”。

原文

4.2-1 孟子将朝王，王使人来曰：“寡人如[1]就见者也，有寒疾，不可以风。朝，将视朝，不识可使寡人得见乎？”对曰：“不幸而有疾，不能造朝。”明日，出吊于东郭氏[2]。公孙丑曰：“昔者[3]辞以病，今日吊，或者[4]不可乎？”曰：“昔者疾，今日愈，如之何不吊？”

王使人问疾，医来。孟仲子[5]对曰：“昔者有王命，有采薪之忧[6]，不能造朝。今病小愈，趋造于朝，

译文

孟子正要去朝见齐王，这时王派了个人来传话：“我本来应该去你那儿看你，但是感冒了，不能吹风。明天早晨，我将临朝办公，不知道能让我见见您吗？”孟子答道：“很不幸，我也有病，不能上朝。”第二天，孟子要到东郭大夫家去吊丧。公孙丑说：“昨天假托有病辞掉了王的召见，今天又去吊丧，大概不行吧？”孟子说：“昨天有病，今天好了，为什么不去吊丧呢？”

齐王打发人来探病，医生也来了。孟仲子对来人说：“昨天王有命令来，他得了小病，不能奉命上朝。今天刚好一点，就急忙上朝去了，但我不晓得

我不识能至否乎？”使数人要[7]于路，曰：“请必无归，而造于朝！”不得已而之景丑氏[8]宿焉。

他能否走到。”然后孟仲子派了好几个人分别在路上拦截孟子，说：“您一定不要回家，要赶快上朝去。”孟子没有办法，就去景丑家住了一宿。

注释

1 如：宜，应当。

2 东郭氏：齐国大夫。

3 昔者：以前。

4 或者：大概。

5 孟仲子：大约是孟子的堂兄弟。

6 采薪之忧：疾病的委婉说法，为当时交际上的习惯用语。

7 要：音 yāo，拦截。

8 景丑氏：其人已不可考。

原文

4.2–2 景子曰：“内则父子，外则君臣，人之大伦也。父子主恩，君臣主敬。丑见王之敬子也，未见所以敬王也。”曰：“恶[1]！是何言也！齐人无以仁义与王言者，岂以仁义为不美也？其心曰，‘是何足与言仁义也’云尔，则不敬莫大

译文

景丑说：“在家父子，出门君臣，这是人际间最重大的伦常。父子之间以德惠为主，君臣之间以恭敬为主。我只看见王对您很尊敬，却没见到您拿什么去敬王。”孟子说：“哎，这是什么话呀！齐国人中，没有一个跟王讲求仁义的，他们难道以为仁义不好吗？〔不是的。〕他们心里不过是想着‘这人哪值得和他谈仁义呢’罢了。那么，对王不敬，没有比这更厉害的。我呢，若非尧舜之道，不敢拿来

乎是。我非尧舜之道，不敢以陈于王前；故齐人莫如我敬王也。”

景子曰：“否；非此之谓也。《礼》曰：‘父召，无诺；[2]君命召，不俟驾。[3]’固将朝也，闻王命而遂不果[4]，宜与夫《礼》若不相似然[5]。”

在王面前陈述。所以说，齐国人中间没有谁比我更崇敬王的。”

景丑说：“不，我说的不是这个。《礼经》上说，父亲召唤，‘唯’一声就起身，不说‘诺’；君主召唤，不等车马驾好就先走。你却本来准备朝见王，一听到王召见你，反而不去了。这该是和《礼经》所说有点不相合吧？”

注释

1 恶：音 wū，叹词。

2 父召，无诺：应答时一般用“诺”，十分恭敬则用“唯”。

3 君命召，不俟驾：这是当时大家都遵守的礼节；俟，音 sì，等待。

4 不果：事情不合于预期的叫作“不果”。

5 宜与夫《礼》若不相似然：按，这句赵岐说得明明白白：“事宜与夫《礼》若不相似然乎？”但翟灏《孟子考异》认为：“‘宜与’之‘与’音‘欤’。……‘宜欤’即‘可乎’之谓。”这当然不对。先秦汉语要用“宜”来表示“可乎”或类似意思，从不用句末语气助词“与（欤）”。常用的是“乎”，也不会直接说“宜乎”，而是表示赞成常用“不亦宜乎”，表不赞同的则少见。与“宜与夫《礼》若不相似然”类似的句子当时比比皆是，如：“宜乎百姓之谓我爱也。”（《孟子·梁惠王上》）“宜”都是“应当”义。焦循解释赵岐所说“事宜”为类似今语“未尽事宜”之“事宜”，以及王引之解释“宜”为“大约”“大概”，亦误。

原文

4.2–3 曰：“岂谓是与？曾

译文

孟子说：“难道是说的这个

子曰：'晋楚之富，不可及也；彼以其富，我以吾仁；彼以其爵，我以吾义，吾何慊[1]乎哉？'夫岂不义而曾子言之？是或一道[2]也。天下有达尊三：爵一，齿一，德一。朝廷莫如爵，乡党莫如齿，辅世长民莫如德。恶得有其一以慢其二哉？故将大有为之君，必有所不召之臣；欲有谋焉，则就之。其尊德乐道，不如是，不足与有为也。故汤之于伊尹，学焉，而后臣之，故不劳而王；桓公之于管仲，学焉，而后臣之，故不劳而霸。今天下地丑[3]德齐，莫能相尚，无他，好臣其所教[4]，而不好臣其所受教。汤之于伊尹，桓公之于管仲，则不敢召。管仲且犹不可召，而况

吗？曾子说过：'晋国和楚国的财富，我们是赶不上的。但他凭他的财富，我凭我的仁；他凭他的爵位，我凭我的义，我有什么想不开的呢？'难道不义的话曾子能说吗？我不去见王，或许〔和曾子说的〕是一个道理。天下公认尊贵的东西有三样：爵位是一个，年龄是一个，道德是一个。在朝堂上，没什么比得上爵位；在乡党中，没什么比得上年龄；至于辅助君主统治百姓自然是没什么比得上道德。他凭什么拿他拥有的一种来侮慢我所拥有的两种呢？所以大有作为的君主必定有他不能召见的臣子；如有什么要商量，就到臣那儿去。这君主要崇尚道德，追求真理，如果他不这样做，〔臣子〕便不足以和他一道有所作为。因此，商汤对于伊尹，先向他学习，然后以他为臣，所以不费大力气便一统天下；桓公对于管仲，也是先向他学习，然后以他为臣，所以不费大力气而称霸诸侯。当今天下各大国土地大小相当，行为作风也差不多，没有谁能够超过别人许多，这没有其他原因，就因为这些国家的君主喜欢用听他说教的人为臣，而不喜欢以能教导他的人为臣。商汤对于伊尹，桓公对于管仲，就不敢召见。管仲尚且不可以召见，

不为管仲者乎？”

何况不屑于做管仲的我呢？”

注释

1 慊：音 qiàn，憾，恨，不满足；这里是以为少的意思。

2 是或一道：这个（指曾子说的）或许是一个道理。

3 丑：相同。

4 好臣其所教：好，音 hào，喜好；臣，以……为臣。

原文

4.3 陈臻[1]问曰：“前日于齐，王馈兼金一百[2]而不受；于宋，馈七十镒而受；于薛[3]，馈五十镒而受。前日之不受是[4]，则今日之受非也；今日之受是，则前日之不受非也。夫子必居一于此矣。”

孟子曰：“皆是也。当在宋也，予将有远行，行者必以赆[5]；辞曰：‘馈赆。’予何为不受？当在薛也，予有戒心；辞曰：‘闻戒，故为兵馈之。’予何为不受？若于齐，则未有处[6]也。无处而馈之，是货[7]之也。焉有君子而可以货取乎？”

译文

陈臻问道：“过去在齐国，齐王馈赠上等金一百镒，您不接受；后来在宋国，宋君馈赠七十镒，您受了；在薛，田家馈赠五十镒，您也受了。如果过去不接受是对的，那今天接受就错了；如果今天接受是对的，那过去不接受就错了。在此，老师必居其一。”

孟子说：“都是对的。当在宋国的时候，我正要远行，对远行之人一定要送些盘缠，他说：‘奉上些盘缠。’我为什么不受？在薛的时候，我听说路上有危险要戒备，他说：‘听说您要戒备，奉上些钱买兵器吧。’我为什么不受？至于在齐国，却没什么理由。没什么理由却奉送钱财，这是贿赂我。哪里有正人君子会被贿赂收买呢？”

注释

1 陈臻:孟子弟子。

2 兼金一百:兼金,好金,其价兼倍于一般者;古之所谓金,实际上是铜。一百,一百镒(yì);一镒重二十两。

3 薛:齐靖郭君田婴封邑,本来是春秋时代的薛国,后亡于齐。

4 是:对,正确。

5 赆:音 jìn,送行者赠给别离者的礼物。

6 处:引申为“理由”。

7 货:贿赂。

原文

4.4 孟子之平陆[1],谓其大夫[2]曰:“子之持戟之士[3],一日而三失伍[4],则去之[5]否乎?”曰:“不待三。”

“然则子之失伍也亦多矣。凶年饥岁,子之民,老羸转于沟壑,壮者散而之四方者,几千人[6]矣。”曰:“此非距心之所得为也。”曰:“今有受人之牛羊而为之牧之者,则必为之求牧[7]与刍矣。求牧与刍而不得,则反诸其人乎?抑亦立而视其死

译文

孟子到了平陆,对当地长官说:“如果你的战士一天几次擅离职守,你赶走他吗?”答道:“用不着几次〔,我就赶走他了〕。”

孟子说:“那么,你自己的失职也很多了。灾荒之年,你的百姓,年老体弱到沟壑中去等死的,青壮年到四面八方去流浪的,将近一千人了。”答道:“这不是距心力所能及的。”孟子说:“比如有人接受别人的牛羊而替人放牧,那一定要替牛羊寻找牧场和草料了。找牧场和草料没找到,是把牛羊退还原主呢,还是站在那儿看着它们一个个饿死呢?”答道:“这就是距心的罪过了。”

后来,孟子朝见齐王,说:“王的地

与？”曰：“此则距心之罪也。”

他日，见于王曰：“王之为都[8]者，臣知五人焉。知其罪者，惟孔距心。”为王诵[9]之。王曰：“此则寡人之罪也。”

方长官，我认识了五位。明白自己的罪过的，只有孔距心。”并将和孔距心的谈话对王复述了一遍。王说：“这个也是我的罪过呢！”

注释

1 平陆：齐边境城邑名，在今山东汶上北。

2 大夫：战国时的地方首长亦称大夫，相当于现在的县长；当时平陆大夫为孔距心。

3 持戟之士：战士；戟(jǐ)，古代兵器的一种。

4 失伍：落伍，掉队。

5 去之：杀掉他。

6 几千人：几乎有一千人；几，几乎。

7 牧：牧地。

8 都：凡邑，有宗庙先君牌位者为都，无曰邑；但都、邑多通称。

9 诵：背诵，复述。

原文

4.5 孟子谓蚳鼃[1]曰：“子之辞灵丘[2]而请士师，似也，为其可以言也。今既数月矣，未可以言与？”蚳鼃谏于王而不用，致[3]为臣而去。齐人曰：“所以为蚳鼃则善矣；所以自

译文

孟子对蚳鼃说：“你辞去灵丘邑长官，要去做治狱官，好像是对的，因为可以向王进言。现在，已经好几个月了，你还不能向王进言吗？”蚳鼃向王进谏不被采纳，因此辞职而去。齐国有人说：“孟子替蚳鼃打主意打得不错；但是他如何替自己打主意，那我还不知道。”

为，则吾不知也。”

公都子[4]以告。曰：“吾闻之也：有官守者，不得其职则去；有言责者，不得其言则去。我无官守，我无言责也，则吾进退岂不绰绰[5]然有余裕哉？”

公都子把这话转告孟子。孟子说：“我听说过这样的话：有官职的，不能尽其职责，便应该离去；有进言责任的，进谏不被采纳，也应该离去。我既无官职，又无言责，那么我是留下还是离去，不是有很大的回旋余地吗？”

注释

1 蚳鼃：齐大夫；蚳，音 chí。
2 灵丘：齐国边境邑名。
3 致：放弃。
4 公都子：孟子弟子。
5 绰绰：宽松的样子。

原文

4.6 孟子为卿于齐，出吊于滕[1]，王使盖大夫王驩为辅行[2]。王驩朝暮见，反齐滕之路，未尝与之言行事也。

公孙丑曰：“齐卿之位，不为小矣；齐滕之路，不为近矣，反之而未尝与言行事，何也？”曰：“夫既或治之，予何言哉？”

译文

孟子在齐国做卿，奉命到滕国去吊丧，齐王还派盖邑长官王驩当副使同行。王驩同孟子朝夕相处，齐滕两国来回的旅途，孟子没和他谈过公事。

公孙丑说：“齐国卿的官位，也不算小了；齐滕间的路途，也不算近了；但来回一趟，却没和他谈过公事，为什么呢？”孟子答道：“那事儿既然有人管着，我还用说什么呢？”

注释

1 出吊于滕：吊滕文公之丧。

2 盖大夫王驩为辅行：盖(gě)，齐国邑名，故城在今山东沂源东南；辅行，副使。

原文

4.7 孟子自齐葬于鲁，反于齐，止于嬴[1]。充虞[2]请曰："前日不知虞之不肖[3]，使虞敦匠[4]。事严[5]，虞不敢请。今愿窃有请也：木若以美然[6]。"

曰："古者棺椁无度，中古[7]棺七寸，椁称之。自天子达于庶人，非直为观美也，然后尽于人心。不得[8]，不可以为悦；无财，不可以为悦。得之为有财，古之人皆用之，吾何为独不然？且比化者无使土亲肤[9]，于人心独无恔[10]乎？吾闻之也：君子不以天下俭其亲。"

译文

孟子从齐国到鲁国营葬，然后返回齐国，停在了嬴县。充虞请问道："承您看得起我，让我总管棺椁的制造工作。事情很急迫，我便不敢请教。今天敢来请教：棺木似乎感觉太豪华了。"

孟子答道："上古棺椁的尺寸，并没有什么规范；到了中古，才规定棺厚七寸，椁的厚度与棺相称。从天子一直到老百姓，讲究棺椁不单单为了美观，而是必须这样，才算尽了孝子之心。好材料不能得到，当然不称心；没有财力买那好材料，还是不称心。好材料最终到手了，当然就是有财力；古人又都这样做了，我为什么单单不这样做呢？况且，能做到不让逝去的父母的遗体挨着泥土，对于孝子，难道就没有一丝快慰吗？我听说过：无论如何，都不应当在父母身上去省钱。"

注释

1 嬴：在今山东莱芜西北。

2 充虞：孟子弟子。

3 不知虞之不肖：这是客气话。

4 敦匠：敦，治；匠，指木工。

5 事严：事情急迫。按，赵岐《注》主张在“敦匠”后点断。阎若璩、周广业均读作“敦匠事”（见焦循《孟子正义》）。我们以为赵岐《注》可从。a. 赵岐《注》较早，且阎、周均未对其说提出反驳意见。b. 百工，包括梓、匠、轮、舆等。周秦时代文献中，除《周礼》《管子》《慎子》中有“工事”外，未见“梓事”“轮事”“舆事”，当然，也未见“匠事”。c. 周秦文献中，未见“严”单独为句者，而“事严”这种“抽象名词＋严”结构则不少见。

6 木若以美然：棺木似乎感觉太豪华了；若，似乎；以，以为。按，《孟子译注》：“以，太也。”恐非。“以”应是“以为”的意思，其后常接形容词，如：“三月无君则吊，不以急乎？”（《孟子·滕文公下》）“彭更问曰：‘后车数十乘，从者数百人，以传食于诸侯，不以泰乎？’孟子曰：‘非其道，则一箪食不可受于人；如其道，则舜受尧之天下，不以为泰。子以为泰乎？’”（同上）上句言“不以泰乎”，下句答“不以为泰”，尤可证明。

7 中古：谓周公制礼以来。

8 不得：得不到上文所说的七寸之棺并与之相称的椁。朱熹《孟子集注》说“不得，谓法制所不当得”，恐非。同时期文献中的“不得”以及常与之同时出现的“得之”，它们要么泛指得到或得不到某种东西，要么指得到或得不到前文所出现的那种事物。而上文明言“古者棺椁无度，中古棺七寸，椁称之”，则此处“不得”，当谓得不到七寸之棺以及与之相称的椁。

9 且比化者无使土亲肤：比，为了；化，死。按，赵岐《注》：“棺椁敦厚，比亲体之变化。”意谓棺椁的厚度，要比照父母遗体腐烂所需时间而定。朱熹《孟子集注》：“比，犹‘为’也。”《孟子译注》从朱熹说。赵岐说的问题是，先秦文献中“比”的“比照”义出现较晚，且其宾语多为较简单的体词性结构。朱熹说则较为可信。《孟子·梁惠王上》：“寡人耻之，愿比死者壹洒之。”焦循说：“比，代也。”《孟子译注》：“比(bì)，介词，‘替’‘代’‘给’的意思。”“替”“代”“给”和介词“为”意思接近。《晏子春秋·内篇谏上》：“比死者勉为乐乎，吾安能为仁而愈黥民耳矣。”“比死者勉为乐乎”意谓“替早死者努力行乐吧”。

10 恔：音 xiào，快意。

原文

4.8 沈同[1]以其私问曰：“燕可伐与？”孟子曰：“可；子哙不得与人燕，子之不得受燕于子哙。有仕[2]于此，而子悦之，不告于王而私与之吾子之禄爵；夫士也，亦无王命而私受之于子，则可乎？——何以异于是？”

齐人伐燕。或问曰：“劝齐伐燕，有诸[3]？”曰：“未也；沈同问‘燕可伐与’，吾应之曰：‘可。’彼然而伐之[4]也。彼如曰：‘孰可以伐之？’则

译文

沈同凭着他与孟子的私交问道：“燕国可以讨伐吗？”孟子答道：“可以。子哙不可以把燕国让给别人，子之也不可以从子哙那儿接受燕国。比如有个士人，你很喜欢他，便不跟王说一声就把你的俸禄官位都送给他；那士人呢，也没得到王的任命就从你那儿接受了俸禄官位，这样可以吗？——子哙、子之私相授受的事和这件事有什么不同呢？”

齐国讨伐了燕国。有人问孟子说：“你曾劝齐国伐燕国，有这回事吗？”孟子答道：“没有，沈同曾问我说‘燕国可以讨伐吗？’我回答说：‘可以。’他们觉得我说得对，就去讨伐燕国了。他如果问谁可以去讨伐它，那我会回答说：‘是

将应之曰：'为天吏，则可以伐之。'今有杀人者，或问之曰：'人可杀与？'则将应之曰：'可。'彼如曰：'孰可以杀之？'则将应之曰：'为士师，则可以杀之。'今以燕伐燕，何为劝之哉？"

天吏，才可以讨伐它。'比如现在有个杀人犯，有人问道：'这犯人该杀吗？'那我会说：'该杀。'如果他再问：'谁可以杀他？'那我会回答：'治狱官才可以杀他。'如今却是如同另一个燕国去讨伐燕国，我为什么去劝他呢？"

注释

1 沈同：齐大臣。

2 仕：通"士"。

3 诸："之乎"的合音字。

4 彼然而伐之：即"彼然之而伐之"，也就是他们认为说得对，就去攻伐燕国了。然，以为然。这里是"然""伐"两个词共一个"之"为宾语，而该"之"所指不同。类似书证如："齐侯陈诸侯之师，与屈完乘而观之。"(《左传·僖公四年》，与屈完乘车观诸侯之师)"白圭曰：'惠子之遇我尚新，其说我有大甚者。'惠子闻而诽之。"(《吕氏春秋·审应览·不屈》，惠子闻白圭言而诽白圭)

原文

4.9 燕人畔[1]。王曰："吾甚惭于孟子[2]。"陈贾[3]曰："王无患焉。王自以为与周公孰仁且智？"王曰："恶！是何言也！"曰："周公使管叔监殷[4]，管叔以殷

译文

燕国人反叛齐国。齐王说："我对于孟子感到很惭愧。"陈贾说："王不要忧虑。王自己想想，您和周公比比，谁更仁更智呢？"齐王说："哎！这是什么话呀！〔我怎敢和周公相比？〕"陈贾说："周公让管叔监督殷国遗民，管叔

畔[5];知而使之,是不仁也;不知而使之,是不智也。仁智,周公未之尽也,而况于王乎?贾请见而解之。”

见孟子,问曰:“周公何人也?”曰:“古圣人也。”曰:“使管叔监殷,管叔以殷畔也,有诸?”曰:“然。”曰:“周公知其将畔而使之与?”曰:“不知也。”“然则圣人且有过与?”曰:“周公,弟也;管叔,兄也。周公之过,不亦宜乎?且古之君子,过则改之;今之君子,过则顺之。古之君子,其过也,如日月之食,民皆见之;及其更也,民皆仰[6]之。今之君子,岂徒顺之,又从为之辞。”

却率领他们叛乱;如果周公预知而派管叔去,那便是不仁;如果周公未能预知而派他去,那便是不智。仁和智,连周公都没有完全做到,何况您呢?我请求您让我去见见孟子,以便解释解释。”

陈贾来见孟子,问道:“周公是怎样的人?”答道:“古代的圣人。”陈贾说:“他让管叔监督殷朝遗民,管叔却率领他们叛乱,有这回事吗?”答道:“有的。”问道:“周公是料到他会叛乱而派他去的吗?”答道:“没有料到的。”陈贾说:“如此说来,圣人也会犯错吗?”孟子答道:“周公是弟弟,管叔是哥哥,〔难道弟弟会疑心哥哥吗?〕周公的错误,不是合情合理的吗?而且,古代的君子,有了错误,随时改正;今天的君子,有了错误,还将错就错。古代的君子,他的过错,就像日食月食一般,老百姓人人都看得到;当他改正时,人人都心存敬仰。今天的君子,又何止将错就错,还要紧接着为这错误振振有词说一通呢!”

注释

1 燕人畔:齐破燕,燕王哙死,子之亡;赵召燕公子职,遣乐池护送入燕而立为王。齐宣王志在吞并燕国,故云“畔”(叛)。

2 吾甚惭于孟子：孟子曾劝齐王“速出令，反其旄倪，止其重器，谋于燕众，置君而后去之”（见 2.11），齐宣王不听。

3 陈贾：齐大夫。

4 周公使管叔监殷：武王既克纣，乃封叔鲜于管，是为管叔；封叔度于蔡，是为蔡叔；使二人监纣子武庚，治殷遗民。

5 管叔以殷畔：《史记·管蔡世家》：“武王既崩，成王少，周公旦专王室。管叔、蔡叔疑周公之为不利于成王，乃挟武庚以作乱。周公旦承成王命伐诛武庚，杀管叔，而放蔡叔，迁之。”

6 仰：抬头望。

原文

4.10-1 孟子致为臣而归。王就见孟子，曰：“前日愿见而不可得，得侍同朝，甚喜[1]；今又弃寡人而归，不识可以继此而得见乎？”对曰：“不敢请耳，固所愿也。”

他日，王谓时子[2]曰：“我欲中国[3]而授孟子室，养弟子以万钟[4]，使诸大夫国人皆有所矜式。子盍为我言之！”

译文

孟子辞去官职准备回老家，齐王到孟子家中相见，说：“过去希望看到您，未能如愿；后来能够同朝共事，我真高兴；现在您又扔下我回去了，不晓得我们今天别过之后还可以见面不？”答道：“这个，我只是不敢请求罢了，本来是很希望的。”

某一天，齐王对时子说：“我想在国都中央给孟子一幢房屋，用万钟之粟来养育他的学生，使各位大夫和百姓都有个榜样。你何不为我去和孟子说说这事呢？”

注释

1 得侍同朝甚喜：按，中华书局朱熹《孟子集注》标点为“得侍，同朝甚喜”，焦循《孟子正义》及杨伯峻《孟子译注》标点为“得侍同朝，甚喜”，后者得之。因为，当“侍”表“陪从于尊长之侧”及“侍候”意义时，“得侍，同朝甚喜”的读法文不成义；因“甚喜”前紧接一谓词性结构类似“同朝”者，从未之见。但因为这一意义的“侍”能带处所宾语，故“得侍同朝，甚喜”是文从字顺的。如：“执荐者百人侍西房。”（《荀子·正论》）“王子应之曰：‘吾闻太师将来，甚喜。’”（《逸周书·太子晋解》）

2 时子：齐国大臣。

3 中国：国都之中。

4 钟：古容量单位。

原文

4.10–2 时子因陈子而以告孟子，陈子以时子之言告孟子。孟子曰：“然；夫时子恶知其不可也？如使予欲富，辞十万而受万，是为欲富乎？季孙曰：‘异哉子叔疑！[1]使己为政，不用，则亦已矣，又使其子弟为卿。人亦孰不欲富贵？而独于富贵之中有私龙断[2]焉。’古之为市也，以其所有易其所无者，有司者治之耳。有贱丈夫[3]焉，必求龙断而登之，以左右望，

译文

时子便托陈臻把齐王的话转告孟子，陈臻也就把时子托付的话告诉了孟子。孟子说：“就是，那时子哪晓得这事是做不得的呢？假使我想发财，辞去十万钟的俸禄来接受这一万钟的赠予，有这种发财法吗？季孙说过：‘奇怪呀子叔疑！自己要执政，别人不用，也就算了，却还要让他的儿子兄弟来做卿大夫。是人嘛，谁不想升官发财？而偏偏有人想把升官发财的事都垄断起来。’〔什么叫‘垄断’呢？〕古代设立市场，是拿自己有的去换自己没有的，有关部门只是管理管理罢了。却有这么个贱男人，一定要找个高坡登上去，左边望望，右边望望，想把整个市场的利润一口独

而罔市利。人皆以为贱，故从而征之。征商自此贱丈夫始矣。”

吞。别人都觉得这家伙卑劣，因此征他的税。向商人征税就是从这个贱男人开始的。”

注释

1 季孙、子叔疑：不知何许人。

2 龙断：垄断。

3 丈夫：成年男子的通称。

原文

4.11 孟子去齐，宿于昼[1]。有欲为王留行者，坐而言。不应，隐几[2]而卧。客不悦曰：“弟子齐宿[3]而后敢言，夫子卧而不听，请勿复敢见矣。”

曰：“坐！我明语子。昔者鲁缪公无人乎子思之侧，则不能安子思；[4]泄柳、申详[5]无人乎缪公之侧，则不能安其身。子为长者[6]虑，而不及子思；子绝长者乎？长者绝子乎？”

译文

孟子离开齐国，在昼县过夜。有一位想替齐王挽留孟子的人坐着对孟子说话，孟子未予理睬，伏在坐几上打瞌睡。来人不高兴地说：“为了和您谈话，我昨天就整洁身心，想不到您竟打瞌睡，不听我说，请允许我今后再不敢和您见面了。”〔说着，起身要走。〕

孟子说：“坐下来！让我明白地告诉你。过去，〔鲁缪公是如何对待贤者的呢？〕他如果没有人在子思身边，就不能使子思安心；如果泄柳、申详没有人在鲁缪公身边，也就不能使自己安心。你为我这老人家考虑，比不上鲁缪公为子思考虑得周详。那么，是你对我这老人家做得绝呢，还是我这老人家对你做得绝？”

注释

1 昼：齐都临淄西南地名。

2 隐几：隐，靠着，伏着；几，音 jī，即居几、坐几，为老年人坐时所倚靠的一种家具。

3 齐宿：先一日斋戒；齐，通“斋”。

4 “昔者鲁缪公”至“安子思”：缪，同“穆”；鲁缪公，名显，在位三十三年；子思，孔子之孙，名伋；缪公尊敬子思，经常派人向子思表达他的诚意，子思于是能安心地留下来。

5 泄柳、申详：泄柳即《告子下》第六章之子柳，鲁缪公时贤人；申详，孔子学生子张之子，子游之婿。

6 长者：孟子年老，故自称长者。

原文

4.12 孟子去齐。尹士[1]语人曰：“不识王之不可以为汤武，则是不明也；识其不可，然且至，则是干泽[2]也。千里而见王，不遇故去，三宿而后出昼，是何濡滞[3]也？士则兹不悦[4]！”

高子[5]以告。曰：“夫尹士恶知予哉？千里而见王，是予所欲也；不遇故去，岂予所欲哉？予不得已也。予三宿而出昼，

译文

孟子离开了齐国，尹士对别人说：“不晓得齐王不能够做商汤、周武，那是孟子糊涂；晓得齐王做不到，然而还要来，那他就是来求取富贵的。大老远跑来，话不投机而离去，在昼县住了三晚才离开，为什么这样拖拖拉拉呢？这种情形我很不喜欢！”

高子把这话告诉了孟子。孟子说：“那尹士哪能了解我呢？大老远跑来和齐王见面，是我所希望的；话不投机而离去，难道是我所希望的吗？我只是不得已罢了。我在昼县住了三晚才离开，我心里觉得还是太快了，我心想王或许

于予心犹以为速，王庶几[6]改之！王如改诸，则必反予。夫出昼，而王不予追[7]也，予然后浩然[8]有归志。予虽然，岂舍王哉！王由[9]足用为善；王如用予，则岂徒齐民安，天下之民举安。王庶几改之！予日望之！予岂若是[10]小丈夫然哉？谏于其君而不受，则怒，悻悻然见于其面[11]，去则穷日之力而后宿哉？”

尹士闻之曰：“士诚小人也！”

会改变态度的；王如果改变态度，就一定会召我返回。我出了昼县，王还没有追回我，我才加强了回乡的念头。即便这样，我难道肯抛弃王吗？王仍然足以行仁政；王如果用我，又何止齐国的百姓得享太平，天下的百姓都将得享太平。王或许会改变态度的！我天天盼啊盼啊！我难道非要像那小肚鸡肠男人一般：向王进谏，王不接受，便生闷气，失望不满全写在脸上；一旦离开，就跑得精疲力竭才肯歇脚吗？”

尹士听了这话后说：“我尹士真是个小人哪！”

注释

1 尹士：齐国人。

2 干泽：求禄位；干，求；泽，禄位。

3 濡滞：停留，迟滞。

4 兹不悦：兹，此；“兹不悦”即“不悦此”。

5 高子：孟子弟子。

6 庶几：或许。

7 不予追：不追回我；予，我。先秦汉语中，否定句中的代词作宾语通常要置于谓语动词前面。

8 浩然：水流汹涌的样子。

9 由：通“犹”。

10 是:此,这。

11 悻悻然见于其面:悻悻然,猥琐而器量狭小的样子;见,同“现”。

原文

4.13 孟子去齐,充虞路问曰:“夫子若有不豫[1]色然。前日虞闻诸夫子曰:‘君子不怨天,不尤人。[2]’”曰:“彼一时,此一时也。五百年必有王者兴,其间必有名世[3]者。由周而来,七百有余岁矣。以其数,则过矣;以其时考之,则可矣。夫天未欲平治天下也;如欲平治天下,当今之世,舍我其谁也!吾何为不豫哉?”

译文

孟子离开齐国,在路上,充虞问道:“您的脸色好像不太高兴似的。可以前我听您讲过,‘君子不抱怨天,不责怪人’。”孟子说:“那是一个时候,现在又是一个时候,〔情况不同了。从历史上看来,〕每过五百年一定有位圣君兴起,这期间还会有命世之才脱颖而出。从周武王以来,已经七百多年了。论年数,已过了五百;论时势,也该有圣君贤臣出来了。除非上苍还没想到要让天下太平,如果上苍想要让天下太平,当今这个时代,除了我,又有谁呢!我为什么要不高兴呢?”

注释

1 豫:喜悦,快活。

2 不怨天,不尤人:这是孟子向他的学生转述孔子的话,见于《论语·宪问》。

3 名世:或许就是后代的“命世”,如《三国志·魏志·武帝纪》:“天下将乱,非命世之才不能济也。”

原文

4.14 孟子去齐,居休[1]。公孙丑问曰:"仕而不受禄,古之道乎?"曰:"非也。于崇[2],吾得见王,退而有去志;不欲变,故不受也。继而有师命[3],不可以请。久于齐,非我志也。"

译文

孟子离开齐国,住在休地。公孙丑问道:"做官却不受俸禄,合乎古道吗?"孟子说:"不。在崇,我见到了齐王,回来便有离开的想法;不想改变,所以不接受俸禄。不久,齐国有战事,这时不宜请求离开。然而长久淹留在齐国,并不是我的心意。"

注释

1 休:故城在今山东滕州北,距孟子家约百里。

2 崇:地名,今不可考。

3 师命:师旅之命。

孟子

滕文公章句

滕文公章句上 凡五章

导读

《滕文公上》只有五章。其中第四章很长。第一章是对滕文公阐述人的主观能动性："彼，丈夫也；我，丈夫也；吾何畏彼哉？""舜，何人也？予，何人也？有为者亦若是。"只要下定决心，便可践行仁义。"何人"指何等了不起的人，这充分表达了孟子的自信。第二章回溯滕文公做世子时的事儿——如何在孟子的教导下实行三年之丧；其目的无非是《论语·学而》所谓"慎终追远，民德归厚"。世子的率先垂范带动了整个滕国社会风尚的改变。第三章教导滕文公如何治国理政：一是"民事不可缓"，要让百姓有产业，国家才能安定。二是要实行井田制（助法），要让老百姓能够保持基本的生活水平；而井田制的实行，一定要从划分整理田界开始。第四章是《孟子》全书中最重要的若干章之一，它提出了社会有分工，有脑力劳动和体力劳动的区分。"劳心者治人，劳力者治于人；治于人者食人，治人者食于人，天下之通义也。"这几句话以前是对孟子口诛笔伐时予以重点批判的，现在看来，它道出了人类社会相当长的一个时期（包括当下）社会分工的现实。第五章是对墨家信徒夷之的开导。夷之"葬其亲厚"，如上一篇第七章所述，孟子也主张"君子不以天下俭其亲"；但墨家学说却是主张薄葬的。接着孟子用一个"不葬其亲"最终心中有愧的故事来说明"葬亲"乃是出自人的善良天性；言下之意，夷之"葬其亲厚"没错，是墨家学说错了。似乎孟子这里有偷换概念之嫌，因为墨家并未主张

“不葬”，而是主张“薄葬”；但孟子葬亲的原则是“比化者无使土亲肤”(4.7)，因而在他看来薄葬和不葬差不多。《滕文公上》除第四、第五两章外，都是对滕文公的教导之辞。第四章的主旨虽已如上述，但这一述说的缘由依然是为其“学生”滕文公辩解。第五章中的夷之大约也是到滕国见的孟子。所以，《滕文公上》的关键词恰如其名：滕文公。

原文

5.1 滕文公为世子[1]，将之楚，过宋而见孟子。孟子道性善，言必称尧舜。世子自楚反，复见孟子。孟子曰：“世子疑吾言乎？夫道一而已矣。成覸[2]谓齐景公曰：‘彼[3]，丈夫也；我，丈夫也；吾何畏彼哉？’颜渊曰：‘舜，何人也？予，何人也？[4]有为者亦若是。’公明仪[5]曰：‘文王，我师也；周公岂欺我哉？’今滕，绝长补短，将五十里也，犹可以为善国。《书》曰：‘若药不瞑眩，厥疾不瘳。[6]’”

译文

滕文公做太子的时候，要到楚国去，经过宋国，会见了孟子。孟子和他讲人性本是善良的道理，开口不离尧舜。太子从楚国回来，又来见孟子。孟子说：“太子怀疑我的话吗？天下的道理是一样的。成覸对齐景公说：‘那人是个男子汉，我也是个男子汉，我凭什么怕那人呢？’颜渊说：‘舜是何等人物呢？我又是何等人物呢？有作为的人也应像他那样。’公明仪说：‘文王是我的老师，周公难道会骗我吗？’现在的滕国，截长补短，还有将近方圆五十里的土地，还可以治理成一个好国家。《书经》说：‘那药吃了如不叫人晕头涨脑，那种病是好不了的。’”

注释

1 世子：即“太子”。

2 成觊:齐之勇臣;觊,音 jiàn。

3 彼:那人,设想的某人;彼,远指代词,不是第三人称代词。

4 舜,何人也？予,何人也:舜是多了不起的人呢？我又是多了不起的人呢？战国时期语言中的“何人也(邪、哉)”,其所问的,一般都是说话者认为的杰出人物、伟大人物。例如:“(子贡)入曰:‘伯夷、叔齐何人也?’曰:‘古之贤人也。’”(《论语·述而》)“(陈贾)见孟子,问曰:‘周公何人也?’曰:‘古圣人也。’”(《孟子·公孙丑下》)可见,那一时期语言中的“何人也(邪、哉)”,是问某人(或感叹某人)“是多了不起的人”“是何等人物”。

5 公明仪:曾子弟子。

6 若药不瞑眩,厥疾不瘳:瞑眩,音 miànxuàn,就是眼花;瘳,音 chōu,病愈。

原文

5.2–1 滕定公[1]薨,世子谓然友[2]曰:“昔者孟子尝与我言于宋,于心终不忘。今也不幸至于大故[3],吾欲使子问于孟子,然后行事。”然友之邹问于孟子。孟子曰:“不亦善乎!亲丧,固所自尽也。[4]曾子曰[5]:‘生,事之以礼;死,葬之以礼,祭之以礼,可谓孝矣。’诸侯之礼,吾未之学也;虽然,吾尝闻之矣:三

译文

滕定公去世,太子对他的师傅然友说:“过去在宋国,孟子曾和我谈话,我一直难以忘怀。现在不幸父亲去世,我想请您到孟子那里问问,然后再办丧事。”然友便到邹国去问孟子。孟子说:“这样很对呀!父母去世,本来就应该尽心竭力去操办丧事的。曾子说:‘父母健在时,依礼去奉侍;他们去世了,依礼去埋葬,依礼去祭祀。这才可算是尽到孝心了。’诸侯的礼节,我没有学过它;即便如此,却也听说过:从天子直到老百姓,实行三年的丧礼,穿

年之丧,齐疏之服[6],馇[7]粥之食,自天子达于庶人,三代共之。”

着粗布缝边的孝服,吃着稀粥——夏、商、周三代都是这样的。”

注释

1 滕定公:文公的父亲。

2 然友:世子的师傅。

3 大故:重大的不幸。

4 亲丧,固所自尽也:父母亲去世,本来就应该尽心竭力办好这件事(丧事)。

5 曾子曰:以下引句见《论语·为政》,乃孔子所言。

6 齐疏之服:齐,音 zī,缝边;疏,粗。

7 馇:音 zhān,粥。

原文

5.2–2 然友反命,定为三年之丧。父兄百官皆不欲,曰:“吾宗国[1]鲁先君莫之行,吾先君亦莫之行也,至于子之身而反之,不可。且《志》[2]曰:‘丧祭从先祖。’”曰[3]吾有所受之也。

谓然友曰:“吾他日未尝学问,好驰马试剑。今也父兄百官不我足也,恐其[4]不能尽于大事,子

译文

然友回国传达了孟子的话,太子便决定行三年的丧礼。父老官吏都不愿意,说:“我们宗主国鲁国的历代君主没有实行过,我国的历代君主也没有实行过,到你这一代却返回到那种古礼,这不可行。而且《志》说过:‘丧礼祭礼一律依照祖宗成法。’”这叫做我们有成法可依。

太子便对然友说:“我过去不曾做过学问,只喜欢跑马舞剑。现在,父老们官吏们都对我的主张不满,恐怕这一丧礼不能够让我尽心竭力去做,您再替

为我问孟子！”

然友复之邹问孟子。

我去问问孟子吧！”

于是，然友又到邹国去问孟子。

注释

1 宗国：周朝重宗法，鲁、滕诸国的始封祖都是周文王之子；其中周公封鲁，行辈较长，因之其余姬姓诸国均以鲁为宗国。

2《志》：记录国家大事的书。

3 曰：叫做。

4 其：世子自指。

原文

5.2–3 孟子曰：“然，不可以他求者也。孔子曰：‘君薨，听于冢宰[1]，歠[2]粥，面深墨，即位而哭，百官有司[3]莫敢不哀，先之也。’上有好者，下必有甚焉者矣。君子之德，风也；小人之德，草也。草尚之风[4]，必偃。是在世子。”

然友反命。世子曰：“然，是诚在我。”

五月居庐[5]，未有命戒。百官族人可谓曰

译文

孟子说：“是的！这种事是求不得别人的。孔子说过，‘君主去世，政务任由宰相处理，世子喝着粥，面色墨黑，走近孝子之位便哭，大小官吏没有人敢不悲哀，这是因为世子带了头。’上位者有所爱好，下位者一定爱好得更加厉害。君子的德好像风，小人的德好像草，风向哪边吹，草就向哪边倒。这件事完全取决于太子。”

然友回来向太子转达。太子说：“对，这事真的取决于我。”

于是太子居于丧庐中五月，不曾颁布过任何命令和禁令。官吏同族可说是都明白了孝子是懂礼的。等到举行葬礼

"知"[6]。及至葬,四方来观之,颜色之戚,哭泣之哀,吊者大悦。

的时候,四方人都来观礼,世子表情的悲戚,哭泣的哀痛,使来吊丧的人都很满意。

注释

1 冢宰:相当于后之相国、宰相。

2 歠:音 chuò,饮。

3 有司:有关部门,下级官吏。

4 草尚之风:尚,同"上";草上之风,谓草上之以风,即草加以风。

5 五月居庐:诸侯薨五月乃葬,未葬前,孝子必居凶庐——土砖砌成,覆之以草。

6 百官族人可谓曰"知":官吏同族可说是都明白了孝子是懂礼的。类似句子如:"季氏之妇可谓知礼矣。"(《国语·鲁语下》)"官人应实曰知。"(《逸周书·谥法解》)曰,叫做。

原文

5.3–1 滕文公问为国。孟子曰:"民事不可缓也。《诗》云[1]:'昼尔于茅[2],宵尔索绹[3];亟其乘屋[4],其始播百谷。'民之为道也,有恒产者有恒心,无恒产者无恒心。苟无恒心,放辟邪侈,无不为已。及陷乎罪,然后从而刑之,是罔民也。焉有仁人在位罔民

译文

滕文公请教怎样治理国家。孟子说:"老百姓的事是延缓不起的。《诗经》上说:'白天把茅草割,晚上把绳儿搓;赶紧上房修理,按时把五谷播。'老百姓有他们的规律:有固定产业的人才有一定的原则,没有固定产业的人便不会有一定的原则。没有一定原则的人,就会胡作非为违法乱纪,什么事都做得出来。等到他们犯了罪,然后加以处罚,这等于陷害。哪有仁人在位

而可为也？是故贤君必恭俭礼下，取于民有制。阳虎[5]曰：'为富不仁矣，为仁不富矣。'

却做出陷害老百姓的事呢？所以贤明的君主一定要敬业、节俭、礼遇臣下，尤其是取之于民要依照一定的制度。阳虎曾经说过：'要想发财就不能仁爱，要想仁爱就不能发财。'

注释

1《诗》云：诗句引自《诗经·豳风·七月》。

2 于茅：于，往；茅，取茅草。

3 索绹：索，搓；绹，音 táo，绳索。

4 亟其乘屋：亟，急；乘，登上。

5 阳虎：字货，鲁国正卿季氏的总管，事迹多见于《论语》。

原文

5.3–2 "夏后氏五十而贡，殷人七十而助，周人百亩而彻，其实皆什一也。彻者，彻[1]也；助者，借也。龙子[2]曰：'治地莫善于助，莫不善于贡。'贡者，挍[3]数岁之中以为常。乐岁，粒米狼戾[4]，多取之而不为虐，则寡取之；凶年，粪其田而不足[5]，则必取盈焉。为民

译文

"古代的税收制度：夏代每家五十亩地而行'贡'法，商朝每家七十亩地而行'助'法，周朝每家一百亩地而行'彻'法。这三法的实质都是十分抽一。'彻'是'通'的意思，'助'是借助的意思。龙子说过：'田税最好的是助法，最不好的是贡法。'贡法是综合若干年的收成得一个平均数。丰年，谷米撒得遍地都是，多征收一点也不算暴虐，却并不多收。灾年，即使努力施肥，尚且不能糊口，却非收足那个平均数不可。作为百姓父母的

父母,使民盻盻然[6],将终岁勤动,不得以养其父母,又称[7]贷而益之,使老稚转乎沟壑,恶在其为民父母也? 夫世禄,滕固行之矣。《诗》云[8]:'雨我公田,遂及我私。'惟助为有公田。由此观之,虽周亦助也。

君主,却让他们一年到头辛苦劳顿,结果连自己的父母都养不活,还不得不借高利贷来交足赋税,最终使老的小的只能到沟壑中去等死,这怎么能算是'为民父母'呢?做大官的享受世袭的田租收入,滕国早就实行了。〔为什么老百姓却不能有一定的田地收入呢?〕《诗经》上说:'雨先下到公田,然后再下到私田!'只有助法才有公田有私田。这样看来,即使周朝,也是实行助法的。

注释

1 彻:通;意思是,这是天下通行的。

2 龙子:上古之贤人。

3 挍:音 jiào,校,较。

4 粒米狼戾:粒米,即米粒;狼戾,狼藉。

5 粪其田而不足:在努力施肥的情况下(吃的都)不够。类似句子如:"举天下以赏其善者不足。"(《庄子·外篇·在宥》)

6 盻盻然:勤苦劳顿的样子;盻,音 xì。

7 称:举借。

8《诗》云:诗句引自《诗经·小雅·大田》。

原文

5.3–3 "设为庠序学校以教之。庠者,养也;校者,教也;序者,射也。夏曰校,

译文

"要兴办'庠''序''学''校'来教育人民。'庠'是教养的意思,'校'是教导的意思,'序'是教射箭的意

殷曰序，周曰庠；学则三代共之，皆所以明人伦也。人伦明于上，小民亲于下。有王者起，必来取法，是为王者师也。《诗》云[1]：'周虽旧邦，其命惟新。'文王之谓也。子力行之，亦以新子之国！"

思。夏代叫'校'，商代叫'序'，周代叫'庠'；'学'这个名称，三代都这么叫。学习的目的都是为了让人明白人的伦常。诸侯、卿、大夫、士都明白了人的伦常，小老百姓自然会一团和气亲密无间了。这时如有圣王兴起，也一定会来学习效法，这等于做了圣王的老师。《诗经》说：'岐周虽然是古国，国运却焕然一新。'这是赞美文王的诗。你努力实行吧，也来让你的国家气象一新！"

注释

1《诗》云：诗句见《诗经 · 大雅 · 文王》。

原文

5.3–4 使毕战问井地[1]。孟子曰："子之君将行仁政，选择而使子，子必勉之！夫仁政，必自经界[2]始。经界不正，井地不钧[3]，穀禄[4]不平，是故暴君污吏必慢其经界。经界既正，分田制禄可坐而定也。夫滕，壤地褊小，将为君子焉，将为[5]野人焉。无君子，

译文

滕文公派毕战来问井田制。孟子说："你的国君准备实行仁政，选中你来问我，你一定要好好干！实行仁政，一定要从划分整理田界开始。田界划分得不正确，井田的大小就不均匀，作为俸禄的田租收入也就不会公平合理，所以暴虐的君王和贪官污吏总是轻视田间界限的划分。田间界限正确了，人民土地的分配，官吏俸禄的厘定，都可以毫不费力地决定了。〔尽管〕滕国土地狭小，也会〔有人〕作为君子，也会〔有人〕作为小人。没有

莫治野人；无野人，莫养君子。请野九一而助，国中什一使自赋。卿以下必有圭田[6]，圭田五十亩；余夫二十五亩。死徙无出乡，乡田同井，出入相友，守望相助，疾病相扶持，则百姓亲睦。方里而井，井九百亩[7]，其中为公田。八家皆私百亩，同养公田；公事毕，然后敢治私事，所以别野人也。此其大略也；若夫润泽[8]之，则在君与子矣。"

贵族，便没人治理农民；没有农民，也没人养活贵族。我请求：郊野用九分抽一的助法，都城用十分抽一的贡法。公卿以下的官吏一定有圭田，每家五十亩；如有剩余的劳动力，每人再给二十五亩。无论埋葬或搬家，都不离开本乡本土。一井田中的各家，平日出出进进，互相友爱；防御盗贼，互相帮助；罹患疾病，互相照顾。如此一来，百姓便亲爱和睦了。每一里见方划为一个井田，每一井田划为九百亩，当中一百亩是公田，八家都各有私田百亩。这八家共同耕种公田，先把公田料理完毕，才敢去干私田的农活，这是区别官员和农夫的办法。这不过是一个大略，至于如何去充实完善细节，那就在于你的国君和你本人了。"

注释

1 毕战问井地：毕战，滕之大夫；井地，即井田。

2 经界：丈量土地的意思。

3 钧：同"均"。

4 穀禄：相当于"俸禄"。

5 为：作为。赵岐、王引之说这一"为"意为"有"，不可信。

6 圭田：供祭祀用的田地。

7 井九百亩：今一方里为 375 亩，因此古之一亩较今为小。

8 润泽：与《论语·宪问》"东里子产润色"的"润色之"类似，指使之丰满，使之充实,使之成熟,使之经看。

原文

5.4–1 有为神农之言者许行[1],自楚之滕,踵[2]门而告文公曰:“远方之人闻君行仁政,愿受一廛而为之氓。”文公与之处。其徒数十人,皆衣褐[3],捆屦[4]织席以为食。

陈良之徒陈相与其弟辛负耒耜[5]而自宋之滕,曰:“闻君行圣人之政,是亦圣人也,愿为圣人氓。”

陈相见许行而大悦,尽弃其学而学焉。

译文

有一位研习神农氏学说叫许行的人,从楚国到滕国,登门谒见滕文公,告诉他说:“我这远方之人听说您实行仁政,希望得到一处宅地,做您的编外之民。”文公给了他住处。他的门徒好几十人,都穿着粗麻编成的衣服,以打草鞋织席子为生。

陈良的门徒陈相和他弟弟陈辛背着农具,从宋国到滕国,也对文公说:“听说您实行圣人的政治,那您也是圣人了。我愿意做圣人的编外之民。”

陈相见了许行,非常高兴,完全抛弃了以前所学而向许行学习。

注释

1 有为神农之言者许行:神农,上古传说中的人物,三皇之一;重农学派托神农以自重。

2 踵:至。

3 褐:以未绩之麻制成的短衣。

4 捆屦:捆,织;屦,音 jù,草鞋。

5 耒耜:音 lěisì;耜是古代一种类似锹的农具,当“耜”和“耒”一道用的时候,耜则分指该农具下端铲土的部分,耒则分指耜柄;耒耜合指铲土的农具,甚至泛指农具。

原文

5.4–2 陈相见孟子，道许行之言曰：“滕君则诚贤君也；虽然，未闻道也。贤者与民并耕而食，饔飧而治[1]。今也滕有仓廪府库，则是厉[2]民而以自养也，恶得贤？”

孟子曰：“许子必种粟而后食乎？”曰：“然。”“许子必织布而后衣乎？”曰：“否；许子衣褐。”

“许子冠乎？”曰：“冠。”曰：“奚冠？”曰：“冠素。”曰：“自织之与？”曰：“否；以粟易之。”曰：“许子奚为不自织？”曰：“害于耕。”

曰：“许子以釜甑爨[3]，以铁[4]耕乎？”曰：“然。”“自为之与？”曰：“否；以粟易之。”

“以粟易械器者，不为厉陶冶；陶冶亦以其械器易粟者，岂为厉农夫哉？且许子何不为陶冶，舍皆取

译文

陈相来看孟子，转述许行的话说：“滕君确实是个贤明的君主，即便如此，还没有听闻真正的大道。贤人要和人民一道种地才吃饭，而且自己做饭，通过这种方式做到境内大治。如今滕国有谷仓，有存财物的府库，这都是损害百姓来奉养自己，怎么能叫作贤明呢？”

孟子说：“许子一定要自己种粮食才吃饭吗？”陈相说：“对。”“许子一定要自己织布才穿衣吗？”“不，许子只穿粗麻编织的衣。”

“许子戴帽子吗？”答道：“要戴的。”“戴什么帽子？”答道：“戴白绸帽子。”“是自己织的吗？”答道：“不，用粟米换来的。”“许子为什么不自己织呢？”答道：“因为妨碍干农活。”

“许子也用铁锅瓦罐做饭，用铁器耕种吗？”答道：“是这样的。”“自己做的吗？”答道：“不，用粟米换来的。”

“农夫用粟米换取锅碗瓢盆和农具，不能说损害了瓦匠铁匠；那瓦匠铁匠用他们的产品来换取粟米，又难道损害了农夫吗？况且许子为什么不亲

诸其宫中而用之[5]？何为纷纷然与百工交易？何许子之不惮烦？”

自干瓦匠活铁匠活？为什么不放弃把各种器物储备在家里随时取用的生活方式呢？为什么许子要一件一件地和各种工匠做买卖？为什么许子这样不怕麻烦？”

注释

1 饔飧而治：饔飧，音 yōngsūn，熟食；这里指自己做饭。按，治，意为治理得好，太平。《孟子译注》译为：“自己做饭，而且也要替百姓办事。”恐非。这种在“谓词性结构 + 而治”格式中的“治”多是《王力古汉语字典》归纳的“治理得好，太平”这一意义。例如：“无为而治者，其舜也与？”（《论语 · 卫灵公》）“上古结绳而治。”（《周易 · 系辞下》）“圣人南面而听天下，向明而治。”（《周易 · 说卦》）

2 厉：使病，摧残，折磨，损害。

3 釜甑爨：釜，金属锅；甑，音 zèng，蒸饭的瓦制炊具；爨，音 cuàn，烧火做饭。

4 铁：这里指农具。

5 舍皆取诸其宫中而用之：舍，放弃。放弃义的“舍”常带谓词性宾语，如：“君子疾夫舍曰欲之而必为之辞。”（《论语 · 季氏》）按，此句承上句，谓何不放弃皆取之于其宫中而用之的做法。宫，上古无论贵贱，住所都叫作宫。章太炎说，这一句的“舍”相当于后世的“啥”，“舍皆”就是“啥都”。恐非。“疑问代词 + 都”表周遍意义如“谁都不信”“什么东西都买”的格式产生甚晚，《孟子》成书时代不可能有这种表达方式。

原文

5.4-3 曰：“百工之事

译文

陈相答道：“各种工匠的活计本来

固不可耕且为也。”

“然则治天下独可耕且为与？有大人之事，有小人之事。且一人之身，而百工之所为备；如必自为而后用之，是率天下而路[1]也。故曰，或劳心，或劳力；劳心者治人，劳力者治于人；治于人者食人[2]，治人者食于人，天下之通义也。

“当尧之时，天下犹未平，洪水横流，泛滥于天下，草木畅茂，禽兽繁殖，五谷不登，禽兽逼人，兽蹄鸟迹之道交于中国。尧独忧之，举舜而敷[3]治焉。舜使益掌火，益烈山泽而焚之[4]，禽兽逃匿。禹疏九河[5]，瀹济漯[6]而注诸海，决汝汉，排淮泗而注之江，[7]然后中国可得而食也。当是时也，禹八年于外，三过其门而不入，虽欲耕，得乎？

就不可能一边种地一边又来干的。”

“难道治理天下的活计就独独能够一边种地一边来干的吗？有官吏的工作，有小民的工作。只要是一个人，各种工匠的产品对他就是必不可少的；如果每件东西都要自己制造才去用它，那是率领天下的人疲于奔命。所以我说，有的人劳动脑力，有的人劳动体力；脑力劳动者管理人，体力劳动者被人管理；被管理者向别人提供吃穿用度，管理者的吃穿用度仰仗于别人，这是普天之下的通则。

“当尧的时候，天下还是一片洪荒，大水乱流，泛滥全天下，草木茂密地生长，鸟兽快速地繁殖，谷物却没有收成，飞禽走兽威逼人类，华夏大地遍布它们的足迹。只有尧一个人为这事忧虑，于是选拔舜来总管治理工作。舜命令伯益主持放火工作，伯益便将山野沼泽分割成块逐片焚烧，迫使鸟兽逃跑隐匿。禹又疏浚九河，把济水漯水疏导入海，挖掘汝水汉水，疏通淮水泗水，引导众水流入长江，这样中国人民才可以种地吃上饭。在这一时期，禹八年奔波在外，好几次经过自己家门都忙得不能进去，即使他想种地，做得到吗？

注释

1 路：同"露"，破败。

2 食人：提供给别人吃；食，音 sì，给……吃。

3 敷：同"溥""普"，遍。

4 益烈山泽而焚之：伯益将山野沼泽分割成块而焚烧之；烈，大约通"裂"，分割。因为，a."烈"释为"焚烧"，与下文"焚"语义重复。b.经典中"烈"与"裂"相通极为普遍。c."裂"常出现在"V_1O＋而(以)＋V_2O"格式中的 V_1 的位置上，这一点与"益烈山泽而焚之"句中"烈"所处的语法位置相同。例如："召使者，裂裳帛而与之。"(《左传·昭公元年》)"大败越人，裂地而封之。"(《庄子·内篇·逍遥游》)

5 九河：分别为徒骇、大史、马颊、覆釜、胡苏、简、絜、钩盘、鬲津。

6 瀹济漯：瀹，音 yuè，疏导；济、漯，都是水名；漯，音 tà。

7 决汝汉，排淮泗而注之江：除汉水外，汝与淮、泗都不入江；其实孟子这里不过申述禹治水之功。

原文

5.4-4 "后稷[1]教民稼穑，树艺五谷[2]；五谷熟而民人育。人之有道[3]也，饱食、暖衣、逸居而无教，则近于禽兽。圣人有忧之，使契[4]为司徒，教以人伦——父子有亲，君臣有义，夫妇有别，长幼有叙，朋友有信。放勋[5]曰[6]："劳之来之[7]，匡之直

译文

"后稷教导百姓种庄稼，栽培谷物。谷物成熟了，老百姓便得到了养育。人类的规律是这样的：光是吃得饱，穿得暖，住得安逸，却没有教育，那也和禽兽差不多。圣人为这事忧虑深重，便让契做了司徒，教育人民明白人际的伦常关系——父子间的骨肉之亲，君臣间的礼义之道，夫妻间的内外之别，老少间的尊卑之序，朋友间的诚信之德。尧说道："慰劳勉励他们，引导纠正他们，帮扶保护他

之，辅之翼之，使自得之，又从而振德之。”圣人之忧民如此，而暇耕乎？

们，使他们各得其所，然后再赈济穷困施以恩惠。”圣人为百姓考虑达到这样的程度，还挤得出时间来种地吗？

注释

1 后稷：名弃，周朝的始祖，帝尧时为农师。

2 五谷：稻（水稻）、黍（黄米之黏者）、稷（小米）、麦（小麦）、菽（豆类）。

3 有道：有规律。

4 契：殷之祖先。

5 放勋：尧之名。

6 曰：有的本子作“放勋日劳之来之”，但在一段韵文前加上主语和状语，未见其例，所以我们不取。

7 劳之来之：《尔雅》：“劳、来，勤也。”劳、来连用，为慰劳、劝勉之意。《尔雅》解释劳、来的“勤”也是这个意思。

原文

5.4–5 “尧以不得舜为己忧，舜以不得禹、皋陶[1]为己忧。夫以百亩之不易[2]为己忧者，农夫也。分人以财谓之惠，教人以善谓之忠，为天下得人者谓之仁。是故以天下与人[3]易，为天下得人难。孔子曰：‘大哉尧之为君！惟天为大，惟

译文

“尧为得不到舜而忧虑，舜为得不到禹和皋陶而忧虑。为了自己的百亩之田种得不好而忧虑的，那是农夫。把财物分给别人，叫作惠；教导大家都学好，叫作忠；为天下找到好人才，叫作仁。因此，把天下禅让给人家容易，为天下找到好人才很难。所以孔子说：‘尧作为君主真是伟大！只有天最伟大，也只有尧能效法天。尧的圣德浩荡无边，老百姓日日受其恩惠习惯了都不知有

尧则之，荡荡乎民无能名焉？君哉舜也！巍巍乎有天下而不与焉！[4]’尧舜之治天下，岂无所用其心哉？亦不用于耕耳。

这人存在了！舜真是个好君主！天下坐得稳如泰山，却不去享受它，占有它！’尧舜治理天下，难道不用心思吗？只是不把这心思用于如何种地罢了。

注释

1 皋陶：音 gāoyáo，虞舜时之司法官。

2 易：整治。

3 与人：给予别人。

4“大哉”至“而不与焉”：见《论语·泰伯》；与，即“参与”之“与”，含“私有”“享受”之意。

原文

5.4–6“吾闻用夏变夷者，未闻变于夷者也。陈良，楚产也，悦周公、仲尼之道，北学于中国。北方之学者，未能或之先[1]也。彼所谓豪杰之士也。子之兄弟事之数十年，师死而遂倍[2]之！

译文

“我只听说用中国的方式来改变四夷的，没有听说过用四夷的方式来改变中国的。陈良土生土长在楚国，却喜欢周公和孔子的学说，北上中国来学习。北方的读书人，没有人能超过他的，那真是所谓豪杰之士啊！你们兄弟向他学习了几十年，老师一死，竟然背叛了他！

注释

1 未能或之先：未能有人领先于他；或，有人；之先，先之，领先于他。

2 倍：同“背”，背叛。

原文

5.4–7 “昔者孔子没，三年之外，门人治任[1]将归，入揖于子贡，相向而哭，皆失声，然后归。子贡反，筑室于场，独居三年，然后归。他日，子夏、子张、子游以有若似圣人，欲以所事孔子事之，强曾子。曾子曰：‘不可；江汉以濯之，秋阳以暴之[2]，皓皓[3]乎不可尚已。’今也南蛮鴃[4]舌之人，非先王之道，子倍子之师而学之，亦异于曾子矣。吾闻出于幽谷迁于乔木者，未闻下乔木而入于幽谷者。《鲁颂》曰：‘戎狄是膺，荆舒是惩。[5]’周公方且膺之，子是之学，亦为不善变矣。”

译文

“从前，孔子死了，守孝三年之后，门徒们在收拾行李准备回去前，走进子贡住处作揖告别，相对而哭，都泣不成声，这才回去。子贡又回到墓地重新筑屋，独自再住了三年才回去。过了些时日，子夏、子张、子游认为有若有些像圣人，便想像服事孔子那样服事他，勉强曾子同意。曾子说：‘不行。比如曾经用江汉之水洗涤过，曾经在夏日之下暴晒过，真是白得不能再白了。〔谁还能与孔子相比呢？〕’如今许行这南蛮子，说话就像鸟叫，也敢来非议我们祖先圣王之道，而你俩却违背师道去向他学，那就和曾子大不相同了。我只听说过鸟儿飞出幽暗的山谷迁往高大的树木，没听说过离开高大的树木再飞进幽暗的山谷的。《鲁颂》说过：‘戎狄，要抵抗它；荆楚，要惩罚它。’〔荆楚这样的国家，〕周公还要抗击它，你却向它学，真是变得每况愈下了。”

注释

1 任：包袱，行李。

2 秋阳以暴之：周历正月相当于夏历的十一月，所以周历的秋阳，实为夏日之阳；暴，同“曝”(pù)。

3 皓皓：很白的样子。

4 鴃：音 jué，即伯劳鸟。

5 戎狄是膺，荆舒是惩：见《诗经·鲁颂·閟宫》；膺，音 yīng，抵抗，抗击。

原文

5.4–8 “从许子之道，则市贾[1]不贰，国中无伪；虽使五尺之童[2]适市，莫之或欺[3]。布帛长短同，则贾相若；麻缕丝絮轻重同，则贾相若；五谷多寡同，则贾相若；屦大小同，则贾相若。”

曰：“夫物之不齐，物之情也；或相倍蓰[4]，或相什百，或相千万。子比[5]而同之，是乱天下也。巨屦小屦[6]同贾，人岂为之哉？从许子之道，相率而为伪者也，恶能治国家？”

译文

陈相说：“如果遵从许子的学说，市场上的物价就能一致，举国之中没有欺诈，即使打发个小孩子上市场，也没有人会欺骗他。布匹丝绸的长短相同，价钱便一样；麻线丝绵的轻重相同，价钱便一样；谷米的多少相同，价钱便一样；鞋的大小相同，价钱便一样。”

孟子说：“各种物品的质量不一样，是物品的真实情形——有的相差一倍五倍，有的相差十倍百倍，有的相差千倍万倍；你想要〔不分精粗优劣，〕而让它们价钱一致，只是扰乱天下罢了。用料做工粗劣的鞋和用料做工精致的鞋一样的价钱，人们肯干吗？按许子说的办，是带领大家去弄虚作假，这样弄，哪里能够治理国家呢？”

注释

1 贾：同“价”。

2 五尺之童：古人尺短，五尺只合今之三尺半。

3 莫之或欺：即“莫或欺之”，没有人会欺骗他。否定句中，代词作宾语一般要置于谓语动词前。莫，没有人；或，语气副词，使语气和缓一些。

4 倍蓰：两倍和五倍。是原先的两倍，就是比原先的多出一倍，或原先的比后来的相差一倍；不能说“是原先的一倍”，这是病句。蓰，音 xǐ，五倍。

5 比：混合。

6 巨屦小屦：巨屦，粗屦；小屦，细屦。

原文

5.5-1 墨者夷之因徐辟而求见孟子[1]。孟子曰：“吾固愿见，今吾尚病，病愈，我且往见。”夷子不来[2]。

他日，又求见孟子。孟子曰：“吾今则可以见矣。不直，则道不见[3]；我且直之。吾闻夷子墨者，墨之治丧也，以薄为其道也；夷子思以易天下，岂以为非是而不贵也？然而夷子葬其亲厚，则是以所贱事亲也。”

译文

墨家信徒夷之凭着徐辟的关系要求见孟子。孟子说：“我本来愿意见他，不过我现在正病着；病好了，我打算去看他。”夷子便没有来。

过了一段时间，他又要求见孟子。孟子说：“我现在可以见他了。但不直截了当地说，真理不能明白地显现。我就直说了吧。我听说夷子是墨家信徒，墨家的办理丧事，以薄葬为合理；夷子也想用这一套来改革天下，难道会认为薄葬不对而认为薄葬不高贵吗？但是夷子埋葬父母亲却很丰厚，那便是拿他所看不起的东西来对待父母亲了。”

注释

1 墨者夷之因徐辟而求见孟子：墨者，信奉墨子学说的人；夷之，已无可考；徐辟，孟子弟子。

2 夷子不来：按，有的注本将此四字放在引号内，译为孟子对夷之的使者说让夷子别来，不确。因为如果这样，按语法规律来讲，否定副词应当用禁止性的“勿”“毋”（《孟子》“毋”都写作“无”）而不用“不”。通过对《孟子》全书的考察，也确实如此：除“夷子不来”一例外，《孟子》中“不”出现1083次，没有表禁止、劝阻的；而全书的“勿”或“毋”（无）均表禁止、劝阻，如：“王请勿疑！”（《梁惠王下》）“王勿异也。”（《万章下》）“王如知此，则无望民之多于邻国也。”（《梁惠王上》）“王无罪岁，斯天下之民至焉。”（同上）因此，“夷子不来”意为“夷子没有来”，应该置于引号之外。

3 见：同“现”。

原文

5.5-2 徐子以告夷子。夷子曰：“儒者之道，古之人若保赤子[1]，此言何谓也？之则以为爱无差等，施[2]由亲始。”

徐子以告孟子。孟子曰：“夫夷子信以为人之亲其兄之子为若亲其邻之赤子乎？彼有取尔也。赤子匍匐将入井，非赤子之罪也。且天之生物也，使之一本，

译文

徐子把这话转达给夷子。夷子说：“儒家的学说认为，古代君王爱护百姓就好像爱护婴儿一般。这话是什么意思呢？我以为便是，人们之间的爱没有亲疏厚薄的区别，只是由双亲开始实行罢了。〔这样看来，墨家的兼爱之说和儒家学说并不矛盾，而我厚葬父母，也没有什么说不过去了。〕”

徐子又把这话告诉了孟子。孟子说：“夷子真以为人们爱他的侄儿和爱他邻居家的婴儿一样的吗？夷子只不过抓住了一点：婴儿在地上爬行，快要跌到井里去了，这不是婴儿的罪过。〔这时候，无论是谁的孩子，无论谁看见了，都会去救的，夷子以为这就是爱无等次，其实，这是人的恻隐之心。〕况且

而夷子二本故也。盖上世尝有不葬其亲者[3],其亲死,则举而委之于壑。他日过之,狐狸[4]食之,蝇蚋姑嘬之[5]。其颡有泚[6],睨而不视。夫泚也,非为人泚,中心达于面目,盖归反虆梩[7]而掩之。掩之诚是也,则孝子仁人之掩其亲,亦必有道矣。"

徐子以告夷子,夷子怃然为间[8]曰:"命之[9]矣。"

天生某物,只让它有一个本源,夷子却以为有两个本源,道理就在这里。大概上古曾经有不埋葬父母的人,父母死了,就抬着扔到山沟里。过了些时候,再经过那里,就发现狐狸和狸猫在撕咬着,苍蝇和蚊子在咀吮着那遗体。那个人不禁额头上冒出了汗,斜着眼睛,不敢正视。这一种汗,不是流给别人看的,而是心中的悔恨在面目上的流露。大概后来他回家取了箩筐铲子把遗体埋了。埋葬遗体诚然是对的,那么,孝子仁人埋葬他的父母,自然有他的道理了。"

徐子把这话又转达给夷子,夷子十分怅惘地停了一会,说:"我懂得了。"

注释

1 赤子:初生的婴儿。

2 施:行。

3 上世尝有不葬其亲者:人类文化学的研究表明,早期人类确实有不葬父母者。父母将死或已死,则由儿子背往山中抛弃。近世南美、非洲仍有此遗风;日本亦有之——有故事片《楢山节考》(松竹映画)即讲述以此为背景的故事。我国上古典籍也不乏记载之者。

4 狐狸:狐狸和狸猫。详见下文7.17注2。

5 蝇蚋姑嘬之:蚋(ruì),蚊类昆虫;姑,应读为"盬(gǔ)",咀吮;嘬(chuài),凑在一起吃。

6 泚:音cǐ,出汗的样子。

7 蔂梩：蔂，音 léi，土筐；梩，音 lí，类似铲子的工具。

8 怃然为间：怃(wǔ)然，茫然自失的样子；为间，一会儿。

9 命之：命，教；之，夷子自指。

滕文公章句下凡十章

导读

《滕文公下》共十章。第一章讲规矩规范的重要，若不规行矩步，“得禽兽，虽若丘陵，弗为也”。第二章讨论什么是“大丈夫”，景春认为公孙衍、张仪是，因为他们“一怒而诸侯惧，安居而天下熄”——拳头硬，势力强。孟子则说：“居天下之广居，立天下之正位，行天下之大道；得志，与民由之；不得志，独行其道。富贵不能淫，贫贱不能移，威武不能屈，此之谓大丈夫。”先秦儒家认为君子应该出仕以行其道，在第三章，孟子阐述之，说：“士之失位也，犹诸侯之失国家也。”但必须“由其道”，即讲求规矩规范。第四章，针对彭更所提出“后车数十乘，从者数百人，以传食于诸侯，不以泰乎”的质疑，孟子进一步阐述了5.4章关于社会分工的观点——通过交换，既然木匠车工都能够从农夫那儿得到吃的，那践行仁义之士为什么不可以通过他的脑力劳动从农夫那儿换来吃的呢？第五章讲述古贤君商汤之所以“十一征而无敌于天下”，乃是因为暴君葛伯杀了个送饭的小孩，商汤正是“为匹夫匹妇复仇”，所以才“东面而征，西夷怨；南面而征，北狄怨，曰：‘奚为后我？’民之望之，若大旱之望雨也”。也就是说，吊民伐罪的战争，是正义的。第六章以语言学习作比方，阐明杯水车薪的好影响，不足以使人成为“善士”。类似的表述《孟子》书中出现了数次，下文我们还将提到。第七章讲述拜见外国君主的规范，第八章阐明闻过即改的道理，都简明扼要。第九章针对“夫子好辩”的质疑，先是说："予岂好辩哉？予不得已也。"然后罗列尧、舜、武王、周公的事功，尤其是"孔子惧，作《春秋》"的衷曲，最后表明："吾为此惧，闲先圣之道，距杨、墨，放淫辞，邪说者不得作。"则俨然以当代孔子自命了。第十章对陈仲子不与统治者合作的态度持不以为然的态度；如前所述，先秦儒家要实现治国平天下的政治理想，需要通过出仕来达成目的，而陈仲子则采取不合作而洁身自好的态度。尽管如此，孟子对他，也只是说若要实现他的操守，除非做蚯蚓才行；较之赵威后"於陵子仲尚存乎？是其为人也，上不臣于王，下不治其家，中不索交诸侯……何为至今不杀乎"(《战国策·齐策》)的狰狞可怖，实在算是与人为善的了。这十章似乎都各有主旨，不太好归纳。

原文

6.1–1 陈代[1]曰："不见诸侯，宜若小然[2]；今[3]一见之，大则以王，小则以霸。且《志》曰：'枉尺而直寻[4]。'宜若可为也。"孟子曰："昔齐景公田，招虞人以旌[5]，不至，将杀之。志士不忘在沟壑，勇士不忘丧其元。孔子奚取焉？取非其招不往也。如不待其招而往，何哉[6]？且夫枉尺而直寻者，以利言也。如以利，则枉寻直

译文

陈代说："〔过去〕不去谒见诸侯，似乎只是小事一桩；可如今见一次诸侯，大则可以凭它施行仁政于天下；小则可以凭它统领诸侯。而且《志》上说：'弯曲一尺，可以伸直一寻。'好像应该试一试。"孟子说："从前齐景公田猎，用旌去召唤掌管山泽田猎的小吏，小吏不去，景公便准备杀他。志士坚守气节，不怕弃尸山沟；勇士见义勇为，不怕抛弃头颅。孔子到底看重这小吏哪一点呢？就是看重他不是自己所应接受的召唤之礼，硬是不去。如果不等待诸侯的召唤便去，那意欲何为呢？而且所谓弯曲一尺，可以伸直一寻，完全是从利的方面来考虑的。如果唯利是图，那

尺而利，亦可为与？”	么即使弯曲一寻去伸直一尺，也有小利可图，不也可以干干吗？”

注释

1 陈代：孟子弟子。

2 宜若小然：似乎只是小事一桩。宜若，似乎，大概。赵岐说：“言此介得无为狭小乎。”朱熹《集注》：“小，谓小节也。”《孟子译注》因此译为：“似乎只是拘泥于小节吧。”赵岐的说法是对的，朱熹说也没错。但译为“拘泥于小节”有些微不妥。主语表示抽象意义的，如“管仲之器”“罪”“德之休明”“事”等，可使用“小”作谓语来描写：“管仲之器小哉！”（《论语 · 八佾》）“长君之恶其罪小，逢君之恶其罪大。”（《孟子·告子下》）“德之休明，虽小，重也。”（《宣公三年》）“事虽小，不为不成。”（《荀子 · 修身》）所以，“不见诸侯”也不过是小事一桩。

3 今：时间副词“今”常用以表示前后两种事实、行为或结果是相反的。如“先王之制：大都，不过参国之一；中，五之一；小，九之一。今京不度，非制也，君将不堪。”（《左传 · 隐公元年》）可知，“不见诸侯，宜若小然。今一见之，大则以王，小则以霸”是说，（过去）不去谒见诸侯，似乎只是小事一桩；可如今见一次诸侯，大则可以凭它施行仁政于天下；小则可以凭它统领诸侯。（可见，如今见不见诸侯，可不是什么小事了。）

4 寻：合当时的八尺。

5 招虞人以旌：虞(yú)人，掌管山泽田猎的官；旌，音 jīng，用五色羽毛装饰的旗帜。

6 何哉：为什么呢。

原文

6.1–2 “昔者赵简子使王良与嬖奚乘[1],终日而不获一禽。嬖奚反命曰:‘天下之贱工也。’或以告王良。良曰:‘请复之。’强而后可,一朝而获十禽。嬖奚反命曰:‘天下之良工也。’

“简子曰:‘我使掌与女乘[2]。’谓王良。良不可,曰:‘吾为之范我驰驱[3],终日不获一;为之诡遇[4],一朝而获十。《诗》云:“不失其驰,舍矢如破。[5]”我不贯[6]与小人乘,请辞。’御者且羞与射者比[7];比而得禽兽,虽若丘陵,弗为也。如枉道而从彼,何也?且子过矣:枉己者,未有能直人者也。”

译文

“从前,赵简子让王良替他的宠幸小臣奚驾车打猎,一整天也没打到一只猎物。奚向简子汇报说:‘王良是天底下最没本事的驾车人。’有人把这话告诉了王良。王良说:‘希望再来一次。’反复劝说,奚才答应去,结果一早上就打中十只猎物。奚又汇报说:‘王良是天底下最有本事的驾车人。’

“赵简子便说:‘我让他专门给你驾车好了。’把这告诉王良,王良不肯,说:‘我帮他按规矩奔驰,整天打不着一只〔猎物〕;我帮他违背规矩奔驰,一早上就打中了十只。可是《诗经》上说:“倘能矩步规行,必将一发而中。”我不习惯为小人驾车,请允许我辞去这差事。’驾车者尚且羞于与坏的射手为伍;与他为伍,即使打得的禽兽堆成山,也不肯干。如果委屈自己的理想与主张而追随诸侯,那究竟是为什么呢?况且你错了:允许自己不正直的人,从来就不能够使别人正直。”

注释

1 昔者赵简子使王良与嬖奚乘:赵简子,晋国正卿赵鞅;王良,春秋末年的驾车能手;嬖,音 bì,受宠幸的小人;奚,嬖人名。

2 我使掌与女乘：即“我使之掌与汝乘”，我让他负责给你驾车；“使”的宾语常常不出现；掌，掌管。

3 范我驰驱：规范我的奔驰。

4 诡遇：不依法驾驭。

5 不失其驰，舍矢如破：见《诗经·小雅·车攻》；如破，而破。

6 贯：即今之“惯”字。

7 御者且羞与射者比：“射者”语义双关，明指嬖奚，暗指射利之徒与射利之事，如四处求见诸侯以干禄之苏秦、张仪辈，亦表明自己不愿主动谒见诸侯之志；比，并立。

原文

6.2 景春[1]曰：“公孙衍、张仪[2]岂不诚大丈夫哉？一怒而诸侯惧，安居而天下熄[3]。”孟子曰：“是焉得为大丈夫乎[4]？子未学礼乎？丈夫之冠也，父命之；[5]女子之嫁也，母命之，往送之门，戒之曰：‘往之女家，必敬必戒，无违夫子！’以顺为正者，妾妇之道也。居天下之广居，立天下之正位，行天下之大道；得志，与民由之；不得志，独行其道。富贵不能淫，贫贱不能

译文

景春说：“公孙衍和张仪难道不是真正的大丈夫吗？他们一生气，诸侯都心惊胆战；安居度日时，天下便战火全熄。”孟子说：“如果仅仅这样，又怎么能算大丈夫呢？你没有学过礼吗？男子行加冠礼时，父亲要叮嘱他；女子出嫁的时候，母亲要叮嘱她，把她送到门口，告诫她说：‘到了你的夫家，一定要严肃认真，一定要时刻上心，不要违背丈夫！’以顺从为原则的，是做妇人的道理。居住在天下这么广阔的空间，站在天下最正确的位置，走着天下最宽广的仁义之路；得志之日，带领百姓一同走这条路；不得志之时，一个人也要走这条路。富贵不能放纵他，贫贱不能改变

移，威武不能屈，此之谓大丈夫。”

他，威武不能压服他，这样才叫作大丈夫。”

注释

1 景春：与孟子同时的纵横家。

2 公孙衍、张仪：公孙衍即魏人犀首，当时著名的说客；张仪，魏人，游说六国连横去服从秦国的大政客。

3 熄：烽火熄。

4 是焉得为大丈夫乎：此句当译为：“若仅仅这样，又怎么能算大丈夫呢？”因为，“焉得”经常处于因果、条件复句的后一从句。除此例外，我们在 7 部先秦古籍中找到的其余 32 例“焉得”全部处于因果、条件复句的后一从句。如：“管氏有三归，官事不摄，焉得俭？”（《论语·八佾》——因果）“里仁为美。择不处仁，焉得知？”（《论语·里仁》——条件）此例如仔细推求，也是一个紧缩了的条件复句，“是”复指前面的景春所说，故浓缩为一个字。

5 丈夫之冠也，父命之：古时候男子到了二十岁，便算作成年人了，要行加冠礼。

原文

6.3–1 周霄[1]问曰：“古之君子仕乎？”孟子曰：“仕。《传》曰：‘孔子三月无君，则皇皇[2]如也，出疆必载质[3]。’公明仪曰：‘古之人三月无君，则吊。’”

译文

周霄问道：“古代的君子做官吗？”孟子答道：“做官。《传》上说：‘孔子要是一连几个月没有君主任用他，就焦急不安；离开一个国家，一定要带着见面礼〔，以便和别国国君见面〕。’公明仪也说：‘古代的人一连几个月没有君主任用，就要去安慰他。’”

"三月无君则吊，不以急乎[4]？"曰："士之失位也，犹诸侯之失国家也。《礼》曰：'诸侯耕助以供粢盛[5]；夫人蚕缫[6]，以为衣服[7]。牺牲不成[8]，粢盛不洁，衣服不备，不敢以祭。惟士无田，则亦不祭。'牲杀、器皿、衣服不备，不敢以祭，则不敢以宴，亦不足吊乎？"

周霄便说："一连几个月没君主任用就去安慰他，不是太性急了吗？"孟子答道："士失掉官位，就好像诸侯失去国家。《礼》说过：'诸侯亲自参加耕种，是为了供给祭品；夫人亲自养蚕缫丝，是为了供给祭服。牛羊不肥壮，祭品不洁净，祭服不具备，不敢祭祀。士若没有〔供祭祀用的〕田地，那也不能祭祀。'牛羊、祭具、祭服不具备，不敢祭祀，也就不能举行宴会，这难道不应该安慰他吗？"

注释

1 周霄：魏人。

2 皇皇：今作"惶惶"，不安的样子。

3 质：同"贽""挚(zhì)"；古代初相见，须携礼物以示诚意，谓之"贽"，士人一般用雉。

4 不以急乎：(您)不认为太急切了吗？以，以为，认为。下一章"彭更问曰：'后车数十乘，从者数百人，以传食于诸侯，不以泰乎？'孟子曰：'非其道，则一箪食不可受于人；如其道，则舜受尧之天下，不以为泰——子以为泰乎'"可证。

5 诸侯耕助以供粢盛："助"，借助的意思；粢盛，音 zīchéng，就是六谷(黍、稷、稻、粱、麦、苽)。古代天子于每年孟春，率三公九卿诸侯大夫躬耕；因仍须假借他人之手才得以收获，故谓之"籍田"。

6 夫人蚕缫："夫人"指诸侯正妻；缫，音 sāo，抽茧出丝。

7 衣服：专指祭祀穿用的衣服。

8 牺牲不成:祭祀所杀的牛羊猪等都叫“牺牲”,也叫“牲杀”;成,盛。

原文

6.3–2 “出疆必载质,何也?”曰:“士之仕也,犹农夫之耕也;农夫岂为出疆舍其耒耜哉?”曰:“晋国[1]亦仕国也,未尝闻仕如此其急。仕如此其急也,君子之难仕,何也?”

曰:“丈夫生而愿为之有室,女子生而愿为之有家;父母之心,人皆有之。不待父母之命、媒妁之言,钻穴隙相窥,逾墙相从,则父母国人皆贱之。古之人未尝不欲仕也,又恶不由其道。不由其道而往者,与钻穴隙之类也[2]。”

译文

周霄又问:“离开国界一定要带上见面礼,为什么呢?”孟子答道:“士做官,就好像农民耕田;农民难道会因为越过国境线便放弃他的农具吗?”周霄说:“魏国也是一个可以做官的国家,我却没听说过找官位是这样迫不及待的。找官位既然迫不及待,君子却不轻易做官,这又是为什么呢?”

孟子说:“男人一生下来,父母便唯愿他早有妻室;女人一生下来,父母便唯愿她早有婆家。做父母的,人人都有这样的心愿。但是,不等待爹妈开口,不经过媒人介绍,自己便挖墙洞扒门缝来互相窥望,翻过墙去私会,那么,爹妈和举国之人都会轻视他。古代的人不是不想做官,但是又讨厌不经由合乎礼义的道路去求官。不经合乎礼义的道路而奔向仕途的,正和挖墙洞扒门缝〔窥望、翻墙去私会〕的人一样。”

注释

1 晋国:此处指魏国。

2 与钻穴隙之类也：按，此句与当时句法不合，“之”或许是“者”字之讹，后者战国文字上部与“之”相似。还有一种可能，即“与”(與)应读作“举”(舉)，一是“与”经常借为“举”；二是虽然表示“都”的“举”后常接谓词性成分，但也可接体词性成分。例如：“进退贵贱则举佣士。”(《荀子·王制》)“之所与为之者之人，则举义士也；之所以为布陈于国家刑法者，则举义法也；主之所极然帅群臣而首乡之者，则举义志也。”(《王霸》)

原文

6.4 彭更[1]问曰：“后车数十乘，从者数百人，以传食[2]于诸侯，不以泰乎[3]？”孟子曰：“非其道，则一箪食不可受于人；如其道，则舜受尧之天下，不以为泰——子以为泰乎？”

曰：“否；士无事而食，不可也。”曰：“子不通功易事，以羡[4]补不足，则农有余粟，女有余布；子如通之，则梓匠轮舆[5]皆得食于子。于此有人焉，入则孝，出则悌，守先王之道，以待后之学者，[6]而不得食于子；子何尊梓匠轮舆

译文

彭更问道：“跟随的车几十辆，跟从的人几百个，从这一国吃到那一国，您不觉得夸张了些吗？”孟子答道：“如果不符合大道，就是一篮子饭也不从别人那儿接受；如果符合大道，舜甚至接受了尧的天下，也不觉得夸张——你以为夸张了吗？”

彭更说：“不是这个意思。但读书人不干事，吃白饭，是不可以的。”孟子说：“你如果不在各行各业互通有无，用多余的来弥补不够的，农民就会有多余的米，妇女就会有多余的布；如果能互通有无，那么木匠车工都能够从你那儿得到吃的。假如这里有个人，在家孝顺父母，出外尊敬兄长，严守着先王的礼法道义，来等待着后起的学者继承，却不能从你那儿得到吃的；那么，你为

而轻为仁义者哉？”

曰：“梓匠轮舆，其志[7]将以求食也；君子之为道也，其志亦将以求食与？”曰：“子何以其志为哉？其有功于子，可食而食之矣。且子食志乎？食功乎？”曰：“食志。”

曰：“有人于此，毁瓦画墁[8]，其志将以求食也，则子食之乎？”曰：“否。”曰：“然则子非食志也，食功也。”

什么尊敬木匠车工而轻视践行仁义之士呢？”

彭更说：“木匠车工，他们的想法不过是为了谋碗饭吃；君子践行仁义，他的想法也是为了谋碗饭吃吗？”孟子说：“你为什么非要追究想法呢？他们对你有用处，可以给他们吃的，就给他们吃好了。况且，你是凭想法给吃的呢，还是凭用处？”彭更说：“凭想法。”

孟子说：“比方这里有个泥瓦工，打碎屋瓦，在新刷的墙上乱画，他的想法也是为了弄到吃的，你给他吃的吗？”彭更说：“不。”孟子说：“那么，你并不是凭想法，而是凭用处给吃的了。”

注释

1 彭更：孟子弟子。

2 传食：犹言转食；传，音 zhuàn。

3 不以泰乎：不以为泰乎，不认为夸张了吗。以，以为。下文“如其道，则舜受尧之天下，不以为泰——子以为泰乎”可证。泰，过分，夸张。

4 羡：多余。

5 梓匠轮舆：《周礼·考工记》有梓人、匠人为木工，有轮人（制车轮）、舆人（制车厢），为制车之工。

6 守先王之道，以待后之学者：按，焦循《孟子正义》：“盖赵（岐）氏读‘待’为‘持’，谓扶持后之学者，使不废古先之教。惟守先道以扶持后学。”恐非。考察同时同地文献，“谓词性结构＋以待＋体词性结构”

十分常见,其中“以待”都是“用来等待……”的意思,例如本篇:“请轻之,以待来年……请损之,月攘一鸡,以待来年。”而勉强符合“谓词性结构 + 以持 + 体词性结构”条件的,先秦典籍中仅见一例:“楚不在诸侯矣!其仅自完也,以持其世而已。”(《左传·昭公十九年》)这一例的“以持”前的谓词性结构以“也”煞尾,其后的体词性结构后面还有“而已”,因而并不典型。可见,“守先王之道,以待后之学者”是上承“守先王之道”,来等待后来学者(继承)的意思。

7 志:想法。见《中国语文》2016年4期杨逢彬等《〈论语〉“夫子固有惑志于公伯寮”解》。

8 墁:音 màn,本义指粉刷墙壁的工具,此处指新粉刷的墙壁。

原文

6.5–1 万章[1]问曰:“宋,小国也;今将行王政,齐楚恶而伐之,则如之何?”

孟子曰:“汤居亳[2],与葛[3]为邻,葛伯放[4]而不祀。汤使人问之曰:‘何为不祀?’曰:‘无以供牺牲也。’汤使遗之牛羊。葛伯食之,又不以祀。汤又使人问之曰:‘何为不祀?’曰:‘无以供粢盛也。’汤使亳众往为之耕,老弱馈食。葛伯率其民,要其有酒食黍稻者夺之,不授者杀之。有童子以黍肉

译文

万章问道:“宋国是个小国,现在想要推行仁政,齐楚两国却厌恶这样,要出兵讨伐它,该怎么办呢?”

孟子说:“汤住在亳地,和葛国挨着;葛伯放纵无道,不祭祀祖先。汤派人去问他:‘为什么不祭祀?’答道:‘没有牛羊做祭品。’汤便派人送给他牛羊。葛伯把牛羊吃了,却不用来祭祀。汤又派人去问他:‘为什么不祭祀?’答道:‘没有谷物做祭品。’汤便派亳地的民众去为他们种地。老弱者给种地的人去送饭,葛伯却领着他的百姓拦住那些提着酒菜好饭的人来抢劫,谁要不给就杀掉。有个少

饷，杀而夺之。《书》曰：‘葛伯仇饷[5]。’此之谓也。”

年去送饭和肉，葛伯杀了他，夺了饭和肉。《书经》上说‘葛伯仇视送饭者’，就是说的这事。”

注释

1 万章：孟子的高足。

2 亳：音 bó，约在今河南商丘北，为汉时之薄县。

3 葛：古国名，嬴姓，在今河南宁陵北。

4 放：放纵，放肆。

5 葛伯仇饷：此四字为《尚书》逸篇之文。焦循说“仇饷”是“使饷者仇怨之”，恐非。

原文

6.5-2 “为其杀是童子而征之，四海之内皆曰：‘非富天下也，为匹夫匹妇复仇也。’‘汤始征，自葛载[1]’，十一征而无敌于天下。东面而征，西夷怨；南面而征，北狄怨，曰：‘奚为后我？’民之望之，若大旱之望雨也。归市者弗止，芸者不变，诛其君，吊其民，如时雨降。民大悦。《书》曰：‘徯我

译文

“因为杀了这小孩，汤便去征讨葛伯，天下的人都说：‘汤不是贪图富有天下，而是为老百姓报仇雪恨哪。’汤开始征战，即从伐葛开始，十一次征战，无往而不胜，天下没人能与之抗衡。朝东方出征，西夷怨恨；朝南方出征，北狄怨恨，都说：‘为什么把我们排后边？’老百姓盼望他，就和大旱之年盼望下雨一样。〔大军征战时，〕做买卖的照常营业，干农活的照样耘田，杀掉那个君主，抚慰那些百姓，正像及时雨落下呀，老百姓非常高兴。《书经》上说：‘等待我

后[2],后来其无罚!'‘有攸不惟臣[3],东征,绥厥士女[4],篚厥玄黄[5],绍我周王见休[6],惟臣附于大邑周。'其君子实玄黄于篚以迎其君子,其小人箪食壶浆以迎其小人;救民于水火之中,取其残而已矣。《太誓》[7]曰:‘我武惟扬,侵于之疆,则取于残,[8]杀伐用张[9],于汤有光。'不行王政云尔,苟行王政,四海之内皆举首而望之,欲以为君;齐楚虽大,何畏焉?"

王,王来了我们不会再遭罪!'又说:‘谁敢不服从,周王便东行讨伐,来安定这地方的男男女女;他们在筐中放上黄色黑色的束帛,请求介绍和周王相见,以得到荣光,做大周国的臣民。'当地官员们把黑色黄色的束帛装满筐子来迎接〔周的〕官员,老百姓提着饭篮和酒壶来迎接士兵,这次出征只是要把老百姓从水深火热中拯救出来,除掉那残暴的君主罢了。《泰誓》上说:‘我们的威武要发扬,攻到邘国的疆土上,杀掉那凶狠的豺狼,把该死的砍个精光,这功绩比汤还辉煌。'不实行王政便罢了,如果实行王政,天下的人都要抬起头来盼望,要拥护他来做君主;齐国楚国纵然是庞然大物,又怕什么呢?"

注释

1 载:开始。

2 徯我后:徯,音 xī,等待;后,王。

3 有攸不惟臣:有攸,有所;攸,所;惟,为。赵岐《注》:"攸,所也。"朱熹《孟子集注》:"有所不惟臣,谓助纣为恶,而不为周臣者。"《孟子译注》说:"旧注把‘攸'字当‘所'字解,恐误。根据甲文和晚商金文都有攸国之名,故译文作攸国。"按,"有攸"经籍中多有,其后往往接谓词性结构,仅因甲金文中有"攸国",似不足以推翻故训。4 绥厥士女:绥,安抚,安定;厥,其。

5 篚厥玄黄:篚,音 fěi,一种竹编容器,此处是用篚盛物的意思;玄黄,束帛之色，这里指布帛。

6 休：美。

7《太誓》：即《泰誓》，《尚书》篇名，今已亡佚。

8 侵于之疆，则取于残：攻进邗国的疆土，抓住邗国残民以逞之人。此陈梦家先生之说，详见《孟子新注新译》(第二版)。残，残贼之人。

9 杀伐用张：用，因而；张，展开。

原文

6.6 孟子谓戴不胜[1]曰："子欲子之王之善[2]与？我明告子。有楚大夫于此，欲其子之齐语也，则使齐人傅诸[3]，使楚人傅诸？"曰："使齐人傅之。"曰："一齐人傅之，众楚人咻[4]之，虽日挞而求其齐也，不可得矣；引而置之庄岳[5]之间数年，虽日挞而求其楚，亦不可得矣。子谓薛居州，善士也，使之居于王所。在于王所者，长幼卑尊皆薛居州也，王谁与为不善[6]？在王所者，长幼卑尊皆非薛居州也，王谁与为善？一薛居州，独[7]如宋王何？"

译文

孟子对戴不胜说："你想你的君王学好吗？我明白告诉您。这里有位楚国的大臣，希望他儿子会说齐国话，那么，找齐国人来教呢，还是找楚国人来教？"答道："找齐国人来教。"孟子说："一个齐国人教他，却有许多楚国人在边上大喊大叫，就算你每天用鞭子抽他，逼他说齐国话，也做不到；但假如把他带到临淄城里的庄街、岳里住上几年，就算你每天用鞭子抽他，逼他再说楚国话，那也做不到了。你说薛居州是个好人，要他住在王宫里〔影响王，使王学好〕。假如住在王宫里的人，不论大的小的、贱的贵的，都是薛居州那样的好人，那王跟谁去干坏事呢？假如住在王宫里的人，不论大的小的、贱的贵的，都是和薛居州相反的人，那王又跟谁去干好事呢？一个薛居州，又能对宋王产生多大影响呢？"

注释

1 戴不胜:宋臣。

2 之善:走向善道;之,走向,到……去。

3 诸:“之乎”的合音。

4 咻:音 xiū,吼。

5 庄岳:庄,街名;岳,里名。

6 王谁与为不善:即“王与谁为不善”,王和谁一道干不善之事。

7 独:岂,难道。

原文

6.7 公孙丑问曰:“不见诸侯何义?”

孟子曰:“古者不为臣不见。段干木[1]逾垣而辟之,泄柳闭门而不纳,是皆已甚;迫,斯可以见矣。阳货欲见孔子[2]而恶无礼,大夫有赐于士[3],不得受于其家,则往拜其门。阳货瞰[4]孔子之亡也,而馈孔子蒸豚;孔子亦瞰其亡也,而往拜之。当是时,阳货先,岂得不

译文

公孙丑问道:“不去谒见诸侯,是什么道理?”

孟子说:“古代,一个人如果不是诸侯的臣属,就不去谒见。〔从前魏文侯去看段干木,〕段干木却跳过墙去躲开他,〔鲁缪公去看泄柳,〕泄柳却紧闭大门不加接纳,这些都做得太过分;迫不得已,也就可以相见了。阳货想要孔子来看望他,又不愿自己失礼,〔径自召唤,便利用了〕大夫对士有所赏赐,当时士如果不在家,不能亲自接受并拜谢,便要亲自去大夫家答谢〔这一礼节〕。阳货远远看到孔子外出的时候,给他送去一只蒸小猪;孔子也远远看到听到阳货不在家,才去答谢。在那时候,阳货若是〔不玩花样,〕先去看望孔子,孔子哪会不去看望他?曾子说:

见？曾子曰：'胁肩谄笑[5]，病于夏畦[6]。'子路曰：'未同而言，观其色赧赧然[7]，非由之所知也[8]。'由是观之，则君子之所养，可知已矣。"

'肩膀抬得高高，满脸谄媚地笑，比那大热天在菜地浇粪还让人吃不消。'子路说：'分明不想和这种人谈话，却勉强应付几句，脸上又显出惭愧的表情，我可弄不懂这些。'从这一点来看，君子如何养成自己，就可以晓得了。"

注释

1 段干木：姓段，名干木，魏文侯时贤者。

2 阳货欲见孔子：事见《论语·阳货》；见，阳货欲令孔子来见的意思。

3 大夫有赐于士：阳货为鲁正卿季氏之宰(总管)，为"大夫级"；其时孔子在野，故称"士"。

4 瞰：音 kàn，窥视。

5 胁肩谄笑：胁肩，即耸体，故作恭敬之状；谄笑，献媚地笑。

6 畦：音 qí，灌园，浇水。

7 赧赧然：因惭愧而脸红的样子；赧，音 nǎn。

8 非由之所知也：由，子路字仲由；这是一句表示很厌恶的婉转语。

原文

6.8 戴盈之[1]曰："什一，去关市之征，今兹[2]未能；请轻之，以待来年，然后已。何如？"

孟子曰："今有人日攘[3]其邻之鸡者，或告之曰：'是非君子之道[4]。'曰：

译文

戴盈之说："田租定为十分之一，撤除关卡和市场的赋税，目前还不能完全做到；想先减轻一些，等到明年，再完全实行。怎么样？"

孟子说："如今有个人每天偷邻居一只鸡，有人告诉他说：这不是正人君子所该做的。'他便说：'请让我减少一点，

'请损之,月攘一鸡,以待来年,然后已。'——如知其非义,斯速已矣,何待来年?"

先每个月偷一只,等到明年,再洗手不干。'——如果明白这样做不合道义,就赶快住手得了,为什么要等到明年呢?"

注释

1 戴盈之:宋大夫。

2 今兹:现在,目前。

3 攘:音 rǎng,盗窃。

4 是非君子之道:这不是君子之道;是,此。

原文

6.9-1 公都子[1]曰:"外人皆称夫子好辩,敢问何也?"孟子曰:"予岂好辩哉?予不得已也。天下之生久矣,一治一乱。当尧之时,水逆行,泛滥于中国,蛇龙居之,民无所定;下者为巢,上者为营窟[2]。《书》曰:'洚水警余[3]。'洚水者,洪水也。使禹治之。禹掘地而注之海,驱蛇龙而放之菹[4];水由地中行,江、淮、河、汉是也。险阻既远,鸟

译文

公都子说:"别人都说您喜欢辩论,请问,这是为什么?"孟子说:"我难道喜欢辩论吗?我是迫不得已呀。自从有人类以来,已经很久了,总是太平一阵子,又混乱一阵子。当唐尧的时候,大水倒流,到处泛滥,大地成为蛇和龙的乐土,人们却无处安身。低处的人们在树上搭巢,高处的人们便挖相连的洞窟。《尚书》说:'洚水警告我们。'洚水就是洪水。命令禹来治理,禹疏通河道,把水引向大海,把蛇和龙都赶回草泽中。水在河床中流动,长江、淮河、黄河、汉水便是这样。危险

兽之害人者消，然后人得平土而居之。

“尧舜既没，圣人之道衰，暴君代作[5]，坏宫室以为污池，民无所安息；弃田以为园囿，使民不得衣食。邪说暴行又作[6]，园囿、污池、沛泽多而禽兽至。及纣之身，天下又大乱。周公相武王，诛纣伐奄，三年讨其君[7]，驱飞廉[8]于海隅而戮之，灭国者五十，驱虎、豹、犀、象而远之，天下大悦。《书》曰：‘丕显哉，文王谟！丕承者，武王烈！佑启我后人，咸以正无缺。[9]’”

既已远去，害人的野兽也无影无踪，人们才能够在平地上居住。

“尧舜死了以后，圣人之道衰微，残暴的君主不断出现。他们毁掉民居来挖掘池塘，使百姓无处安身；毁坏良田来营造园林，使百姓不得衣食。荒谬的学说、残暴的行为随之兴起，园林、深池、大沼泽多了，禽兽也随之而至。到商纣的时候，天下又大乱了起来。周公辅佐武王，诛杀了纣王；又经过三年征战讨伐奄国，诛杀了奄君；并把飞廉驱赶到海边，把他也杀了。被灭掉的国家有五十多个，同时，把老虎、豹子、犀牛、大象驱赶得远远的，天下的百姓都非常高兴。《尚书》说过：‘伟大而光明，是文王的谋略！接续这光明，是武王的功烈！启发诱导我们后来人，让大家没有缺点都正确。’”

注释

1 公都子：孟子弟子。

2 营窟：相连为窟穴。

3 洚水警余：此为《尚书》逸篇中文；洚，音 jiàng。

4 菹：音 jū，泽中所生草。

5 代作：更代而作。

6 邪说暴行又作：和下一节的“邪说暴行有作”一样；又，通“有”，动词词头；作，兴起。

7 周公相武王诛纣伐奄三年讨其君：这段话一般断为："周公相武王，诛纣伐奄，三年讨其君。"但崔述《论语余说》云："'周公相武王诛纣'一句，'伐奄三年讨其君'一句；'伐奄'乃成王事，不得上承'相武王'言之。"《孟子译注》从之。按，此说不可据。当"相"为"辅助""帮助""作为国君的辅弼大臣"等意义时，其后可带宾语，如："今由与求也，相夫子，远人不服，而不能来也。"（《论语·季氏》）但如断作"周公相武王诛纣"，当时语言未见其例；按当时语言的习惯表述，应为"周公相武王以诛纣"，如："高子相大子以会诸侯。"（《左传·襄公十年》）

8 飞廉：纣之臣。

9 "丕显哉"至"正无缺"：当为《尚书》逸篇中文；丕，大；谟(mó)，谋略，计谋；承，继承。

原文

6.9–2 "世衰道微，邪说暴行有作[1]，臣弑其君者有之，子弑其父者有之。孔子惧，作《春秋》。《春秋》，天子之事也；是故孔子曰：'知我者其惟《春秋》乎！罪我者其惟《春秋》乎！'

"圣王不作，诸侯放恣，处士[2]横议，杨朱、墨翟[3]之言盈天下。天下之言不归杨，则归墨。

译文

"世道逐渐衰微，真理不绝如缕，荒谬的学说、残暴的行为兴起来了：有臣子杀了君主的，有儿子杀了父亲的。孔子害怕王道湮灭，于是创作《春秋》一书。创作《春秋》这样的史书，〔褒扬善的，指斥恶的，〕本是天子的职责〔，孔子不得已而做了〕。所以孔子说：'了解我的，恐怕只是通过《春秋》吧！怪罪我的，恐怕也只是通过《春秋》吧！'

"〔自那以后，〕圣王再也没出现，诸侯肆无忌惮，一般士人也胡乱议论，杨朱、墨翟的言论遍及天下。于是所有的主张杨氏为我，是无君也；墨氏兼爱，是无父也。无父无君，是禽兽也。公明仪曰：'庖有肥肉，厩有肥马；民有饥色，野有饿莩，此率兽而食人也。'杨、墨之道不息，孔子之道不著[4]，是邪说诬民，充塞仁义也。仁义充塞，则率兽食人，人将相食。吾为此惧，闲[5]先圣之道，距杨、墨，放淫辞，邪说者不得作。作于其心，害于其事；作于其事，害于其政。圣人复起，不易吾言矣。"

不属杨朱一派，就是墨翟一流。杨朱派主张一切为自己，这便是目无君上；墨翟派主张爱要一视同仁，这便是目无父母。无视父母和君上，这便成了禽兽。公明仪说过：'厨房里有很厚的肉，马厩里有壮硕的马；老百姓却面色蜡黄，野外躺着饿死者的尸体，这就是带领着禽兽来吃人。'杨朱、墨翟的言论不消除，孔子的学说就没法发扬光大。这便是荒谬的学说欺骗了百姓，从而阻塞了仁义的大道。仁义之道被阻塞，那岂止是带领着禽兽吃人，人们也将互相吞噬了。我害怕这恐怖景象会成为现实，便出来捍卫古代圣人的真理，反对杨、墨的谬说，驳斥错误的言论，使谬论邪说不能抬头。荒谬的念头，从心底萌发，便会危害工作；危害了工作，也就危害了国政。即使圣人再度兴起，也会同意我这话的。"

注释

1 邪说暴行有作：邪说暴行有所兴起。朱熹说："'有作'之'有'，读为'又'，古字通用。"朱说不确。"有"为动词"作"的词头，这一"作"是"兴起"的意思，不带宾语。凡是"又作"，都带宾语，其中"作"是"制作、制造、创作、打造"义。例如："又作《武》。"(《左传·宣公十二年》)"二年，又作师旅。"(《逸周书·作雒解》)6.9-1"邪说暴行又作"同于本节的"邪说暴行有作"，其中的"又"通"有"。

2 处士：不当官而居于家中的士。

3 杨朱、墨翟：杨朱事又略见《庄子》及《淮南子》诸书；墨翟，鲁人，或云宋人，其学说见于《墨子》一书。

4 著：显露，显出，显现。

5 闲：门销，引申为捍卫义。

原文

6.9–3 “昔者禹抑洪水而天下平，周公兼夷狄，驱猛兽而百姓宁，孔子成《春秋》而乱臣贼子惧。《诗》云：‘戎狄是膺，荆舒是惩，则莫我敢承[1]。’无父无君，是周公所膺也。我亦欲正人心，息邪说，距诐行[2]，放淫辞，以承三圣者；岂好辩哉？予不得已也。能言距杨墨者，圣人之徒也。”

译文

“从前大禹控制了洪水，天下才得到太平；周公兼并了夷狄，赶跑了猛兽，百姓才得到安宁；孔子写成了《春秋》，叛臣和逆子便有所畏惧。《诗》说：‘抗击戎狄，惩罚荆舒，就所向无敌。’无视父母君上的人，正是周公所要惩罚的。我也要端正人心，熄灭邪说，反对偏颇的行为，排斥荒唐的言论，以继承大禹、周公、孔子三位圣人的事业。我难道喜欢辩论吗？我是迫不得已呀。能够以言论来反对杨、墨的，也就是圣人的门徒了。”

注释

1 承：抵御。

2 诐行：邪僻之行；诐，音 bì。

原文

6.10–1 匡章[1]曰：“陈仲子[2]岂不诚廉士哉？居於陵[3]，三日

译文

匡章说：“陈仲子难道不真是个廉洁之士吗？住在於陵，

不食，耳无闻，目无见也。井上有李，螬食实者过半矣；[4] 匍匐往，将 [5] 食之，三咽，然后耳有闻，目有见。”

孟子曰：“于齐国之士，吾必以仲子为巨擘 [6] 焉。虽然，仲子恶能廉？充仲子之操，则蚓而后可者也。夫蚓，上食槁壤 [7]，下饮黄泉 [8]。仲子所居之室，伯夷之所筑与？抑亦盗跖 [9] 之所筑与？所食之粟，伯夷之所树与？抑亦盗跖之所树与？是未可知也。”

三天没吃东西，耳朵听不见了，眼睛看不见了。井边上有棵李树，已被金龟子吃掉了它一半多果实；他爬过去，摘下来吃，咽了几口，耳朵才听见，眼睛才看见。”

孟子说：“在齐国人士中，我一定要把仲子当作杰出者。但是，他怎么能真做到廉洁？要推广他的这种‘操守’，那只有把人变成蚯蚓才行。那蚯蚓，吃着地面上的干土，喝着地底下的黄泉水〔，算是廉洁到极点了〕。但仲子所住的房屋，是伯夷所盖的呢，还是盗跖所盖的？他所吃的谷米，是伯夷所种的呢，还是盗跖所种的？这个却是不知道的。”

注释

1 匡章：齐人，孟子的朋友；为齐将，率兵御秦，大败之；又曾统兵取燕。

2 陈仲子：也就是“於陵仲子”。

3 於陵：当在今山东邹平东南，距临淄约二百里；於，音 wū。

4 井上有李，螬食实者过半矣：井上，井边；李，指李树，不是指李子；螬，蛴螬，金龟子。按，“李”原有两解：李树、李子。《孟子译注》倾向于后一解释，但以解为李树较妥。a. 先秦典籍中出现的“桃”“李”“梅”等等，特别是当下文出现“实”（果实）时，都是指桃树、李树、梅树等。如：“摽有梅，其实七兮。”（《诗经 · 召南 · 摽有梅》）b. 若此“李”指李实，则此句当为“井上有李，螬食之过半矣”。“有”的宾语，在下句

再度出现时，一般以代词“之”指代。如：“一心以为有鸿鹄将至，思援弓缴而射之。”（《孟子·告子上》）

5 将：拿着。

6 巨擘：大拇指，比喻优秀、杰出者。

7 槁壤：干土；槁，音 gǎo，草木干枯。

8 黄泉：地下的泉水。

9 盗跖：柳下惠的兄弟，也是春秋时有名的大盗；跖，音 zhí。

原文

6.10–2 曰：“是何伤哉？彼身织屦，妻引辟纑[1]，以易之也。”曰：“仲子，齐之世家也；兄戴，盖[2]禄万钟；以兄之禄为不义之禄而不食也，以兄之室为不义之室而不居也，辟[3]兄离母，处于於陵。他日归，则有馈其兄生鹅者，己频颇[4]曰：‘恶用是鶃鶃[5]者为哉？’他日，其母杀是鹅也，与之食之[6]。其兄自外至，曰：‘是鶃鶃之肉也。’出而哇[7]之。以母则不食，以妻则食之；以兄之室则弗居，以於陵

译文

匡章说：“那有什么关系呢？他亲自编鞋子，他妻子绩麻练麻，用这些换来的。”孟子说：“仲子是齐国的世家大族，他哥哥陈戴，从盖邑收入的俸禄便有几万石之多。他却认为哥哥的俸禄是不义之物，不去吃它；认为哥哥的住宅是不义之产，不去住它。避开哥哥，远离母亲，住在於陵那地方。有一天回家，恰巧有一个人来送给他哥哥一只活鹅，他皱着眉头说：‘要这种呃呃叫的东西干什么？’另一天，他母亲杀了这只鹅，煮熟和他一道吃了。恰好他哥哥从外面回家，便说：‘这就是那呃呃叫的东西的肉哇。’他便跑出门去，呕了出来。母亲做的东西不吃，却吃妻子做的；哥哥的房子不住，却住在於陵，这能算是推广廉洁之义到达极点了吗？像仲子的这种‘操守’，

则居之，是尚为能充其类也乎？若仲子者，蚓而后充其操者也。”

若要加以推广，只有把人变成蚯蚓才行。”

注释

1 辟纑：辟，绩麻；纑，音 lú，练麻。

2 盖：音 gě，地名，为陈戴采邑。

3 辟：同“避”。

4 频顣：做出很不高兴的样子；频，同“颦”，皱眉；顣，同“蹙”，缩鼻。

5 鶃鶃：鹅叫声；鶃，音 yì。

6 与之食之：与他一道吃鹅。不是“给他吃它”的意思。要表示后一意思，通常作“食(sì)之”；如果是“给他吃的”，则为“与之食”。《左传·昭公二十三年》：“杀而与之食之。”沈玉成译文：“杀了这条狗和官吏一起吃了。”可证。

7 哇：呕吐。

孟子

离娄章句

离娄章句上凡二十八章

导读

《离娄上》共二十八章。第一章，一是仍然强调规矩规范，也就是“遵先王之法”，“行先王之道”；二是应当“事君以义”，以“守义”责难君主才是“恭”和“敬”，而认为君主没能力实行仁义，那是戕害君主。第二章一是讲君主和臣子都当尽责，君主要法尧舜，臣子要像舜事尧那样事君；二是讲君主不能残民以逞，否则“人相食，要上书的”，“虽孝子慈孙，百世不能改也”。第三章讲天子、诸侯的土地是否保得住，完全取决于是否实行仁义。第四章讲任何事情没有达到预期的效果都应当反躬自问。第五章讲要齐家治国首先要修身。接下来的几章或讲治国“不得罪于巨室”；或讲“顺天者存，逆天者亡”的道理；或讲和不仁的人商议，乃自取其辱；或讲得民心者得天下，不实行仁政而失去民心，非死即逃；或讲仁和义是人的安身立命之所，而抛弃仁义，无异自暴自弃。十一章讲真理并不遥远，只要爱父母，尊长辈，天下就太平了；这与《论语·述而》“我欲仁，斯仁至矣”意义相近。十二章讲若要做好每件事情，应当先抱持一个“诚”的态度。十三章讲行仁政必须善待年长的贤人。十四章讲兼并战争导致人民大量死亡，所以“善战者”必须“服上刑”。十五章讲观察眼睛能看出一个人的善恶。十六章讲人的善良不是通过甜言蜜语和笑脸能够伪装的。十七章讲通权达变的道理——尽管男女授受不亲，但嫂溺也须援之以手。十八章讲“易子而教”的道理，因为父亲教子会伤感情，这是应当极力避免的。十九章讲侍奉父母不能仅仅“养口体”，还要“养志”——让他们心情愉悦。二十章讲国家要想治理好，君主必须率先垂范。接下来的几章，或讲赞扬和诋毁都不可避免；或讲一个人若不必负责，便会讲话随便；或讲好为人师是个毛病；或讲远方的学生到了老师所在之地，就应赶快来拜见；或讲吃吃喝喝不合古人之道；或讲不孝有三无后为大。二十七章讲仁义智礼乐的实质，是从侍奉父母顺从兄长开始的。二十八章讲大舜如何顺从父亲，使他高兴，以此使得全天下的儿子都能孝顺；尽管这父亲十分残忍。归根到底，这部分讲的都是君臣父子各色人等的行为规范。

原文

7.1–1 孟子曰:“离娄[1]之明,公输子[2]之巧,不以规矩,不能成方圆;师旷[3]之聪,不以六律[4],不能正五音[5];尧舜之道,不以仁政,不能平治天下。今有仁心仁闻[6]而民不被其泽,不可法于后世者,不行先王之道也。故曰:徒善不足以为政,徒法不能以自行。《诗》云:‘不愆不忘,率由旧章。[7]’遵先王之法而过者,未之有也。”

译文

孟子说:“即使有离娄的视力,公输般的手艺,如果不用圆规和曲尺,也不能画好方和圆;即使有师旷的听力,如果不用六律,也不能校正五音;即使有尧舜之道,如果不行仁政,也不能治理好天下。现在有些诸侯,虽然心地仁慈声名远播,但是老百姓却感受不到他的恩惠,他的治国理政也不能成为后世的楷模,这都是由于不贯彻实行前代圣王之道的缘故。所以说,光有善心,不足以治国理政;光有法度,它自己也不会贯彻实行。〔必须两者都有。〕《诗经》上说:‘不出错,不遗忘,都按既定方针办。’依循前代圣王的法度而犯错误的,是从来没有过的。”

注释

1 离娄:《庄子》作“离朱”,相传为黄帝时人,目力极强,能于百步之外望见秋毫之末。

2 公输子:名般,一作班,鲁国人,因之又叫“鲁班”,著名巧匠。

3 师旷:晋平公的首席音乐家,盲人。

4 不以六律:以,用;六律,分别为太簇(còu)、姑洗、蕤(ruí)宾、夷则、无射(yì)、黄钟。相传黄帝时伶伦截竹为筒,以筒之长短分别声音之清浊高下,乐器之音即依此以为准则。

5 五音:中国音阶之名,即宫、商、角、徵(zhǐ)、羽,分别相当于do、re、mi、sol、la。

6 闻:声誉。

7 不愆不忘,率由旧章:见《诗经·大雅·假乐》;愆,音qiān,错误;率,遵循。

原文

7.1-2 “圣人既竭目力焉,继之以规矩准绳,以为方员平直[1],不可胜用也;既竭耳力焉,继之以六律正五音,不可胜用也;既竭心思焉,继之以不忍人之政,而仁覆天下矣。故曰,为高必因丘陵,为下必因川泽;为政不因先王之道,可谓智乎?是以惟仁者宜

译文

“圣人既已用尽了视力,又用圆规、曲尺、水平仪、绳墨来制造方的、圆的、平的、直的各种器物,各种器物就用之不尽了;圣人既已用尽了听力,又用六律来校正五音,各种音阶也就运用无穷了;圣人既已用尽了脑力,又实行仁政,那么,仁德便广被天下了。所以说,就像筑高台一定要依靠山陵,挖深池一定要依赖沼泽那样,治国理政不依靠前代圣王之道,能说是聪明吗?因此,只有仁人应该处于统治地位。不仁的人处于统治地位,

在高位。不仁而在高位，是播其恶于众也。上无道揆[2]也，下无法守也，朝不信道，工不信度[3]，君子犯义，小人犯刑，国之所存者幸也。

“故曰，城郭不完[4]，兵甲不多，非国之灾也；田野不辟[5]，货财不聚，非国之害也。上无礼，下无学，贼民兴，丧无日矣。《诗》曰：‘天之方蹶，无然泄泄。[6]’泄泄犹沓沓也。事君无义，进退无礼，言则非[7]先王之道者，犹沓沓也。故曰，责难于君谓之恭，陈善闭邪谓之敬，吾君不能谓之贼。”

就会把他的罪恶扩散给群众。在上的没有道德规范，在下的没有法律制度，朝廷不相信道义，工匠不相信尺度，官吏触犯义理，百姓触犯刑法，这样的国家还能勉强存在的，真是太侥幸了。

“所以说，城墙不坚固，军备不充足，不是国家的灾难；田野没开辟，经济不富裕，不是国家的祸害；但如果在上的人没有礼义，在下的人没有教育，违法乱纪的百姓都起来了，离国家灭亡的日子也就没几天了。《诗经》上说：‘上天正在乱动，闭嘴切莫起哄！’瞎起哄就是胡说八道喋喋不休的意思。侍奉君上无忠义之心，举止进退失礼仪之节，一说话便诋毁前代圣人之道，这样便是‘胡说八道喋喋不休’。所以说，用尧舜之道来要求君主才叫作‘恭’；向君主宣讲仁义，堵塞异端，这才叫‘敬’；如果认为自己的君主不能向善而有所作为，这便是‘贼’。”

注释

1 以为方员平直：即“以之为方圆平直”，用它们（指上文的规、矩、准、绳）来做方的、圆的、平的、直的各种器物；介词“以”的宾语常不出现；为，做。

2 揆：音 kuí，度，度量，测量。

3 度：尺度。

4 完：坚固。

5 辟：开辟。

6 天之方蹶，无然泄泄：见《诗经·大雅·板》；蹶，音 jué，动；泄泄(yìyì)，《说文解字》作"呭呭"，都是"多言"的意思。

7 非：否定。

原文

7.2 孟子曰："规矩，方员之至[1]也；圣人，人伦之至也。欲为君，尽君道；欲为臣，尽臣道。二者皆法尧舜而已矣。不以舜之所以事尧事君，不敬其君者也；不以尧之所以治民治民，贼其民者也。孔子曰：'道二，仁与不仁而已矣。'暴其民甚，则身弑国亡；不甚，则身危国削，[2]名之曰'幽''厉'[3]，虽孝子慈孙，百世不能改也。《诗》云：'殷鉴不远，在夏后之世。[4]'此之谓也。"

译文

孟子说："圆规和曲尺是方和圆的极致，圣人是为人的极致。要做君主，就要尽君主之道；要做臣子，就要尽臣子之道。这两者都只要效法尧和舜就行了。不像舜服事尧那样服事君上，便是对君主的不恭敬；不像尧治理百姓那样治理百姓，便是对老百姓的残害。孔子说：'治理国家无非二者，行仁政或不行仁政罢了。'暴虐百姓太过分，那君主便会被臣下所杀，国家也将随之灭亡；不太过分，君主也岌岌可危，国力也将随之削弱，死了也将谥为'幽''厉'，即使他有孝子贤孙，经历一百代也背着个坏名声而不能更改。《诗经》说过：'殷商的镜子并不遥远，就是那前一代的夏朝。'说的正是这个意思。"

注释

1 至：极。

2 暴其民甚，则身弑国亡；不甚，则身危国削：《孟子译注》翻译这段为："暴虐百姓太厉害，本身就会被杀，国家会被灭亡；不太厉害，本身也会危险，国力会被削弱，死了的谥号叫做'幽'，叫做'厉'。"在注释中又说："焦循《正义》从赵佑《温故录》之说作如此句读：'暴其民，甚，则身弑国亡；不甚，则身危国削。'译文便当如此：'暴虐百姓，重则本身被杀，国家被灭亡；轻则本身危险，国家削弱。''甚'和'不甚'不是指'暴'的程度，而是指后果的轻重，此说亦通。"按，后一说不可通。因为，如果为前说，"甚""不甚"作补语，其语义指向为前文"暴其民"；如此，则类似例子极多，如："王之好乐甚，则齐国其庶几乎！"（《孟子·梁惠王下》）若如赵佑所读，则"甚""不甚"的语义指向为其后文"身弑国亡""身危国削""名之曰'幽''厉'"，我们未见其例。

3 幽厉：周朝有幽王和厉王，是昏君、暴君的代表。

4 殷鉴不远，在夏后之世：见《诗经·大雅·荡》；古代镜子是用铜铸的，叫作"鉴"。

原文

7.3 孟子曰："三代之得天下也以仁，其失天下也以不仁。国之所以废兴存亡者亦然。天子不仁，不保四海；诸侯不仁，不保社稷；卿大夫不仁，不保宗庙[1]；士庶人不仁，不保四体。今恶死亡而乐不仁，

译文

孟子说："夏、商、周三代获得天下是由于仁，他们失去天下是由于不仁。国家的兴起和衰败，生存和灭亡也是如此。天子如果不仁，便不能保有天下；诸侯如果不仁，便不能保有国家；卿大夫如果不仁，便不能保有他的祖庙；士和百姓如果不仁，便不能保全他们的身体。现在有的人怕死却乐于不仁，

是犹恶醉而强[2]酒。”

就好比怕醉却拼命喝酒一样。”

注释

1 宗庙：卿大夫有采(cài)邑然后有宗庙，所以这宗庙实指采邑而言。

2 强：音 qiǎng，勉强。

原文

7.4 孟子曰：“爱人不亲，反其仁；治人不治，反其智；礼人不答，反其敬——行有不得者皆反求诸已，其身正而天下归之。《诗》云：‘永言配命，自求多福。’”

7.5 孟子曰：“人有恒言，皆曰，‘天下国家’。天下之本在国，国之本在家，家之本在身。”

7.6 孟子曰：“为政不难，不得罪于巨室[1]。巨室之所慕，一国慕之；一国之所慕，天下慕之；故沛然德教溢乎四海。”

译文

孟子说：“我爱别人，别人却不亲近我，便反问自己仁爱是否足够；我治理别人，却没治理好，便反问自己知识智慧是否足够；我礼貌待人，可人家却不怎么搭理，便反问自己恭敬是否到了家。任何事情没有达到预期的效果都要反躬自问。自己确实端正了，天下的人都会归附于他。《诗经》说得好：‘永远配合天命，自己去求取更多福祉。’”

孟子说：“大家有句口头禅，都说‘天下国家’。可见天下的根本是国，国的根本是家，而家的根本则是每个人。”

孟子说：“治国理政并不难，只是不要得罪贤明的卿大夫。因为他们所念念不忘的，国人都会念念不忘；国人所念念不忘的，天下人都会念念不忘，这样德教才会汹涌澎湃席卷天下。”

注释

1 巨室:贤卿大夫之家。

原文

7.7–1 孟子曰:"天下有道,小德役大德[1],小贤役大贤;天下无道,小役大,弱役强。斯二者,天也。顺天者存,逆天者亡。齐景公曰:'既不能令,又不受命,是绝物也[2]。'涕出而女[3]于吴。

译文

孟子说:"政治清明的时候,道德不高的人被道德高的人管理,不太贤能的人被非常贤能的人管理;政治黑暗的时候,便是小的被大的管理,弱的被强的管理。这两种情况,都取决于天。顺天者存,逆天者亡。齐景公说过:'既不能发号施令,又不能安然受命,这样你怕会嫁不出去的。'因此流着眼泪把女儿嫁到吴国去了。

注释

1 小德役大德:即"小德役于大德"之意;下三句同。

2 是绝物也:此乃绝事也。是,此。物,事。《左传·襄公十三年》:"解狐得举,祁午得位,伯华得官,建一官而三物成,能举善也夫!"沈玉成译"建一官而三物成"为"建立一个官位而成就三件事"。这里的绝事,指嫁女这事儿。

3 女:去声,嫁的意思。

原文

7.7–2 "今也小国师大国而耻受命焉,是犹

译文

"如今小国以大国为师,却以听命于人为耻,这就好比学生以听命于老师

弟子而耻受命于先师也。如耻之，莫若师文王。师文王，大国五年，小国七年，必为政于天下矣。《诗》云[1]：'商之孙子，其丽不亿[2]。上帝既命，侯[3]于周服。侯服于周，天命靡[4]常。殷士肤[5]敏，祼将于京[6]。'孔子曰：'仁不可为众也[7]。夫国君好仁，天下无敌。'今也欲无敌于天下而不以仁，是犹执热而不以濯[8]也。《诗》云：'谁能执热，逝不以濯？[9]'"

为耻一样。如果真以为耻，最好师法文王。师法文王，大国只要五年，小国只要七年，就一定可以号令天下了。《诗经》说过：'商代的子孙，其数已不到十万。他们只好臣服于周哇，只因为上帝已经授命武王。只好臣服于周哇，因为天意总是无常。酹酒于地助祭于周京啊，殷国的士子个个聪明漂亮。'孔子也说过：'面临仁德，人多势众无能为力。君主如果爱好仁，就将无敌于天下。'如今有些诸侯一心只想无敌于天下，却又不行仁政，这就好比苦于暑热却不肯洗澡一样。《诗经》上说：'人谁不怕热烘烘，却又不肯水下冲？'"

注释

1《诗》云：诗句见《诗经·大雅·文王》。

2 其丽不亿：丽，数；亿，十万。按，《孟子译注》翻译这句话为"数目何止十万"，恐非。"不＋数词（或数量结构）"格式一般都指不到这一数字。例如："天子之地方千里；不千里，不足以待诸侯。诸侯之地方百里；不百里，不足以守宗庙之典籍。"（《孟子·告子下》）大家耳熟能详的"战不三合，挥刀将～～斩于马下"，也属于这种表达。

3 侯：语气副词，无实义。

4 靡：音 mǐ，无。

5 肤：美也。

6 祼将于京：祼，音 guàn，亦作"灌"，古代祭祀中的一种仪节，把酒倒在地上以迎接鬼神；将，助；京，周都城镐京，遗址在今陕西西安。

7 仁不可为众也：面临仁德，人多势众无能为力；面临仁德，人多势众不值一提。书证很多，例如："众怒如水火焉，不可为谋。"（《左传·昭公十三年》）意思是谋略面临众怒简直不算什么，因为它如同水火，将焚烧、淹没一切触犯它的东西。"夫天，不可为林谷幽门无人——明必见之。"（《墨子·天志上》）面临上苍，"林谷幽门无人"的隐藏简直不算什么，因为上苍的明辨一定能够洞若观火。

8 不以濯：即"不以之濯"，不拿手去洗；濯，音 zhuó，洗，这里指在凉水里浸泡或在凉水下冲。

9 谁能执热，逝不以濯：见《诗经·大雅·桑柔》；逝，句首语气词，无实义。

原文

7.8 孟子曰："不仁者可与言哉？安其危而利其灾[1]，乐其所以亡者。不仁而可与言，则何亡国败家之有？有孺子歌曰：'沧浪[2]之水清兮，可以濯我缨[3]；沧浪之水浊兮，可以濯我足。'孔子曰：'小子听之！清斯濯缨，浊斯濯足矣。自取之也。'夫人必自侮，然后人侮之；家必自毁，而后人毁之；国必自伐，而后人伐

译文

孟子说："不仁的人难道可以同他商议吗？危险来临时，他浑然不觉；灾害降临了，他以为有利可图；即将到来的亡国败家的惨祸，他沉湎享受于其中。假如不仁的人还可以同他商议，那世上又如何会有亡国败家的惨祸呢？从前有个小孩歌唱道："沧浪的水清啊，可以洗我的帽缨；沧浪的水浊呀，可以洗我的双足。'孔子说：'同学们听好了！水清就洗帽缨，水浊就洗双足，其实取决于每个人自己。'所以人必先有自取其辱的行为，别人才侮辱他；家必先有自取毁坏的因素，别人才毁坏它；国必先有自取讨伐的原因，别人才讨伐它。《尚书·太甲》说：'天造作的罪孽，

之。《太甲》曰：'天作孽，犹可违；自作孽，不可活。[4]' 此之谓也。"

还可以逃掉；自己造作的罪孽，却无处可逃。' 正是这个意思。"

注释

1 安其危而利其灾：对他人之危安之若素，以他人之灾为己之利；安、利在此均为意动用法。

2 沧浪：即汉水；浪，音 láng。

3 缨：系帽的丝带。

4 "《太甲》曰" 至 "不可活"：请参 3.4-2 注 5、注 6、注 7。

原文

7.9-1 孟子曰："桀纣之失天下也，失其民也；失其民者，失其心也。得天下有道：得其民，斯得天下矣。得其民有道：得其心，斯得民矣。得其心有道：所欲与之聚之[1]，所恶勿施尔也[2]。"

译文

孟子说："桀和纣丧失天下，是由于失去了老百姓；失去了老百姓，是由于失去了民心。获得天下有方法：得到了老百姓，就得到天下了。获得老百姓有方法：赢得了民心，就得到老百姓了。赢得民心也有方法：他们所希望的，替他们聚积起来，他们所厌恶的，不要加在他们头上，如此罢了。"

注释

1 所欲与之聚之：民之所欲，为之积聚之。按，第一个"之"，指"民"；第二个"之"，指民之"所欲"。与，为(wèi)。有人理解"与"为动词，"给"的意思；则此句意为"给予他们并为他们聚积(他们想要的)"。此说不妥。因为像这种"V之V之"结构，如《梁惠王上》的"经始灵台，经之营之"，两"之"字一般都指代同一事物；且《孟子》除引文外未见此种结构的句子。但理解为"Prep～V～"结构(Prep,介词)则不同:两"之"字经常不指代同一事物。例如:"今有受人之牛羊而为之牧之者。"(《孟子·公孙丑下》)"为之牧之"指为他放牧牛羊。且《孟子》中多见这一格式。

2 尔也:二合语气词,如此罢了。"尔也"不能如某些注家所标点的那样单独成句,但翻译为现代汉语时,可以单独成句。

原文

7.9–2 "民之归仁也,犹水之就下、兽之走圹[1]也。故为渊驱鱼者,獭[2]也;为丛驱爵者,鹯也;[3]为汤武驱民者,桀与纣也。今天下之君有好仁者,则诸侯皆为之驱矣。虽欲无王,不可得已。今之欲王者,犹七年之病求三年之艾[4]也。苟为不畜,终身不得。苟不志于仁,终身忧辱,以陷于死亡。《诗》云:'其何能淑,载胥及溺。[5]'此之谓也。"

译文

"老百姓的归向仁政,就如同水的汹涌而下、兽的奔向旷野一样。所以,为深潭把鱼群赶来的是水獭,为森林把鸟雀赶来的是鹞鹰,为商汤、周武把百姓赶来的,就是桀和纣了。当今天下的君主中如有好施仁政的,那其他诸侯都会为他把百姓赶来的。即使他不想用仁政一统天下,也是办不到的。不过如今这些希望用仁政一统天下的人,就比如害了七年的痼疾,要寻求三年的陈艾来医治;平时若不积蓄它,〔急来抱佛脚,便会导致一病不起,就等于〕终身都不会得到。〔同理,〕如果不立志于实行仁政,便将终身沉溺于忧患与屈辱,直到陷入或死去或逃亡的深渊。《诗经》上说:'那如何能办得好,全都落水淹死了。'正是说的这个。"

注释

1 圹:同“旷”,旷野。

2 獭:音 tǎ,水獭,一种动物。

3 为丛驱爵者,鹯也:爵,同“雀”;鹯,音 zhān,一种鹰鹞类猛禽。

4 三年之艾:艾,用以灸穴位者,愈陈则疗效愈佳。

5 其何能淑,载胥及溺:见《诗经·大雅·桑柔》;淑,善;胥,都;及,与。

原文

7.10 孟子曰:“自暴[1]者,不可与有言也;自弃者,不可与有为也。[2]言非[3]礼义,谓之自暴也;吾身不能居仁由义,谓之自弃也。仁,人之安宅也;义,人之正路也。旷安宅而弗居,舍正路而不由,哀哉!”

7.11 孟子曰:“道在迩[4]而求诸远,事在易而求诸难。人人亲其亲,长其长,而天下平。”

译文

孟子说:“自己摧残自己的人,不能和他讲什么大道理;自己抛弃自己的人,不能和他做什么大事情。开口便非议礼义,这便叫作自己摧残自己;认为自己不能以仁居心,不能践行道义,这便叫作自己抛弃自己。‘仁’是人类最安稳的宅子,‘义’是人类最正确的道路。空着最安稳的宅子不去住,放弃最正确的道路不去走,可悲呀!”

孟子说:“〔怕就怕〕真理在近处却往远处求,事情本容易却往难处做。只要人人都亲爱自己的父母,尊敬自己的长辈,天下就太平了。”

注释

1 暴:害。

2 不可与有言、不可与有为:即“不可与之有言”“不可与之有为”,介词

"与"的宾语未出现。有言、有为,均应看作固定词组;有言,"有善言"之意;"有为"亦作"有行","有所作为"之意。

3 非:诋毁。

4 迩:音 ěr,近。

原文

7.12 孟子曰:"居下位而不获于上[1],民不可得而治也。获于上有道,不信于友,弗获于上矣。信于友有道,事亲弗悦,弗信于友矣。悦亲有道,反身不诚,不悦于亲矣。诚身有道,不明乎善,不诚其身矣。是故诚者,天之道也;思诚者,人之道也。至诚而不动者,未之有也;不诚,未有能动者也。"

7.13 孟子曰:"伯夷辟纣,居北海之滨[2],闻文王作兴,曰:[3]'盍归乎来[4]!吾闻西伯[5]善养老者。'太公辟纣,居东海之滨,[6]闻文王作兴,

译文

孟子说:"职位低下,又得不到上级的信任,百姓是不可能治理好的。要得到上级的信任,是有方法的:得不到朋友的信任,也就不能让上级信任了。要使朋友信任,也是有方法的:侍奉父母不能让他们高兴,也就不能让朋友信任了。让父母高兴,也是有方法的:若自我反省孝心不诚,也就不能让父母高兴了。要让孝心出之于诚,也是有方法的:不明白什么是善,也就不能让孝心出之于诚了。所以'诚'是天定的道理,追求'诚'是做人的道理。出于至诚而不能打动人心,是从来没有过的事;而不诚心,是不能打动人心的。"

孟子说:"伯夷避开纣王,住在北海边上,听说文王兴起来了,便说:'何不到西伯那里去呢!我听说他是善于赡养老者的人。'姜太公避开纣王,住在东海边上,听说文王兴起来了,便说:'何不到西

曰:'盍归乎来!吾闻西伯善养老者。'二老者,天下之大老也,而归之,是天下之父归之也。天下之父归之,其子焉往?诸侯有行文王之政者,七年之内,必为政于天下矣。"

伯那里去呢!我听说他是善于赡养老者的人。'这两位老人,是声名卓著于天下的老人;他们归向西伯,这等于天下的父亲都归向西伯了。天下的父亲归向西伯,他们的儿子去哪里呢?如果诸侯中有践行文王的政治的,顶多七年,就一定能治理天下了。"

注释

1 获于上:获得上级信任。

2 北海之滨:在今河北昌黎西北。

3 闻文王作兴,曰:作兴,兴起。此句不能断为"闻文王作,兴曰"。因为,a.那时语言中没有"兴曰"这样的形式。b.《孟子》成书时代同义复词兴起,如:"兵革非不坚利也,米粟非不多也"(《公孙丑下》)之"兵革""米粟"。c.正如"巫医"又作"医巫","搏执"又作"执搏",因而是同义短语一样,"作兴"在稍晚文献中又作"兴作":"神灵者,善否治乱所兴作也。"(《大戴礼记·曾子天圆》)"命降于山川之谓兴作。"(《礼记·礼运》)"金木者,百姓之所兴作也。"(《尚书大传·洪范》)

4 来:句末语气词,无实义。

5 西伯:即周文王。

6 太公辟纣,居东海之滨:太公,姓姜名尚;东海之滨,在今山东莒县东。

原文

7.14 孟子曰:"求也为季氏宰,无能改于其德,而赋粟倍他日。孔

译文

孟子说:"冉求当了季康子的总管,不能改变他的作风,田赋反而两倍于从前。孔子说:'冉求不再是我的学生,同学

子曰:'求非我徒也,小子鸣鼓而攻之可也。'[1]由此观之,君不行仁政而富之,皆弃于孔子者也,况于为之强战?争地以战,杀人盈野;争城以战,杀人盈城,此所谓率土地而食人肉,罪不容于死。故善战者服上刑[2],连诸侯[3]者次之,辟草莱、任土地[4]者次之。"

们可以大张旗鼓地攻击他。'从这事看来,君主不实行仁政,却去帮助他搜刮财富的人,都是孔子所唾弃的,何况为那不仁之君努力作战的人呢?〔这些人〕为争夺土地而战,杀得尸横遍野;为争夺城池而战,满城血海尸山,这就叫作席卷着大地让它吃人肉,死了也赎不了他们的罪。所以能征善战者应该受最重的刑罚,鼓吹合纵连横者该受次一等的刑罚,〔为了替君主搜刮财富而让百姓背井离乡去〕开垦草莽以尽地利的人该受再次一等的刑罚。"

注释

1 "求也为季氏宰"至"可也":其史实可参《论语·先进》《左传·哀公十一年》;求,冉求,字子有,孔子弟子。

2 上刑:重刑。

3 连诸侯:联结诸侯,如苏秦、张仪之流。

4 辟草莱、任土地:辟,开垦;任土地,谓分土授民。不过孟子所反对者,是统治者为谋私利,驱使百姓背井离乡,奔波路途。

原文

7.15 孟子曰:"存乎人者,莫良于眸子[1]。眸子不能掩其恶。胸中正,则眸子瞭[2]焉;胸中不正,则眸子眊[3]焉。听其言也,观其

译文

孟子说:"一个人身上存于内而表现于外的,没有哪一处强过他的眼睛。眼睛不能掩盖一个人丑恶的灵魂。心正,眼睛就明亮;心不正,眼睛就昏暗。听一个人说话的时候,观察他的眼睛,

眸子，人焉廋[4]哉？”

这人的善恶能躲到哪里去呢？”

注释

1 眸子：瞳仁。
2 瞭：明。
3 眊：音 mào，目不明之貌。
4 廋：音 sōu，隐匿，躲藏。

原文

7.16 孟子曰：“恭者不侮人，俭者不夺人。侮夺人之君，惟恐不顺焉，恶得为恭俭？恭俭岂可以声音笑貌为哉？”

7.17 淳于髡[1]曰：“男女授受不亲，礼与？”孟子曰：“礼也。”

曰：“嫂溺，则援之以手乎？”曰：“嫂溺不援，是豺狼也。[2]男女授受不亲，礼也；嫂溺援之以手者，权[3]也。”

曰：“今天下溺矣，夫子之不援，何也？”曰：“天下溺，援之以道；嫂溺，援

译文

孟子说：“恭敬别人的人不会侮辱别人，节俭的人不会掠夺别人。侮辱人掠夺人的诸侯，生怕别人不顺从自己，又如何能做到恭敬节俭？恭敬和节俭难道可以靠甜言蜜语和满脸堆笑装出来吗？”

淳于髡问：“男女之间，不亲手交接东西，这是礼法吗？”孟子答道：“是礼法。”

淳于髡说：“那嫂子掉在水里，用手去拉她吗？”孟子说：“嫂子掉在水里，不去拉她，这简直是豺狗和恶狼。男女之间不亲手交接，这是平常的礼法；嫂子掉在水里，用手去拉她，这是通权达变。”

淳于髡说：“现在全天下的人都掉水里了，您不去救援，这是为什么？”孟子说：“天下的人都掉在水里，要用‘道’去

之以手——子欲手援天下乎？”

救援；嫂子掉在水里，要用手去救援——你难道要我用手去救援天下人吗？”

注释

1 淳于髡：姓淳于，名髡(kūn)，齐国人，曾仕于齐威王、齐宣王和梁惠王之朝。

2 嫂溺不援，是豺狼也：即“嫂溺不援，此豺狼也”，嫂子掉在水里，不施以援手，这是豺狗和恶狼行径；是，略同于“此”。先秦汉语不用联系动词(系词)“是”，译文中的“是”是翻译时补出来的。“豺狼”在现代汉语中无疑是一个词，它在《孟子》时代的语言中却是一个词组(短语)。如：“子也，熊虎之状，而豺狼之声，弗杀，必灭若敖氏矣。”(《左传·宣公四年》)“熊虎”是一个词组，“豺狼”也是一个词组。“狐狸”也是个词组。即使中古时期，“狐”“狸”也还依然分指二物。崔致远《古意》：“狐能化美女，狸亦作书生。谁知异物类，幻惑同人形。”杜甫《无家别》：“久行见空巷，日瘦气惨凄。但对狐与狸，竖毛怒我啼。”李贺《相和歌辞·神弦曲》：“桂叶刷风桂坠子，青狸哭血寒狐死。”

3 权：变通之意。

原文

7.18 公孙丑曰：“君子之不教子，何也？”孟子曰：“势不行也。教者必以正；以正不行，继之以怒。继之以怒，则反夷[1]矣。‘夫子教我以正，夫子未出于正也。’则

译文

公孙丑问：“君子不亲自督促训导自己的孩子，为什么呢？”孟子答道：“由于情势行不通。督促训导一定要讲正理，用正理讲不通，跟着就要发怒。一发怒，就反而造成了伤害。〔孩子会说：〕‘您用正理督促训导我，可是您的行为却不出于正理。’这样，父子间就互相伤害了。

是父子相夷也。父子相夷，则恶矣。古者易子而教之，父子之间不责善。责善则离，离则不祥莫大[2]焉。”

父子间互伤感情，这是大坏事。古时候交换小孩来督促训导，使父子之间不因追求善而互相责备。追求善而互相责备，就会产生隔阂；父子之间生出隔阂，没有比这更不祥的了。”

注释

1 夷：伤。

2 祥：善。

原文

7.19 孟子曰：“事，孰为大？事亲为大；守，孰为大？守身为大。不失其身而能事其亲者，吾闻之矣；失其身而能事其亲者，吾未之闻也。孰不为事？事亲，事之本也；孰不为守？守身，守之本也。曾子养曾皙[1]，必有酒肉；将彻[2]，必请所与；问有余，必曰：‘有。’曾皙死，曾元[3]养曾子，必有酒肉；将彻，不请所与；问有余，曰：‘亡矣。’——将

译文

孟子说：“侍奉谁最重要？侍奉父母最重要。守护什么最重要？守护自己〔的良心〕最重要。不失去自己的良心又能侍奉父母的，我听说过；失去了良心又能侍奉父母的，我没有听说过。侍奉谁不是侍奉？但侍奉父母是根本；守护谁不是守护？但守护自己的良心是根本。从前曾子奉养他的父亲曾皙，每餐一定都有酒有肉；撤席时一定要问剩下的给谁；曾皙若问是否还有剩余，一定答道：‘还有。’曾皙死了，曾元养曾子，也一定有酒有肉；撤席时便不问剩下的给谁了；曾子若问是否还有剩余，便说：‘没有了。’准备下餐再给曾子吃。

以复进也。此所谓养口体者也。若曾子,则可谓养志也。事亲若曾子者,可也。”

这个叫作口体之养。至于曾子,才可以叫作顺从亲意之养。侍奉父母能做到像曾子那样,就可以了。”

注释

1 曾皙:名点,孔子学生;曾子(曾参)之父。

2 彻:通“撤”。

3 曾元:曾子之子。

原文

7.20 孟子曰:“人不足与适[1]也,政不足间[2]也。唯大人为能格[3]君心之非。君仁,莫不仁;君义,莫不义;君正,莫不正。一正君而国定矣。”

7.21 孟子曰:“有不虞[4]之誉,有求全之毁。”

7.22 孟子曰:“人之易[5]其言也,无责耳矣[6]。”

译文

孟子说:“当政的小人不值得和他对着干,他们的政治也不值得去涉足其间。只有大德之人才能够纠正君主的不正确思想。君主仁,没有人不仁;君主义,没有人不义;君主正,没有人不正。一把君主端正了,国家也就安定了。”

孟子说:“有意料不到的赞扬,也有过于苛求的诋毁。”

孟子说:“一个人说话太随便,是因为他不必为此负责罢了。”

注释

1 適:通“敌(敵)”,敌对。

2 间:音 jiàn,涉足。

3 格:纠正,匡正。

4 虞:料想。

5 易：轻易。

6 无责耳矣：没有责任罢了。按，俞樾读"无责"为"毋责"，意谓此人无足责怪，恐非。因为"耳矣"用于陈述客观事实，而"毋责"是表达意志的句子，不能与"耳矣"匹配；事实上也从未见含"毋"表达意志的句子以"耳矣"煞句者。如将此句理解为"没有责任罢了"，正是陈述事实，则毫无窒碍。

原文

7.23 孟子曰："人之患在好为人师。"

7.24 乐正子从于子敖[1]之齐。乐正子见孟子。孟子曰："子亦来见我乎？"曰："先生何为出此言也？"曰："子来几日矣？"曰："昔者[2]。"曰："昔者，则我出此言也，不亦宜乎？"曰："舍馆[3]未定。"曰："子闻之也，舍馆定，然后求见长者乎？"曰："克有罪[4]。"

译文

孟子说："一个人的毛病在于喜欢充当别人的老师。"

乐正子跟随王子敖到了齐国。乐正子去见孟子。孟子说："你也来看我吗？"乐正子答道："老师为什么讲出这样的话哇？"孟子问："你来几天了？"答道："昨天才来。"孟子说："昨天来的，那我说这样的话，不也是应该的吗？"乐正子说："住所还没找好。"孟子说："你听说过，要住所找好了才来求见长辈吗？"乐正子说："我错了。"

注释

1 子敖：盖(gě)大夫王驩的字。

2 昔者：昨天。

3 舍馆：客舍，住所。

4 克有罪：克，乐正子之名。有罪，有错误。《王力古汉语字典》："罪，作恶，犯法或违反道德规范。”“违反道德规范”也可说成“有罪”。《左传·宣公十一年》：“抑人亦有言曰：‘牵牛以蹊人之田，而夺之牛。’牵牛以蹊者，信有罪矣；而夺之牛，罚已重矣。”沈玉成译为：“不过人们也有话说：‘牵牛践踏别人的田地，就把他的牛夺过来。’牵牛践踏的人，诚然是有错的了；但夺走他的牛，惩罚就太重了。”《国语·越语上》：“女子十七不嫁，其父母有罪；丈夫二十不娶，其父母有罪。”“十七不嫁”“二十不娶”，父母有过错，但还不至于达到现代汉语意义上的“有罪”。《晏子春秋·内篇问上》：“谀过者有赉，救失者有罪。”——吹捧粉饰错误的有奖赏，补救过失的反倒错了。

原文

7.25 孟子谓乐正子曰：“子之从于子敖来，徒餔啜[1]也。我不意子学古之道而以餔啜也。”

7.26 孟子曰：“不孝有三[2]，无后为大。舜不告而娶，为无后也。君子以为犹告也。”

译文

孟子对乐正子说：“你跟着王子敖来，只是吃吃喝喝罢了。我没想到你学习古人的大道，只是为了吃喝。”

孟子说：“不孝顺父母的事有三种，其中以没有子孙为最大。舜不先禀告父母就娶妻，为的是怕没有子孙，〔因为先禀告，他那狠毒的爹瞽叟就会从中作梗。〕虽然他没有禀告，君子却认为他如同禀告了。”

注释

1 餔啜：餔，音 bū，吃；啜，音 chuò，喝。

2 不孝有三：赵岐《注》云：“阿意曲从，陷亲不义，一不孝也；家贫亲老，不为禄仕，二不孝也；不娶无子，绝先祖祀，三不孝也。”

原文

7.27 孟子曰："仁之实，事亲是也；义之实，从兄是也；智之实，知斯二者弗去是也；礼之实，节文[1]斯二者是也；乐之实，乐斯二者，乐则生矣；生则恶可已也？恶可已，则不知足之蹈之手之舞之。"

7.28 孟子曰："天下大悦而将归己，视天下悦而归己，犹草芥也，惟舜为然。不得乎亲，不可以为人；不顺乎亲，不可以为子。舜尽事亲之道而瞽瞍厎豫[2]，瞽瞍厎豫而天下化，瞽瞍厎豫而天下之为父子者定，此之谓大孝。"

译文

孟子说："仁的实质就是侍奉父母；义的实质就是顺从兄长；智的实质就是明白这二者的道理并坚持下去；礼的实质是对这二者加以调节与修饰；乐的实质就是以这二者为乐事，快乐于是就发生了；快乐一发生，又如何能止得住哇？一止不住，就会不知不觉手舞足蹈起来了。"

孟子说："天底下的人都很喜欢自己，而且将归附自己，却把这好事看成草芥一般，只有舜是这样的。不能得到父母的欢心，不可以做人；不能顺从父母的旨意，不能做儿子。舜尽心竭力侍奉父母，结果瞽瞍变得高兴了；瞽瞍高兴了，天下的风俗也就随之变好；瞽瞍高兴了，天下父子间的伦常也由此确定，这便叫作大孝。"

注释

1 文：文饰，修饰。

2 瞽瞍厎豫：瞽(gǔ)叟，亦作"瞽叟"，舜的父亲；厎(zhǐ)，致；豫，乐。

离娄章句下凡三十三章

导读

《离娄下》共三十三章。第一章，讲大舜和文王虽相隔千年，其法度却是一样的。第二章讲行仁政不必事事躬亲。第三章讲“君之视臣如手足，则臣视君如腹心；君之视臣如犬马，则臣视君如国人；君之视臣如土芥，则臣视君如寇仇”。据说这段话最为专制魔头所忌惮，朱元璋曾为之勃然大怒。第四、第五章意义和第三章相仿佛。接下来的若干章，或讲礼和义不能似是而非；或讲好人贤人必须负起教育其他人的责任，否则和其他人本质上也没有区别；或讲人必须有所为有所不为；或讲不要背后说人坏话；或讲孔子从不做太过分的事情；或讲有德之人，不必事事讲信用，却一切必须符合“义”；或讲有德之人，必须保持一颗赤子之心；或讲侍奉父母，尚不足以承担大任，只有妥善地给他们送终，才足以承担大任；或讲学习研究要靠自觉，如此才能左右逢源；或讲博学详说，是为了执简驭繁；或讲用善教育人，才能使人心服，才能王天下；或谴责阻碍任用贤人；或指出有源之水，终将流入大海，而无源之水会马上干涸，因此人不能如无源之水求取虚名，必须追求实至名归。十九章讲人和禽兽不同之处很少，君子应珍惜保护这一点点不同。二十章细数禹汤文武的美德。二十一章讲《诗》三百篇以微言褒贬善恶的做法，孔子在《春秋》里借用过了。二十二章讲君子的流风余韵，仅能流传几世。二十三章告诫除非不得已，不要一掷千金，轻生重谊。二十四章以正反两个例子说明授徒应慎重择人。二十五章说的道理和龟兔赛跑寓言类似。二十六章说明只要弄清楚万事万物的来龙去脉，任何高深的道理，都容易弄清楚；这让我们惊诧的研究自然科学社会科学的铁律，两千多年前的孟子如何知晓得如此透彻？二十七章讲述在丧礼上，孟子依礼节规范不和王驩说话，后者怪罪，孟子据实反驳。这可和4.6合参。二十八章所述，一是遭遇横逆时，君子应反躬自问，这点上一篇第四章也说了；二是君子要为进德修业不如圣人而忧虑，这点以后还会反复说。二十九章指出，大禹、后稷认为天下有人受苦受难，都是自己没做好；而颜回居于陋巷，安贫乐道。三人所处位置有差异，故行事不同；但互换位置，都会像对方那样做的——所处位置决定行为方式。三十章为友人匡章辩护——古今多少苦心孤诣为国为民的忠贞之士，被世人误解为元恶大憝，千百载背负骂名，岂独匡章哉！三十一章的主旨，和二十九章相仿佛，曾子、子思"易地则皆然"！三十二章和二十八章有相通处，二十八章说要向圣人看齐，这章说尧舜其实和常人没有两样。三十三章以一个有趣的故事结束《离娄下》及整个《离娄》篇，最后归结为，在君子看来，这世上，有些人用以乞求升官发财的办法，能不让他的妻和妾引为羞耻相拥而哭的，真是太少了！可现如今，他的妻妾可能还以她们的丈夫如此升官发财为荣而到处显摆呢！这部分讲的依然是君臣父子各色人等的行为规范；也就是说，《离娄》全篇所讲的，都可归结为这一点。

原文

8.1 孟子曰："舜生于诸冯，迁于负夏，卒于鸣条，[1]东夷之人也。文王生于岐周，卒于毕郢[2]，西夷之人也。地

译文

孟子说："舜出生在诸冯，迁居到负夏，死在鸣条，那么他是东方民族的人。文王生在岐周，死在毕郢，那么他是西方民族的人。两地相隔

之相去也，千有余里；世之相后也，千有余岁。得志行乎中国，若合符节[3]，先圣后圣，其揆[4]一也。”

一千多里，时代相差一千多年。他们得志时在中原华夏的所作所为，几乎一模一样，古代的圣人和后代的圣人，他们的原则是一样的。”

注释

1 诸冯、负夏、鸣条：这三处地名无考。

2 毕郢：郢在今陕西咸阳东；郢辖于毕。

3 符节：符和节都是古代表示印信之物，一般是剖为两半，各执其一，相合无差，以代印信。

4 揆：法则、法度。

原文

8.2 子产听郑国之政[1]，以其乘舆济人于溱洧[2]。孟子曰：“惠[3]而不知为政。岁十一月，徒杠成；十二月，舆梁成，[4]民未病涉也。君子平其政，行辟人[5]可也，焉得人人而济之？故为政者，每人而悦之，日亦不足矣。”

译文

子产主持郑国的行政，用他的专车帮助别人渡过溱水和洧水。孟子评论说：“是个好人，却并不懂治国理政。如果十一月修成走人的桥，十二月修成走车的桥，百姓就不会为渡河发愁了。君子只要修平政治，他外出时鸣锣开道都可以，哪能够一个个地帮人渡河呢？如果治国理政者一个个地去讨好人，时间也就会不够用了。”

注释

1 子产听郑国之政：子产，春秋时郑国贤相公孙侨的字；听，治理。

2 以其乘舆济人于溱洧：舆本义为车厢，此处指车；乘舆，所乘之车；溱

(zhēn),水名,发源于河南新密;洧(wěi),水名,发源于河南登封。

3 惠:恩惠。

4 徒杠成、舆梁成:杠,独木桥;徒杠,走人的独木桥;梁,桥;舆梁,行车的桥。赵岩在《从简牍文献看"桥""梁"的更替》一文中说:"在战国中期到秦朝时期的秦地文献中,'桥'完成了对'梁'的替代。"传世文献到汉代以后,基本上便用"桥"而不用"梁"了。

5 行辟人:辟,同"避";古代上层人物出外,前有执鞭者开道。

原文

8.3 孟子告齐宣王曰:"君之视臣如手足,则臣视君如腹心;君之视臣如犬马,则臣视君如国人;君之视臣如土芥,则臣视君如寇仇。"

王曰:"礼,为旧君有服,何如斯可为服矣?"曰:"谏行言听,膏泽[1]下于民;有故而去,则君使人导之出疆,又先[2]于其所往;去三年不反,然后收其田里。此之谓三有礼焉。如此,则为之服矣。今也为臣,谏则不行,言则不听;膏泽不下于民;有故而去,

译文

孟子告诉齐宣王说:"君主把臣子看作自己的手和脚,那臣子就会把君主看作自己的腹和心;君主把臣子看作狗和马,那臣子就会把君主看作常人;君主把臣子看作泥土草芥,那臣子就会把君主看作强盗仇敌。"

王说:"礼制规定,已经离职的臣子还得为过去的君主穿丧服;君主要怎样做,臣子才会为他服丧呢?"孟子说:"忠告接受,建议听从,恩惠落实到老百姓;臣子有缘故不得不离开,君主一定派人引导他离开国境,又先派人到他要去的地方布置一番;离开好几年还不回来,才收回他的土地和住房。这个叫作三有礼。这样做,臣子就会为他服丧了。现在做臣子的,忠告,君主不接受;建议,君主不听从。老百姓也得不到实惠。臣子有缘

则君搏执[3]之，又极之[4]于其所往；去之日，遂收其田里。此之谓寇仇。寇仇，何服之有？”

故不得不离开，那君主还把他给逮起来；还到他要去的地方把坏事做绝，叫他走投无路。离开那一天，马上收回他的土地和住房。这个叫强盗仇敌。对强盗仇敌般的旧君，干嘛要为他服丧呢？”

注释

1 膏泽：恩惠，恩泽。

2 先：令人先去布置之意。

3 搏执：也写作“缚执”“捕执”，拘捕，逮捕。搏，即“捕”，逮捕。执，逮捕，捉拿。不能理解为“搏斗而后捉拿”。

4 极之：得罪人到顶点，把坏事做绝。

原文

8.4 孟子曰：“无罪而杀士，则大夫可以去！无罪而戮民，则士可以徙！”

8.5 孟子曰：“君仁，莫不仁；君义，莫不义。”

8.6 孟子曰：“非礼之礼，非义之义，大人弗为。”

8.7 孟子曰：“中也养[1]不中[2]，才也养不才，故人乐有贤父兄也。如

译文

孟子说：“士人并没犯罪，却被杀掉，那么大夫就可以离去。百姓并没犯罪，却被杀掉，那么士人就可以搬走！”

孟子说：“君主如果仁，没有人不仁；君主如果义，没有人不义。”

孟子说：“不符合礼的‘礼’，不符合义的‘义’，有德行的人是不用的。”

孟子说：“品质好的人教养品质不好的人，有才能的人教养没才能的人，所以人人都喜欢有好父兄。如果品质好的人不去教养品质不好的人，有才能的人不去教养没才能的人，那么，所谓好和不

中也弃不中，才也弃不才，则贤不肖之相去，其间不能以寸。”

好，他们的间距也就近得不能用分寸来计量了。”

注释

1 养：教养。

2 不中：即不正，抽象意义为不正直而枉邪，邪僻。《逸周书·大匡解》：“私回不中。”黄怀信《逸周书校补注译》：“私交则奸邪不正。”这里指邪僻之人、人品不好的人。

原文

8.8 孟子曰：“人有不为也，而后可以有为。”

8.9 孟子曰：“言人之不善，当如后患何？”

8.10 孟子曰：“仲尼不为已甚者。”

8.11 孟子曰：“大人者，言不必信，行不必果，惟义所在[1]。”

8.12 孟子曰：“大人者，不失其赤子之心者也。”

8.13 孟子曰：“养生者不足以当大事，惟送死可以当大事。”

译文

孟子说：“人要有所不为，才能有所作为。”

孟子说：“说人家的坏话，有了后患，又怎么办呢？”

孟子说：“仲尼不做太过分的事。”

孟子说：“有德行的人，说话不一定要句句守信，行为不一定要事事遂行，只要义之所在〔，必定全力以赴〕。”

孟子说：“有德行的人，是能保持天真纯朴童心的人。”

孟子说：“光能〔妥善〕赡养父母，还不足以承担大任务，只有能〔妥善〕给他们送终才足以承担大任务。”

孟子说：“君子依循正确方法深入探究学问，就是希望他的探究学问是自

8.14 孟子曰："君子深造之以道，欲其自得之也。自得之，则居之安；居之安，则资[2]之深；资之深，则取之左右逢其原[3]，故君子欲其自得之也。"

觉的。自觉地探究它，就能把它变成自己内在的；把它变成自己内在的，就能资助它不断深入堂奥；资助它不断深入堂奥，就能左右逢源而取之不尽；所以君子希望他的探究学问是自觉的。"

注释

1 惟义所在：只要是大义所在的地方，则……。这句话后有省略，以下各例可以证明这一点："先王之命，唯罪所在，各致其辟。"（《左传·襄公二十五年》，沈玉成译为："先王的命令，只要是罪过所在，就要分别给与刑罚。"）"非父不生，非食不长，非教不知生之族也，故壹事之。唯其所在，则致死焉。"（《国语·晋语一》）"言无常信，行无常贞，唯利所在，无所不倾；若是则可谓小人矣。"（《荀子·不苟》）

2 资：资助，供给，帮助。周秦经典所见"资之"的"资"基本都是这个意义。例如："泉原以资之，土厚而乐其实。"（《国语·晋语四》）"张仪行，昭文君送而资之。"（《吕氏春秋·慎大览》）"是以明主以功论之内，而以利资之外，故其国治而敌乱。"（《韩非子·八经》）

3 原："源"的本字，字形像山崖边泉孔中有水涌出；而"源"是"原"的后起加形旁字，类似"暮"与"莫"、"燃"与"然"的关系。

原文

8.15 孟子曰："博学而详说之，将以反说约也。"

8.16 孟子曰："以善[1]服人者，未有能服人者也；

译文

孟子说："广博地学习，详细地解说，是为了〔融会贯通以后，〕能做到深入浅出执简御繁呢。"

孟子说："用善来收服人心，从没

以善养人，然后能服天下。天下不心服而王者，未之有也。”

有过完全令人心服的；用善来教养人，这才能使天下的人都归服。天下人不心服而能统一天下的，是从来没有的事。”

8.17 孟子曰：“言无实不祥；不祥之实，蔽贤者当之[2]。”

孟子说：“言之无物，固然不好；但所谓不好的言之有物，说的就是阻碍任用贤者的人。”

注释

1 善：指仁义礼智等。

2 蔽贤者当之：蔽贤者等于它（不祥之实）；当，承担，担当。

原文

8.18 徐子[1]曰：“仲尼亟[2]称于水，曰：‘水哉，水哉！’何取于水也？”孟子曰：“源泉混混[3]，不舍昼夜，盈科而后进[4]，放乎四海。有本者如是，是之取尔[5]。苟为无本，七八月之间雨集[6]，沟浍皆盈；其涸也，可立而待也。故声闻[7]过情，君子耻之。”

译文

徐子说：“孔子好几次称赞水，说：‘水呀，水呀！’他看中了水的哪一点呢？”孟子说：“泉水滚滚向前，昼夜不息，灌满坑坑坎坎，又继续奔流，一直奔向大海。凡有本源的事物都是这样，孔子就看中这一点罢了。如果没有本源，即使七八月间大雨滂沱，把大小沟渠都灌满了；但是它的干涸，也就一会儿的工夫。所以声誉超过实情的，君子以它为耻。”

注释

1 徐子：徐辟；参见《滕文公上》第五章。

2 亟:音 qì,屡次。
3 混混:水流浩大的样子。
4 科:坎。
5 是之取尔:"取是尔" 的倒装;尔,同 "耳"。
6 七八月之间雨集:周历七八月相当于夏历五六月,正是雨多的时候。
7 闻:音 wèn,名誉。

原文

8.19 孟子曰:"人之所以异于禽兽者几希[1],庶民去之,君子存之。舜明于庶物[2],察于人伦,由仁义行,非行仁义也。"

译文

孟子说:"人和禽兽不同的地方只有一点点,一般百姓丢弃它,正人君子保存它。舜懂得事物的道理,了解人类的常情,只是〔快快乐乐自然而然地〕走在仁义的路上,不是〔勉强地当作任务、责任〕贯彻实行仁义的。"

注释

1 几希:很少。
2 庶物:万物,众物;庶,众多。

原文

8.20 孟子曰:"禹恶旨酒而好善言。汤执中,立贤无方[1]。文王视民如伤,望道而未之见。武王不泄迩,不忘远。[2]周公思兼三王,

译文

孟子说:"禹厌恶美酒,却喜欢有价值的话。汤秉持中正之道,能不拘一格提拔德才兼备的人。文王总把百姓当作受伤者一样〔,加以怜爱〕,追求仁义之道,似乎总没看到〔它而永不止歇〕。武王不轻慢朝廷之中的近臣,也不遗忘散在四方的远臣。

以施四事；其有不合者，仰而思之，夜以继日；幸而得之，坐以待旦。”

周公想要兼学夏、商、周的君王，来实践禹、汤、文、武的事业；如果有不合当前情状的，便抬着头夜以继日思考；若总算想通了，便坐着等到天亮〔就马上付诸实施〕。”

注释

1 方：常。如《庄子·外篇·在宥》之“处乎无响，行乎无方”，《天运》之“动于无方，居于窈冥”。

2 不泄迩，不忘远：泄，通“媟”(xiè)，轻慢，亵渎；迩，近；这两句是说不轻慢朝臣和不遗忘远处的诸侯。

原文

8.21 孟子曰：“王者之迹熄而《诗》亡，《诗》亡然后《春秋》作。晋之《乘》，楚之《梼杌》，鲁之《春秋》，[1]一也：其事则齐桓、晋文，其文则史。孔子曰：‘其义则丘窃取之矣。’”

译文

孟子说：“圣王的事迹成为绝响，《诗》也就消亡了；《诗》消亡了，孔子创作的《春秋》便应运而生。〔各国都有叫作‘春秋’的史书，〕晋国的又叫《乘》，楚国的又叫《梼杌》，鲁国的只叫《春秋》，都是一个样：所载之事不过齐桓公、晋文公之类，而其文风不过一般史书的笔法。〔孔子的《春秋》有所不同，〕他说：‘《诗》三百篇所蕴含的褒贬善恶的大义，我私下在《春秋》里借用过了。’”

注释

1 晋之《乘》，楚之《梼杌》，鲁之《春秋》：《春秋》本为各国史书的通名，楚又别名《梼杌》(táowù)，晋又别名《乘》。此处“鲁之《春秋》”，乃鲁国当时史书名，而非孔子所修的《春秋》，只是他所依据的原始资料。

原文

8.22 孟子曰："君子之泽五世而斩，小人之泽[1]五世而斩。予未得为孔子徒也，予私淑诸人[2]也。"

8.23 孟子曰："可以取，可以无取，取伤廉；可以与，可以无与，与伤惠；可以死，可以无死，死伤勇。[3]"

译文

孟子说："君子〔留给后世子孙的〕的德泽，传了五代便断绝了，平民〔留给后世子孙的〕的德泽，传了五代也断绝了。我没有能够成为孔子的学生，我是私下从别人那里学来的。"

孟子说："可以拿也可以不拿时，拿了便是对廉洁的伤害；可以给也可以不给时，给了便是对恩惠的滥用；可以死也可以不死时，死了便是对勇德的亵渎。"

注释

1 泽：恩泽、德泽、泽惠、余荫。君子之泽，不仅指思想、操守、行为等方面对后世的影响，还包括经济方面的。例如："思天下之民匹夫匹妇有不被尧舜之泽者，若己推而内之沟中。"（《孟子·万章上》）

2 私淑诸人：淑，借为"叔"，取；诸，"之于"的合音字；人，别人，他人。

3 "可以与"至"死伤勇"：战国之世，士多以一掷千金、轻生重谊为尚，所以孟子以此语诫之。

原文

8.24-1 逢蒙学射于羿[1]，尽羿之道，思天下惟羿为愈己，于是杀羿。孟

译文

古时候，逢蒙跟羿学射箭，完全学到了羿的本领，便想，天下只有羿比自己强了，因此便把羿给杀了。孟子说："这

子曰："是亦羿有罪焉。"公明仪曰："宜若无罪焉。"

曰："薄乎云耳，恶得无罪？郑人使子濯孺子侵卫，卫使庾公之斯追之。子濯孺子曰：'今日我疾作，不可以执弓，吾死矣夫！'

事羿也有错误。"公明仪说："好像没什么错误吧。"

孟子说："错误不大罢了，怎么能说一点也没有呢？郑国从前派子濯孺子侵犯卫国，卫国便派庾公之斯来追击他。子濯孺子说：'今天我的病发作了，拿不了弓，我死定了！'

注释

1 逢蒙学射于羿：逢蒙，既是羿的徒弟，又是他的家将，后叛变，助寒浞杀羿；逄，音 péng，又音 páng；羿，神射手，夏代有穷国的君主。

原文

8.24-2 "问其仆曰：'追我者谁也？'其仆曰：'庾公之斯也。'曰：'吾生矣。'其仆曰：'庾公之斯，卫之善射者也；夫子曰吾生，何谓也？'曰：'庾公之斯学射于尹公之他，尹公之他学射于我。夫尹公之他，端人也，其取友必端矣。'庾公之斯至，曰：'夫子何为不执弓？'曰：'今日我疾作，不可以执弓。'曰：'小人学射于尹公

译文

"他又问驾车的人说：'追我的是谁呀？'驾车的人回答：'庾公之斯。'他便说：'我死不了啦。'驾车的人说：'庾公之斯是卫国有名的射手，您反说能活命了，这是什么道理呀？'答道：'庾公之斯跟尹公之他学射，尹公之他又跟我学射。那尹公之他可是个正派人，他选取的朋友学生也一定正派。'庾公之斯追上了，问道：'老师为何不拿弓？'子濯孺子说：'今天我的病发作了，拿不了弓。'庾公之斯便说：'我跟尹公之他学射，尹公之他又

之他，尹公之他学射于夫子。我不忍以夫子之道反害夫子。虽然，今日之事，君事也，我不敢废。’抽矢，扣轮，去其金，发乘矢而后反。”

跟老师您学射。我不忍心拿您的本领反过来伤害您。但是，今天的事情是国家的公事，我又不敢废弃。’便抽出箭，在车轮上敲了几下，去掉箭头，发射四箭然后就回去了。”

8.25 孟子曰：“西子蒙不洁，则人皆掩鼻而过之；虽有恶[1]人，齐[2]戒沐浴，则可以祀上帝。”

孟子说：“如果西施沾上了污秽，那别人走过的时候，也会捂着鼻子；但即便是面目丑陋的人，如果他斋戒沐浴，也就可以祭祀上帝。”

注释

1 恶：丑。

2 齐：同“斋”。

原文

8.26 孟子曰：“天下之言性也，则故而已矣。故者以利[1]为本。所恶于智者，为其凿也。如[2]智者若禹之行水也，则无恶于智矣。禹之行水也，行其所无事也。如智者亦行其所无事，则智亦大矣。天之高也，

译文

孟子说：“天下的人所说的万物本性，不过是弄清楚它们恒常的规律就行了。万物恒常的本性，顺应它，这才是根本。我们之所以讨厌小聪明，是因为小聪明的人喜欢钻牛角尖。如果聪明像禹疏导河道一样让水在恒常的河道中流动，就不必讨厌它了。禹治理水患，就是让水的运行自然而然〔地依着它的本性流向下游，奔腾入海〕。如果聪明人也都能自然而然因势利导〔地顺着大自然的法则而行〕，那就具有大智慧了。

星辰之远也，苟求其故[3]，千岁之日至[4]，可坐而致也。”

天极高，星辰极远，如果能弄清楚它们往常的轨迹，以后一千年的冬至，都可以坐着推算出来。”

注释

1 利：有利，优点。

2 如：这一“如”的上下文只有松散的联系，可不译。

3 求其故：弄清楚它们往常的轨迹。故，故事、成例，这里指往常（的轨迹）。《孟子译注》译为“推求其所以然“，是理解“故”为“缘故”，本书理解为“故事、成例”，二者的区别，在于在“及物动词＋其故”格式中，该及物动词若为感知动词，则“故”为缘故义，如“天之所恶，孰知其故”（《老子·七十三章》）；该及物动词若为非感知动词，则“故”为故事、成例义，如“是以圣人苟可以强国，不法其故。”（《商君书·更法》）本章“求其故”的“求”为非感知动词，所以“故”为成例义。上文“则故而已矣”的“故”也是这个意思。

4 日至：夏至与冬至，此处指冬至。

原文

8.27 公行子[1]有子之丧，右师[2]往吊。入门，有进而与右师言者，有就右师之位而与右师言者。孟子不与右师言，右师不悦曰：“诸君子皆与驩言，孟子独不与驩言，是简驩也。”

孟子闻之，曰：“礼，朝廷

译文

公行子死了儿子，右师去吊唁。他一进门，就有人上前和他说话；〔他坐下后，〕又有人走近他的座位和他说话。孟子没有和他说话，他不高兴，说：“各位大夫都和我说话，只有孟子不和我说话，这是怠慢我王驩哪。”

孟子听说了，便说：“依礼节，

不历[3]位而相与言，不逾阶而相揖也。我欲行礼，子敖以我为简，不亦异乎？”

在朝廷中，谈话不能越位，作揖也不能越过石阶。我依礼而行，子敖却以为我怠慢了他，这不很奇怪吗？”

注释

1 公行子：齐国大夫。

2 右师：官名；其人即“盖大夫王驩”（《公孙丑下》第六章），字子敖。

3 历：跨越，越过。

原文

8.28 孟子曰：“君子所以异于人者，以其存心也。君子以仁存心，以礼存心。仁者爱人，有礼者敬人。爱人者，人恒爱之；敬人者，人恒敬之。有人于此，其待我以横逆[1]，则君子必自反也：我必不仁也，必无礼也，此物奚宜至哉？其自反而仁矣，自反而有礼矣，其横逆由是也，君子必自反也：我必不忠。自反而忠矣，其横逆由是也，君子曰：‘此

译文

孟子说：“君子和一般人不同的地方，就在于居心不同。君子心里老惦记着仁，老惦记着礼。仁人爱他人，有礼的人尊敬他人。爱他人的人，别人总是爱他；尊敬他人的人，别人总是尊敬他。假如这里有个人，他对待我蛮横无礼，那君子一定反躬自问：我一定不够仁，一定不够有礼，不然，这种态度怎么会来呢？反躬自问后仍然觉得，我实在仁，实在有礼，那人的蛮横无礼还是原样，君子一定又反躬自问：我对待别人一定不够尽心竭力。反躬自问后仍然觉得，我实在尽心竭力，那人的蛮横无礼还是原样，君子就会说：‘这不过是个妄人罢了，这样不讲理，那和禽兽有什么区别呢？对于禽兽

亦妄人也已矣。如此,则与禽兽奚择[2]哉?于禽兽又何难[3]焉?'

"是故君子有终身之忧,无一朝之患也。[4]乃若[5]所忧则有之:舜,人也;我,亦人也。舜为法于天下,可传于后世,我由未免为乡人也,是则可忧也。忧之如何?如舜而已矣。若夫君子所患则亡矣。非仁无为也,非礼无行也。如有一朝之患,则君子不患矣。"

又有什么好责备的呢?'

"所以君子有一生的忧虑,却没有短暂的畏惧。但是,下面这样的忧虑是有的:舜是人,我也是人。舜为天下人所效法,能流芳百世,我却仍然不免是个世俗之人。这个才是值得忧虑的事。有了忧虑怎么办呢?尽力向舜学习罢了。至于君子的别的忧患,可是没有的。不是仁义的事不干,不合礼节的事不做。即使有突发的忧患,君子也不用担心了。"

注释

1 横逆:蛮横,强暴,不讲理;横,音 hèng。

2 择:区别,不同。

3 难:音 nàn,责难。

4 忧、患:忧,意为忧虑、忧伤;而患,意为对(危及自身的)祸患或损害的害怕、担忧。当这两个词作谓语并带宾语时,前者所忧患的,往往是大事,往往较为宽泛而长远;后者所忧患的,较之前者,事件会较小一些,具体一些,迫近一些。例如:"君子忧道不忧贫。"(《论语·卫灵公》)"季康子患盗。"(《颜渊》)

5 乃若:连词,至于,至于说到。

原文

8.29 禹、稷当平世,三过

译文

禹、稷处在政治清明的年代,

其门而不入，孔子贤之。颜子当乱世，居于陋巷[1]，一箪食，一瓢饮，人不堪其忧，颜子不改其乐，孔子贤之。孟子曰："禹、稷、颜回同道。禹思天下有溺者，由己溺之也；稷思天下有饥者，由己饥之也，是以如是其急也。禹、稷、颜子易地则皆然。今有同室之人斗者，救之，虽被发缨冠[2]而救之，可也；乡邻有斗者，被发缨冠而往救之，则惑也；虽闭户可也[3]。"

几次经过家门都不进去，孔子认为他们贤明。颜子处在政治昏暗的年代，住在偏远的巷子里，一篮子饭，一瓜瓢水，别人都忍受不了那苦日子，他却不改变自己一贯的快乐，孔子认为他贤良。孟子说："禹、稷和颜回的处世之道其实是一样的。禹觉得天下有人遭了水淹，就如同自己淹了他似的；稷觉得天下有人饿着肚子，就如同自己饿了他似的，所以他们拯救百姓才如此急迫。禹、稷和颜子如果互换位置，也都会那样做的。假若有同住一室的人互相斗殴，我去救他，即使披散着头发，连帽带也不系好去救，都是可以的；如果本乡的邻居在斗殴，也披着头发帽带不系好去救，那就是糊涂了，即使把门关着都是可以的。"

注释

1 陋巷：偏远的巷子；陋，偏僻，偏远。

2 被发缨冠：被，披；缨，冠上系带，这里指系带没系上而垂着；被发缨冠，比喻急迫。

3 闭户可也：隐指颜回。

原文

8.30 公都子曰："匡章，

译文

公都子说："匡章，全国人都说

通国皆称不孝焉，夫子与之游，又从而礼貌之，敢问何也？”

孟子曰：“世俗所谓不孝者五：惰其四支[1]，不顾父母之养，一不孝也；博弈好饮酒，不顾父母之养，二不孝也；好货财，私妻子，不顾父母之养，三不孝也；从[2]耳目之欲，以为父母戮[3]，四不孝也；好勇斗很[4]，以危父母，五不孝也。章子有一于是乎？夫章子，子父责善而不相遇[5]也。责善，朋友之道也；父子责善，贼恩之大者。夫章子，岂不欲有夫妻子母之属哉？为得罪于父，不得近，出妻屏[6]子，终身不养焉。其设心以为不若是，是则罪之大者，是则章子而已矣。”

他不孝，您却同他来往，不但如此，还相当敬重他，请问这是为什么？”

孟子说：“一般人所公认的不孝之事有五件：四肢不勤，对父母的生活不管不顾，是第一个不孝；好下棋喝酒，对父母的生活不管不顾，是第二个不孝；好钱财，偏爱妻室儿女，对父母的生活不管不顾，是第三个不孝；放纵耳目的欲望，使父母蒙受羞辱，是第四个不孝；逞勇敢好打架，以此危及父母，是第五个不孝。章子在这五项之中占了哪一项呢？那章子，不过是儿子和父亲之间要求做到善而把关系弄僵了而已。以善相要求，这是朋友相处之道；父子之间以善相要求，是最伤感情的事。那章子，难道不想有夫妻母子的团聚吗？就因为得罪了父亲，不能和他亲近，因此把自己的妻室赶了出去；把儿子也赶得远远的，终身不要他们赡养。他觉得不这样做，那罪过可更大了，这就是章子的为人呢。”

注释

1 四支：通“四枝”“四肢”，双手双脚。

2 从：同“纵”，放纵。

3 戮：羞辱。
4 很：今作"狠"；"很"是本字。
5 子父责善而不相遇：章子之母得罪其父，其父杀之，而埋于马栈之下；大约章子曾谴责其父而其父不听，遂使父子失和。
6 屏：音 bǐng，使退去。

原文

8.31 曾子居武城[1]，有越寇[2]。或曰："寇至，盍去诸？"曰："无寓人于我室，毁伤其薪木。"寇退，则曰："修我墙屋，我将反。"

寇退，曾子反。左右曰："待先生如此其忠且敬也，寇至，则先去以为民望[3]；寇退，则反，殆[4]于不可。"沈犹行[5]曰："是非汝所知也。昔沈犹有负刍[6]之祸，从先生者七十人，未有与焉。"子思[7]居于卫，有齐寇。或曰："寇至，盍去诸？"子思曰："如伋去，君谁与守？"

孟子曰："曾子、子思

译文

曾子住在武城时，越国军队来侵犯。有人便说："敌寇要来了，何不离开这里呢？"曾子说："〔好吧，但是〕不要让别人借住在我这里，破坏那些树木。"敌寇退了，曾子便说："把我的墙屋修理修理吧，我要回来了。"

敌寇退了，曾子也回来了。他旁边的人说："武城军民对您是这样地忠诚恭敬，敌人来了，便早早地走开，给百姓做了个坏榜样；敌寇退了，马上回来，这事儿恐怕是做不得的。"沈犹行说："这个不是你们所晓得的。从前先生住在我那里，有个名叫负刍的来捣乱，跟随先生的七十个人也都早早地走开了。"子思住在卫国，齐国军队来侵犯。有人说："敌人来了，何不走开呢？"子思说："如果连我都走开了，君主和谁来守城呢？"

同道。曾子，师也，父兄也；子思，臣也，微也。曾子、子思易地则皆然。”

孟子说：“曾子、子思其实殊途同归。曾子是老师，是前辈；子思是臣子，是小官。曾子、子思如果互换位置，他们也会像对方那样做的。”

注释

1 武城：地名，在今山东费县西南。

2 有越寇：越灭吴后，与鲁交界。

3 民望：民之所望，这里指让民众看到了不好的一面，也就是坏榜样。

4 殆：近。

5 沈犹行：曾子弟子。

6 负刍：人名；刍，音 chú。东汉赵岐说负刍是人名。朱熹《孟子集注》说：“时有负刍者作乱。”有的注本便理解朱熹主张是背草的人（负刍者）作乱。其实朱熹之说也可理解为名叫“负刍”的人作乱。《论语·先进》：“有颜回者好学，不幸短命死矣。”《孟子·梁惠王下》：“嬖人有臧仓者沮君。”当时名叫“负刍”的人很多，曹国、魏国、楚国都有。

7 子思：孔子的孙子孔伋，字子思；《中庸》是子思所作。

原文

8.32 储子[1]曰：“王使人瞷夫子[2]，果有以异于人乎？”孟子曰：“何以异于人哉？尧舜与人同耳。”

译文

储子说：“王派人来窥探您，看果真有什么跟他人不同的地方吗？”孟子说：“有什么跟别人不同的呢？尧舜也和别人一样呢。”

注释

1 储子：齐人；参见《告子下》第五章。

2 瞷：音 jiàn，也写作“间”，窥视。

原文

8.33–1 齐人有一妻一妾而处室者，其良人[1]出，则必餍酒肉而后反[2]。其妻问所与饮食者，则尽富贵也。其妻告其妾曰：“良人出，则必餍酒肉而后反；问其与饮食者，尽富贵也，而未尝有显者来。吾将瞷良人之所之也。”

蚤[3]起，施[4]从良人之所之，遍国中无与立谈者。卒之东郭墦间[5]，之祭者，乞其余；不足，又顾而之他——此其为餍足之道也。

译文

齐国有一个人，和一妻一妾住在一起。那丈夫每次外出，一定酒足肉饱然后回家。他妻子问他一道吃喝的都是什么人，他说都是些有钱有势的人。他妻子便告诉小妾说：“丈夫外出，一定酒足肉饱然后回家，问他一道吃喝的是什么人，总答道是些有钱有势的人，但从没见过什么显贵人物到家来。我准备跟踪看看他究竟到什么地方去了。”

第二天清早起来，她便若即若离地跟在丈夫后面走；走遍全城，没有一个人站住同她丈夫聊天的。最后一直走到东郊外的墓地，她丈夫便走向祭扫坟墓的人那儿，讨些祭祀之余的供品；不够，又东张西望地走到别的坟墓去讨——这就是他酒足肉饱的办法。

注释

1 良人：丈夫。

2 餍酒肉而后反：餍，音 yàn，饱；反，同“返”。

3 蚤：通“早”。

4 施：音 yí，逶迤，弯曲绵延。

5 墦：音 fán，坟。

原文

8.33-2 其妻归，告其妾，曰："良人者，所仰望而终身也，今若此……" 与其妾讪[1]其良人，而相泣于中庭[2]，而良人未之知也，施施[3]从外来，骄其妻妾。

由君子观之，则人之所以求富贵利达者，其妻妾不羞也，而不相泣者，几希矣。[4]

译文

他妻子回家后，便把所看到的都告诉小妾，并且说："丈夫，是我们需要仰仗一辈子的人，现在他却这样……" 于是她俩一道在庭中咒骂着，哭泣着，而那丈夫还不知道，深一脚浅一脚地从外边回来，又在妻妾面前吹牛皮，耍威风。

由君子看来，有些人用以乞求升官发财的办法，能不让他妻和妾引为羞耻相对而哭的，真是太少了！

注释

1 讪：音 shàn，诋毁，讥刺。

2 相泣于中庭：相，相与，共同；中庭，庭中。

3 施施：走路不顺的样子；这里指醉酒的步态。

4 "人之所以求富贵利达者"至"几希矣"：这句话的主语是"人之所以求富贵利达而其妻妾不羞不相泣者"，谓语是"几希"。

孟子

万章章句

万章章句上 凡九章

导读

《万章上》共九章。整个这九章都是孟子回答学生万章的问题。第一章，讲舜的“大孝”：虽贵为天子，富有四海，但不得父爱，仍“号泣于旻天”，“如穷人无所归”，只有得到父母的欢心才可以消除忧愁。第二章接着第一章，先讲舜不告父母而娶，是因为告了便娶不成，而不孝有三无后为大，所以先斩后奏。然后讲舜明知父亲和异母弟要害死自己，在脱险后还装不知道，继续孝亲友弟。第三章仍是这一主题，万章提问：“仁人难道应该这样做吗——对别人，就加以惩处；对弟弟，就封以国土？”万章所提，无疑是义正词严的，孟子接着的回答就有些曲为之说了，说什么“仁人对于弟弟……只是亲近他喜爱他罢了。亲近他，便想让他贵；喜爱他，便想让他富。把有庳国封给他，就是让他又富又贵。本人做了天子，弟弟却是个老百姓，可以说是亲近他喜爱他吗？”对这些，我们大可以置之一笑。舜对弟弟的偏袒自然不能服众，于是就流传着一些有关舜、瞽瞍和象的传言，第四章是孟子对这些传言的辩诬。他一时激愤难忍，乃效其故智（见5.4），和骂“南蛮鴃舌之人”一样，骂起了“齐东野人”，类似长沙方言所谓“乡里二老倌”。第五章阐明所谓天意，实际上是民意，这和西周以来的主流思想是一脉相承的。第六章针对“禹的时候道德衰微，天下不传贤而传子”的传言来辩诬。孟子的解释，一是禹的儿子启贤，而接班人益辅佐禹时间尚短禹就去世，所以百姓都归向启而不归向益了。岂其然乎？恐怕永远成谜了。二是归结为天命。第七章为伊尹辩诬：不是“以割烹要汤”，而是伊尹想要“使是君为尧舜之君”，“使是民为尧舜之民”，伊尹是想着“天下之民匹夫匹妇有不被尧舜之泽者，若已推而内之沟中”，所以“就汤而说之以伐夏救民”。第八章为孔子辩诬。针对“孔子于卫主痈疽，于齐主侍人瘠环”的传言，孟子这次辩诬有理有据有事实，合情合理。第九章为百里奚辩诬。针对“百里奚自鬻于秦养牲者五羊之皮，食牛以要秦穆公”的说法，孟子用一系列的反问句来为百里奚辩解，虽然气势极盛，咄咄逼人，在逻辑上却是不能自恰的。我们可归纳《万章上》为三个关键词：万章、舜、辩诬。

原文

9.1–1 万章问曰：“舜往于田，号泣于旻天[1]，何为其号泣也？”孟子曰：“怨慕[2]也。”万章曰：“‘父母爱之，喜而不忘；父母恶之，劳而不怨。[3]’然则舜怨乎？”

曰：“长息问于公明高曰[4]：‘舜往于田，则吾既得闻命矣；号泣于旻天，于父母[5]，则吾不知也。’公明高曰：‘是非尔所知也。’夫公明高以孝子之心，为不若是恝[6]：我竭力耕田，共为子职[7]而已矣，父母

译文

万章问道：“舜到田地里去，向着苍天哭诉，为什么要哭诉呢？”孟子答道：“对父母又怨恨又依恋哪。”万章说：“〔曾子说过：〕‘父母喜爱，兴高采烈，总不会忘记；父母厌恶，心劳力竭，却不会怨恨。’那么，舜怨恨父母吗？”

孟子说：“从前长息曾经问过公明高，他说：‘舜到田里去，我是已经懂得的了；他向着苍天哭号，呼喊着父母哭号，那我却还弄不明白〔他为什么这样〕。’公明高说：‘这不是你所能明白的。’公明高的意思，以为孝子的心理是不能如此满不在乎：我尽力耕田，尽到我做儿子的职责罢了；父母不喜爱我，我有什么办法呢？帝尧打发他的孩

之不我爱，于我何哉[8]？帝使其子九男二女，百官牛羊仓廪备，以事舜于畎亩[9]之中，天下之士多就之者，帝将胥[10]天下而迁之焉。为不顺于父母，如穷人[11]无所归。”

子九男二女以及百官，一起带着牛羊、粮食等等东西到田野中去侍奉舜；天下的士人也有很多到舜那里去，尧也把整个天下让给了舜。舜却因为没有得到父母欢心，便好像困穷不得志之人孤苦无依一般。”

注释

1 号泣于旻天：号泣，号啕大哭；旻(mín)天，即天。

2 慕：依恋。

3 “父母爱之”至“不怨”：这话引用自曾子。

4 长息、公明高：长息，公明高弟子；公明高，曾子弟子。

5 于父母：这一句承前省略了“号泣”。

6 恝：音 jiá，忽视，不在乎，怡然自得的样子。

7 共为子职：共，当读为“供”；因为，“共为子职而已矣”是属于含有“共……职”“共职”这种结构的句子。例如：“不共楚职。”(《左传·僖公十二年》)“小国共职。”(《昭公四年》)共职，今作“供职”。尽到……的职责。

8 于我何哉：跟我有什么关系呢。

9 畎亩：田地；畎，音 quǎn。

10 胥：尽。

11 穷人：穷乏困顿之人。

原文

9.1-2 “天下之士悦之，人之所欲也，而不足以解

译文

“天下的士人喜爱他，是谁都希望获得的，却不足以消除忧愁；美丽

忧；好色[1]，人之所欲，妻帝之二女，而不足以解忧；富，人之所欲，富有天下，而不足以解忧；贵，人之所欲，贵为天子，而不足以解忧。人悦之、好色、富贵，无足以解忧者，惟顺于父母可以解忧。人少，则慕父母；知好色，则慕少艾[2]；有妻子，则慕妻子；仕则慕君，不得于君则热中[3]。大孝终身慕父母。五十而慕者，予于大舜见之矣。"

的姑娘，是谁都希望娶到的，他娶了尧的两个女儿，却不足以消除忧愁；财富，是谁都希望获得的，富而至于领有天下，却不足以消除忧愁；尊贵，是谁都希望获得的，尊贵而至于君临天下，却不足以消除忧愁。大家都喜爱他、美丽的姑娘、财富和尊贵都不足以消除忧愁，只有得到父母的欢心才可以消除忧愁。人在幼小的时候，就依恋父母；长大到有了情欲，便思念年轻貌美的女子；有了妻室儿女，便依恋妻室儿女；做了官，便依恋君主，不得君主欢心便急得火烧火燎。只有最孝顺的人才终身依恋父母。到了五十岁还依恋父母的，我在伟大的舜身上看到了。"

注释

1 好色：美丽的女子；好，音 hǎo。下文"知好色"的"好"读作 hào。

2 少艾：亦作"幼艾"，年轻美貌之人。

3 热中：发热烦躁。

原文

9.2–1 万章问曰："《诗》云，'娶妻如之何？必告父母'。[1]信斯言也，宜莫如舜。舜之不告而娶，何也？"孟子

译文

万章问道："《诗经》说过：'娶妻应该怎么办？定要事先告父母。'相信这句话的，应该没人比得上舜。舜却没向父母报告而娶了妻子，这是

曰："告则不得娶。男女居室，人之大伦也。如告，则废人之大伦，以怼[2]父母，是以不告也。"

为什么呢？"孟子答道："报告便娶不成。男女结婚，是人与人之间的大伦常。如果舜报告了，那么，这一大伦常在舜身上便废弃了，结果便将怨恨父母，所以他便不报告了。"

万章曰："舜之不告而娶，则吾既得闻命矣；帝之妻舜而不告，何也？"曰："帝亦知告焉则不得妻也。"

万章说："舜不报告父母而娶妻，这事我已经受教了；尧把女儿嫁给舜，也不向舜的父母说一声，又是什么道理呢？"孟子说："尧也知道，假若事先说一声，便会嫁娶不成了。"

万章曰："父母使舜完廪[3]，捐阶[4]，瞽瞍焚廪。使浚井[5]，出，从而掩之。象[6]曰：'谟盖都君咸我绩[7]，牛羊父母，仓廪父母，干戈朕，琴朕，弤[8]朕，二嫂使治朕栖[9]。'象往入舜宫，舜在床琴。象曰：'郁陶[10]思君尔。'忸怩[11]。舜曰：'惟[12]兹臣庶，汝其于[13]予治。'不识舜不知象之将杀己与？"

万章问道："舜的父母打发舜去修缮谷仓，〔等舜上了屋顶，〕便抽去梯子，他父亲瞽瞍还放火烧那谷仓。〔幸而舜设法逃下来了。〕于是又打发舜去淘井，〔他不知道舜从旁边的洞穴〕出来了，便填塞井眼。舜的兄弟象说：'出谋划策活埋舜，都是我的功劳啊！牛羊分给父母，仓廪分给父母，干戈归我，琴归我，弤弓归我，两位嫂嫂要让她们为我铺床叠被。'当象走进舜的住房，舜却坐在床边弹琴。象说：'我好想念你呀！'却显得十分不自然。舜说：'我想念着这些臣下和百姓，你替我管理管理吧！'我不清楚，舜是否知道象要杀自己呢？"

注释

1 娶妻如之何？必告父母：见《诗经·齐风·南山》；舜时未必有此诗句，万章说“信斯言也，宜莫如舜”，不过以为舜时也有此礼而已。

2 怼：音 duì，怨。

3 完廪：完，修葺；廪，音 lǐn，粮仓。

4 捐阶：捐，捐弃，拿走；阶，梯。

5 浚井：疏浚水井；浚，音 jùn。

6 象：舜同父异母弟。

7 谟盖都君咸我绩：谟，即“谋”字；盖，覆盖，掩盖，掩埋；都，于；君，指舜。《孟子·梁惠王下》：“诸侯多谋伐寡人者，何以待之？”可见动词“谋”常带谓词性宾语。

8 弤：音 dǐ，雕弓。

9 栖：床。

10 郁陶：思念的样子。

11 忸怩：音 niǔní，惭愧的样子。

12 惟：思念。

13 于：为。

原文

9.2–2 曰：“奚[1]而不知也？象忧亦忧，象喜亦喜。”曰：“然则舜伪喜者与？”

曰：“否；昔者有馈生鱼于郑子产，子产使校人畜之池[2]。校人烹之，

译文

孟子答道：“哪里会不知道呢？象忧愁，他也忧愁；象高兴，他也高兴。”万章说：“那么，舜是假装高兴吗？”

孟子说：“不。从前有个人送条活鱼给郑国的子产，子产使主管池塘的小吏把它放养在池塘里，那人却煮着吃了，回报说：‘刚放回水里，它还要死不活的；一

反命曰:'始舍之,圉圉[3]焉;少则洋洋[4]焉;攸然[5]而逝。'子产曰:'得其所哉!得其所哉!'校人出,曰:'孰谓子产智?予既烹而食之,曰,得其所哉,得其所哉。'故君子可欺以其方,难罔以非其道。彼以爱兄之道来,故诚信而喜之,奚伪焉?"

会儿,摇摆着尾巴动了起来,突然间远远地游走了。'子产说:'它得到了好地方啊!得到了好地方啊!'那人出来了,说:'谁说子产聪明,我已经把那条鱼煮着吃了,他还说:"它去了适合的地方啊!去了适合的地方啊!"'所以对于君子,可以用合乎人情的方法来欺骗他,不能用违反道理的诡诈蒙骗他。象既然装出一副敬爱兄长的样子来,舜因此真心相信而高兴起来,又哪里是假装呢?"

注释

1 奚:为什么。
2 使校人畜之池:校人,主池沼小吏;畜,音 xù,养的意思。
3 圉圉:鱼在水中气息奄奄的样子;圉,音 yǔ。
4 洋洋:舒缓摇尾之貌。
5 攸然:今作"悠然"。

原文

9.3 万章问曰:"象日以杀舜为事,立为天子则放之,何也?"孟子曰:"封之也;或曰,放焉。"

万章曰:"舜流共工于幽州[1],放驩兜于崇山[2],

译文

万章问道:"象天天把谋杀舜作为头等大事,等舜做了天子,却仅仅流放他,这是为什么呢?"孟子答道:"其实是封他为诸侯,也有人说是流放。"

万章说:"舜流放共工到幽州,发配驩兜到崇山,在三危杀了三苗之君,在杀三苗于三危[3]，殛鲧于羽山[4]，四罪而天下咸服，诛不仁也。象至不仁，封之有庳[5]。有庳之人奚罪焉？仁人固如是乎——在他人则诛之，在弟则封之？”

曰：“仁人之于弟也，不藏怒焉，不宿怨焉，亲爱之而已矣。亲之，欲其贵也；爱之，欲其富也。封之有庳，富贵之也。身为天子，弟为匹夫，可谓亲爱之乎？”

“敢问或曰放者，何谓也？”曰：“象不得有为于其国，天子使吏治其国而纳其贡税焉，故谓之放。岂得暴彼民哉？虽然，欲常常而见之，故源源而来，‘不及贡，以政接于有庳’。[6]此之谓也。”

羽山诛杀了鲧，这四人被治罪，便天下归服，这是惩处了不仁之人的缘故。象最不仁，却封给他有庳之国。有庳国的百姓又有什么罪过呢？仁人难道应该这样做吗——对别人，就加以惩处；对弟弟，就封以国土？”

孟子说：“仁人对于弟弟，不忍气吞声，也不耿耿于怀，只是亲近他喜爱他罢了。亲近他，便想让他贵；喜爱他，便想让他富。把有庳国封给他，就是让他又富又贵。本人做了天子，弟弟却是个老百姓，可以说是亲近他喜爱他吗？”

万章说：“我请问，为什么有人说是流放呢？”孟子说：“象不能在他的国土上为所欲为，天子派遣了官吏来治理国家，缴纳贡税，所以有人说是流放。能让象对那些百姓施暴吗？〔当然不能。〕即便这样，舜还是想常常看到象，象也不断地来和舜相见。

〔古书上说：〕‘不必等到朝贡的时候，平常也以政治需要为由而来接待。’就是说的这事。”

注释

1 流共工于幽州：共工，水官名；幽州，在今北京密云东北。

2 放驩兜于崇山：放，流放；驩(huān)兜，尧舜时大臣；崇山，在今湖南张家界。

3 杀三苗于三危：三苗，国名；三危，山名，在今甘肃敦煌东南。

4 殛鲧于羽山：殛(jí)，诛杀；羽山，当在今江苏赣榆界；鲧，大禹的父亲。

5 有庳：古籍均认为有庳在今湖南道县北；庳，音 bì。

6 不及贡，以政接于有庳：这两句疑是《尚书》逸文。

原文

9.4–1 咸丘蒙[1]问曰："语云：'盛德之士，君不得而臣，父不得而子。'舜南面而立，尧帅诸侯北面而朝之，瞽瞍亦北面而朝之。舜见瞽瞍，其容有蹙[2]。孔子曰：'于斯时也，天下殆哉，岌岌乎！[3]'不识此语诚然乎哉？"

孟子曰："否；此非君子之言，齐东[4]野人之语也。尧老而舜摄也。《尧典》曰[5]：'二十有八载，放勋乃徂落[6]，百姓如丧考妣[7]，三年，四海遏密八音[8]。'孔子曰：'天无二日，民无二王。'舜既为天子矣，又帅天下诸侯以为尧三年丧，是二天子矣。"

译文

咸丘蒙问道："俗话说：'道德最高的人，君主不能够把他当臣子，父亲不能够把他当儿子。'舜面朝南方站在天子位置，帝尧率领诸侯面向北方去朝拜他，舜的父亲瞽瞍也面向北方去朝拜他。舜看见了瞽瞍，容貌局促不安。孔子说：'在这个时候，天下真岌岌可危呀！'不晓得这话可不可信？"

孟子答道："不。这不是君子的话，而是齐国东边的农夫瞎传的。不过是尧老了时，让舜摄政罢了。《尧典》上说过：'过了二十八年，放勋才逝世。群臣好像死了父母一样，服丧三年，天下一切音乐都停止。'孔子说过：'天上没有两个太阳，百姓没有两个天子。'假若舜已在尧死前做了天子，又率领天下诸侯为尧服丧三年，这便是两个天子并列了。"

注释

1 咸丘蒙:孟子弟子。

2 有蹙:"有"无实义;蹙,音 cù,不安的样子。

3 天下殆哉,岌岌乎:为"天下岌岌乎殆哉"的倒装。

4 齐东:赵岐说"齐东野人"是齐国"东作田野之人",其中"东"是耕作的意思。不确。齐东即齐国东部,类似书证不少:"齐东海上有居士曰狂矞、华士昆弟二人者。"(《韩非子·外储说右上》)"齐西水潦而民饥,齐东丰庸而粜贱。"(《管子·轻重丁》)"梁北有黎丘部,有奇鬼焉。"(《吕氏春秋·慎行论》)

5《尧典》曰:以下所引数句实为今《尚书·舜典》文。

6 放勋乃徂落:放勋,尧的名;徂(cú)落,死。

7 考妣:父母。

8 四海遏密八音:遏,止;密,同"谧",安静;八音,指八种质料——金、石、丝、竹、匏(páo)、土、革、木——所做的乐器。

原文

9.4-2 咸丘蒙曰:"舜之不臣尧,则吾既得闻命矣。《诗》云[1]:'普天之下,莫非王土;率土之滨,莫非王臣。'而舜既为天子矣,敢问瞽瞍之非臣,如何?"

曰:"是诗也,非是之谓也;劳于王事而不得养父母也。曰:'此莫非王

译文

咸丘蒙说:"舜不以尧为臣,这事我已经受教了。《诗经》说过:'普天之下,无不是天子的土地;四境之内,无不是天子的臣民。'舜既做了天子,请问瞽瞍却不是臣民,这是为什么呢?"

孟子说:"《北山》这首诗,不是你说的那个意思,而是说作者勤劳国事以致不能够奉养父母。他说:'这些事没一件不是天子之事啊,为什么就我一人这么辛劳呢?'所以解说诗的人,不要

事，我独贤劳[2]也。’故说诗者，不以文害辞[3]，不以辞害志。以意逆[4]志，是为得之。如以辞而已矣，《云汉》之诗曰，‘周余黎民，靡有孑遗’。[5]信斯言也，是周无遗民也。孝子之至，莫大乎尊亲；尊亲之至，莫大乎以天下养。为天子父，尊之至也；以天下养，养之至也。《诗》曰[6]：‘永言孝思，孝思维则。’此之谓也。《书》曰：‘祗载见瞽瞍，夔夔齐栗，瞽瞍亦允若。[7]’是为父不得而子也？”

拘于字面而误解词句，也不要拘于词句而误解原意。用自己切身的体会去推测作者的本意，这就对了。假如拘于词句，那《云汉》诗说过，‘周朝剩余的百姓，没有一个存留’。相信了这一句话，便是周朝没有留下一个人了。孝子行为的极致，没有什么超过尊敬双亲的；尊敬双亲的极致，没有什么超过以天下来奉养父母的。瞽瞍做了天子的父亲，可说是尊贵到极致了；舜以天下来奉养他，可说是奉养的极致了。《诗经》又说：‘永远地讲究孝道，孝道便是准则。’也正是这个意思。《书经》又说：‘舜小心恭敬来见瞽瞍，战战兢兢的样子，瞽瞍于是也真的恭顺了。’这难道是‘父亲不能够把他当儿子’吗？”

注释

1《诗》云：所引诗句见《诗经·小雅·北山》。

2 贤劳：多劳。

3 以文害辞：文，字；辞，词句，语句。

4 逆：揣测。

5 周余黎民，靡有孑遗：两句见《诗经·大雅·云汉》；黎民，即老百姓。

6《诗》曰：诗句引自《诗经·大雅·下武》。

7“祗载”至“允若”：当为《尚书》逸篇中文；祗，音 zhī，敬；载，事；夔(kuí)夔齐(同“斋”)栗，恭敬谨慎的样子；允，信，真的；若，顺。

原文

9.5-1 万章曰:"尧以天下与舜,有诸?"孟子曰:"否;天子不能以天下与人。"

"然则舜有天下也,孰与之?"曰:"天与之。"

"天与之者,谆谆然命之乎?"曰:"否;天不言,以行与事示之而已矣。"

曰:"以行与事示之者,如之何?"曰:"天子能荐人于天,不能使天与之天下;诸侯能荐人于天子,不能使天子与之诸侯;大夫能荐人于诸侯,不能使诸侯与之大夫。昔者,尧荐舜于天,而天受之;暴[1]之于民,而民受之;故曰,天不言,以行与事示之而已矣。"

译文

万章问道:"尧把天下交给舜,有这么回事吗?"孟子答道:"不;天子不能够把天下交给他人。"

万章又问:"那么,舜领有天下,是谁交给的呢?"答道:"天交给的。"

又问道:"天交给的,是反复叮嘱告诫后交给他的吗?"答道:"不是;天不说话,拿行动和事迹来表示罢了。"

问道:"拿行动和事迹来表示,是怎样的呢?"答道:"天子能把人推荐给天,却不能让天把天下交给他;[正如]诸侯能把人推荐给天子,却不能让天子把诸侯之位交给他;大夫能把人推荐给诸侯,却不能让诸侯把大夫之位交给他。从前,尧将舜推荐给天,天接受了;公开介绍他给百姓,百姓也接受了;所以说,天不说话,拿行动和事迹来表示罢了。"

注释

1 暴:音 pù,露,公开。

原文

9.5-2 曰:"敢问荐之于

译文

问道:"我大胆地问,把他推荐

天，而天受之；暴之于民，而民受之，如何？”

曰：“使之主祭，而百神享之，是天受之；使之主事，而事治，百姓安之，是民受之也。天与之，人与之，故曰，天子不能以天下与人。舜相尧二十有八载，非人之所能为也，天也。尧崩，三年之丧毕，舜避尧之子于南河[1]之南，天下诸侯朝觐者，不之尧之子而之舜；讼狱者，不之尧之子而之舜；讴歌者，不讴歌尧之子而讴歌舜，故曰，天也。夫然后之中国[2]，践天子位焉；而居尧之宫[3]，逼尧之子，是篡也，非天与也。《太誓》曰：‘天视自我民视，天听自我民听。[4]’此之谓也。”

给天，天接受了；公开介绍给百姓，百姓也接受了，是怎样的呢？”

答道：“叫他主持祭祀，所有神明都来享用，这便是天接受了；叫他主持政务，工作井井有条，百姓都感到安适，这便是百姓接受了。天交给他，百姓交给他，所以说，天子不能够拿天下交给人。舜辅佐尧二十八年，这不是某一个人所能做到的，而是天意。尧逝世了，三年之丧完毕，舜〔为了要使尧的儿子能够继承天下，〕自己便躲避尧的儿子而到南河的南边去。可是，天下诸侯朝见天子的，不到尧的儿子那里，却到舜那里；打官司的，也不到尧的儿子那里，却到舜那里；民歌手们，也不歌颂尧的儿子，而歌颂舜。所以说，这是天意。那样，舜才回到首都，坐了朝廷。而如果自己居住在尧的宫室，逼迫尧的儿子〔让位给自己〕，这是篡夺，不是天授了。《太誓》说过：‘百姓看到的，天也就看到；百姓听到的，天也就听到。’正是这个意思。”

注释

1 南河：河名，流经今河南范县。

2 夫然后之中国：夫，远指代词，那，那样；之，到……去；中国，国中，国度之中。

3 而居尧之宫:焦循《孟子正义》引王引之《经传释词》说:“而,犹如也。”按,这一“而”表示转折,不可训为“如”;上古汉语经常缺乏表示假设的标记,译文中的“如果”是将原文中隐含的假设呈现出来,只是恰恰位于句首,与原文中的“而”相对应罢了。

4“天视”至“民听”:今本《太誓》为梅赜伪古文,这两句话也被采用。

原文

9.6–1 万章问曰:“人有言:‘至于禹而德衰,不传于贤,而传于子。’有诸?”孟子曰:“否,不然也;天与贤,则与贤;天与子,则与子。昔者,舜荐禹于天,十有七年,舜崩,三年之丧毕,禹避舜之子于阳城[1],天下之民从之,若尧崩之后不从尧之子而从舜也。禹荐益于天,七年,禹崩,三年之丧毕,益避禹之子于箕山[2]之阴。朝覲讼狱者不之益而之启[3],曰,‘吾君之子也’。讴歌者不讴歌益而讴歌启,曰,‘吾君之子

译文

万章问道:“人们总说:‘到禹的时候道德就衰微了,天下不传给贤良,却传给儿子。’有这样的事吗?”孟子答道:“不,不是这样的;天让授予贤良,便授予贤良,天让授予儿子,便授予儿子。从前,舜把禹推荐给天,十七年之后,舜逝世了,三年之丧完毕,禹〔为着要让位给舜的儿子,〕便躲避到阳城去。天下百姓跟随禹,就好像尧死了以后他们不跟随尧的儿子却跟随舜一样。禹把益推荐给天,七年之后,禹死了,三年之丧完毕,益〔又为着让位给禹的儿子,〕便回避到箕山之北去。当时朝见天子的人和打官司的人都不去益那里,而去启那里,说:‘他是我们君主的儿子啊。’民歌手也不歌颂益,而歌颂启,说:‘他是我们君主的儿子啊。’尧的儿子丹朱不

也’。丹朱[4]之不肖，舜之子亦不肖。舜之相尧、禹之相舜也，历年多，施泽于民久。启贤，能敬承继禹之道。益之相禹也，历年少，施泽于民未久。舜、禹、益相去久远，其子之贤不肖，皆天也，非人之所能为也。”

好，舜的儿子也不好。而且舜辅佐尧，禹辅佐舜，经年历久，为老百姓谋幸福的时间长。〔启和益的事就不同。〕启很贤明，能够认真地继承禹的传统。益辅佐禹，未能历久经年，为百姓谋幸福的时间短。从舜到禹，再从禹到益，相隔已经好长时间了，他们儿子是好是坏，都是天意，不是人力所能做到的。”

注释

1 阳城：在今河南登封东南的告成镇。
2 箕山：在今河南登封东南。
3 启：禹之子。
4 丹朱：本名朱，后封于丹，故称丹朱。

原文

9.6–2 “莫之为而为者，天也；莫之致而至者，命也。匹夫而有天下者，德必若舜禹，而又有天子荐之者，故仲尼不有天下。继世以有天下，天之所废，必若桀纣者也，故益、伊尹、周公不有天下。伊尹相汤以王于天下，

译文

“没有人很想做而竟做到了的，是天意；没有人叫他来而竟来了的，是命运。凭老百姓的身份而得到天下的，他的德行必然要像舜和禹那样，而且还要有天子推荐他，所以孔子便没有得到天下。世袭而拥有天下，却被天所废弃的，一定要像夏桀、商纣那样暴虐无道，所以益、伊尹、周公便没有得到天下。伊尹辅佐汤推行王道于天下，汤死了，太丁未立

汤崩，太丁未立，外丙二年，仲壬四年[1]。太甲颠覆汤之典刑，伊尹放之于桐[2]。三年，太甲悔过，自怨自艾[3]，于桐处仁迁义，三年以听伊尹之训己也，复归于亳[4]。周公之不有天下，犹益之于夏、伊尹之于殷也。孔子曰：'唐虞禅，夏后殷周继，其义一也。'"

即死，外丙在位二年，仲壬在位四年〔，太丁的儿子太甲又继承王位〕。太甲推翻了汤的法度，伊尹便流放他到桐邑。三年之后，太甲悔过，自我怨恨，自我完善，在桐邑那地方，能够以仁居心，向义努力；用长达三年的时间，来听从伊尹对自己的教训，然后又回到亳都做天子。周公未能得到天下，正好像益在夏朝、伊尹在殷朝一样。孔子说过：'唐尧虞舜以天下让贤，夏商周三代却传于子孙，道理是一样的。'"

注释

1 外丙、仲壬：甲骨文分别作"卜丙""中壬"。

2 桐：在今河南偃师西南。

3 自艾：自我完善；艾，音 yì，治，做好。

4 亳：音 bó，当在今河南偃师西。

原文

9.7–1 万章问曰："人有言，'伊尹以割烹要汤'，有诸？"

孟子曰："否，不然；伊尹耕于有莘[1]之野，而乐尧舜之道焉。非其义也，

译文

万章问道："人们总说，'伊尹通过做厨子来向汤求取'，有这么回事吗？"

孟子答道："不，不是这样的；伊尹在莘国的郊野种地，而以尧舜之道为乐。如果不符合仁义的原则和仁义的方法，纵然把天下给他作俸禄，他也不

非其道也，禄之以天下，弗顾[2]也；系马千驷，弗视也。非其义也，非其道也，一介[3]不以与人，一介不以取诸人。汤使人以币[4]聘之，嚣嚣[5]然曰：'我何以汤之聘币为哉？我岂若处畎亩之中，由是以乐尧舜之道哉？'汤三使往聘之，既而幡然改曰：'与[6]我处畎亩之中，由是以乐尧舜之道，吾岂若使是君为尧舜之君哉？吾岂若使是民为尧舜之民哉？吾岂若于吾身亲见之哉？'"

会扫它一眼；纵然有四千匹马系在那里，他也不会看它一下。如果不符合仁义的原则和仁义的方法，便一点也不给别人，也一点不从别人那儿拿走。汤曾让人拿礼物去聘请他，他却平静地说：'我要汤的聘礼干嘛呢？我何不呆在田野里，就这样以尧舜之道自娱呢？'汤几次派人去聘请他，不久，他便完全改变了态度，说：'我与其呆在田野里，就这样以尧舜之道自娱，又为何不让当今的君主做尧舜一样的君主呢？又为何不让现在的百姓做尧舜时代一样的百姓呢？〔尧舜的盛世，〕我为何不让它在我的有生之年亲眼见到呢？'"

注释

1 莘：音 shēn，国名，故址在今河南开封。

2 顾：本义是侧过脸或转过头看的意思，引申为需要转动脖子的扫视。例如："余左顾而咳，乃杀之。右顾而笑，乃止。"（《左传·昭公二十四年》）"王顾左右而言他。"（《孟子·梁惠王下》）"提刀而立，为之四顾，为之踌躇满志，善刀而藏之。"（《庄子·内篇·养生主》）

3 介：通"芥"，微不足道的东西。

4 币：帛，这里的意思是以布帛相赠。

5 嚣嚣：空闲的样子。

6 与：与其。

原文

9.7–2 “‘天之生此民也，使先知觉后知，使先觉觉后觉也。予，天民之先觉者也；予将以斯道觉斯民也。非予觉之，而谁也？’思天下之民匹夫匹妇有不被尧舜之泽者，若己推而内[1]之沟中。其自任以天下之重如此，故就汤而说[2]之以伐夏救民。吾未闻枉己而正人者也，况辱己以正天下者乎？圣人之行不同也，或远，或近；或去，或不去；归洁其身而已矣。吾闻其以尧舜之道要汤，未闻以割烹也。《伊训》曰：‘天诛造攻自牧宫，朕载自亳。’”[3]

译文

“‘上天生育人民，就是要让先知先觉者启迪后知后觉者。我呢，是百姓中的先觉者；我就得拿尧舜之道让这些人民有所觉悟。不由我去唤醒他们，那又有谁呢？’伊尹是这样想的：在天下的百姓中，只要有一个男子或一个妇女，没有被尧舜之道的雨露所沾溉，便好像自己把他推进山沟里让他去死一样。他就是这样把匡扶天下的重担挑在自己肩上。所以一到汤那儿，便用讨伐夏桀、拯救百姓的道理来说服汤。我没有听说过，先自己不正，却能够匡正别人的；更何况先自取其辱，却能够匡正天下的呢？圣人的行为，各有不同，有的疏远君主，有的靠拢君主，有的离开朝廷，有的留恋朝廷，归根到底，都要洁身自好而已。我只听说过伊尹用尧舜之道向汤求取任用，没有听说过他用的是厨子的身份。《伊训》说过：‘上天的讨伐，是在牧宫开始的，我不过从亳邑开始谋划罢了。’”

注释

1 内：同“纳”。

2 说：音 shuì，游说。

3 “《伊训》”至“自亳”:天诛造攻自牧宫,朕载自亳:《伊训》,《尚书》逸篇名,今本《尚书·伊训》为伪古文;造,开始;牧宫,桀所居之处;朕,伊尹自称;载,开始。

原文

9.8 万章问曰:“或谓孔子于卫主痈疽[1],于齐主侍人[2]瘠环,有诸乎[3]?”

孟子曰:“否,不然也;好事者为之也。于卫主颜雠由。弥子[4]之妻与子路之妻,兄弟[5]也。弥子谓子路曰:‘孔子主我,卫卿可得也。’子路以告。孔子曰:‘有命。’孔子进以礼,退以义,得之、不得曰‘有命’[6]。而主痈疽与侍人瘠环,是无义无命也。孔子不悦于鲁卫,遭宋桓司马将要[7]而杀之,微服而过宋。是时孔子当厄,主司城贞子,为陈侯周臣。吾闻观近臣[8],以其所为主;观远臣[9],以其所主。若孔子主痈疽

译文

万章问道:“有人说,孔子在卫国住在〔卫灵公所宠幸的宦官〕痈疽家里,在齐国,也住在宦官瘠环家里。真有这回事吗?”

孟子说:“不,不是这样的;这是好事之徒编造的。孔子在卫国,住在颜雠由家中。弥子瑕的妻子和子路的妻子是姊妹。弥子瑕对子路说:‘孔子住在我家里,可以得到卫国卿相的位置。’子路把这话告诉了孔子。孔子说:‘命中注定。’孔子依礼法而进,依道义而退,所以他得到或得不到官位都是命中注定。如果他住在痈疽和宦官瘠环家里,这便是无视礼义和命运了。孔子不得志于鲁国和卫国,又碰上了宋国的司马桓魋预备拦截并杀死他,只得化装悄悄地路过宋国。这时候,孔子正处于困境,便住在司城贞子家中,做了陈侯周的臣子。我听说过,观察身边的臣子,看他所招待的客人;观察外来的臣子,

与侍人瘠环，何以为孔子？”	看他所寄居的主人。如果孔子真的以痈疽和宦官瘠环为主人，那还是‘孔子’吗？”

注释

1 主痈疽：以痈疽为主人，住在痈疽家。

2 侍人：一作“寺人”，阉人。

3 有诸乎：按，此句应为“有诸”，“乎”乃衍文，后人所加。因为：a.“有诸”常见于《论语》《孟子》二书。《论》《孟》中“有诸”凡十三见（《论语》三见，《孟子》十见），而“有诸乎”仅一见。b.其中“诸”是“之乎”的合音字，再加上“乎”则成赘疣。c.《论语》《孟子》中未见“有之乎”，因为“有诸”实际上就是“有之乎”；“有之乎”见于《论》《孟》之外的其他典籍，如《管子·形势解》：“唯夜行者独有之乎？”

4 弥子：卫灵公宠臣弥子瑕。

5 兄弟：先秦汉语，正如“子”包括儿子、女儿一样，兄弟也包括兄弟、姊妹。所以，如需区别，称呼姊妹为“女兄弟”；称呼姐姐为“女兄”，称呼妹妹为“女弟”。

6 得之、不得曰“有命”：得到官位或得不到官位都听从命运。按，“得之”的“之”不能理解为“与”；因为那一时代的语言中，有一类动词，存在“V之”“不V”（V：动词）的格式，即肯定形式带宾语“之”时，其否定形式一般都不出现“之”。例如：“知之为知之，不知为不知，是知也。”动词“得”是这类动词的典型。

7 要：音 yāo，拦截。

8 近臣：在朝之臣。

9 远臣：远方来仕者。

原文

9.9 万章问曰："或曰：'百里奚自鬻于秦养牲者五羊之皮，食牛以要秦穆公。[1]'信乎？"

孟子曰："否，不然；好事者为之也。百里奚，虞人也。晋人以垂棘之璧与屈产之乘假道于虞以伐虢。[2]宫之奇谏，百里奚不谏。知虞公之不可谏而去之秦[3]，年已七十矣；曾不知以食牛干秦穆公之为污也[4]，可谓智乎？不可谏而不谏，可谓不智乎？知虞公之将亡而先去之，不可谓不智也。时举于秦，知穆公之可与有行[5]也而相之，可谓不智乎？相秦而显其君于天下，可传于后世，不贤而能之乎？自鬻以成其君，乡党自好者不为，而谓贤者为之乎？"

译文

万章问道："有人说：'百里奚以五张羊皮的价钱把自己卖给秦国养牲畜的人，替人家饲养牛，以此来干求秦穆公。'是真的吗？"

孟子答道："不，不是这样的；这是好事之徒编造的。百里奚是虞国人。晋人用垂棘产的璧和屈地所产的马向虞国借路，来攻打虢国。宫之奇加以劝阻，百里奚却不加劝阻。他知道虞公是劝不动的，因而离开故土，搬到秦国，这时已经七十岁了。他竟不知道用饲养牛的方法来干求秦穆公是一种龌龊行为，可以说是聪明吗？但是，他预见到虞公不可能纳谏，便不加劝阻，谁又能说这人不聪明呢？他又预见到虞公将被灭亡，因而早早离开，又不能说他不聪明。他在秦国被推举出来，恰逢其时，更知道秦穆公是一位可以一道有所作为的君主，因而辅佐他，谁又能说这人不聪明呢？当上秦国的卿相，使穆公声名赫赫于天下，而且流芳后世，不是贤者，能够做到这些吗？卖掉自己来成全君主，乡村中洁身自爱的人尚且不肯，反而说贤者愿意干吗？"

注释

1 百里奚自鬻于秦养牲者五羊之皮,食牛以要秦穆公:为了帮助理解,将这两句话稍加改动:百里奚以五羊之皮自鬻于秦之养牲者,食牛以要秦穆公。食(sì),给……吃;食牛,即给牛吃,喂牛;要,音 yāo,要官做。

2“晋人”至“以伐虢”:垂棘,晋国地名,今未详所在;屈产之乘,屈地所生足以驾车的良马;假道,借道,借路。

3 去之秦:离开(虞国)到秦国去;去,离开。

4“曾不知”至“为污也”:曾,竟然;干(gān),求。

5 有行:有为。

万章章句下 凡九章

导读

《万章下》也有九章。第一章和3.9、9.7、14.17内容有些重复，3.9比较了伯夷、柳下惠的作风，并得出“伯夷隘，柳下惠不恭。隘与不恭，君子不由”的结论。本章将9.7讲伊尹“岂若使是君为尧舜之君”“岂若使是民为尧舜之民”和14.17讲孔子“去鲁，曰，迟迟吾行”而“去齐，接淅而行”的内容与之合并，比较四人，最终得出“伯夷，圣之清者也；伊尹，圣之任者也；柳下惠，圣之和者也；孔子，圣之时者也。孔子之谓集大成”的结论，并对“集大成”作了定义和描写。第二章介绍周朝排定官爵和俸禄等级制度的具体内容，可为历史和经济学者参考。第三章是对万章问如何交友的回答：“不挟长，不挟贵，不挟兄弟而友。友也者，友其德也。”并以具体事例说明之。第四章主张交际的时候，要抱持恭敬的态度；不要一再拒绝他人的礼物。并以孔子为例来予以说明。这一点在今日，恐怕不完全合时宜了。第五章说明因为贫穷而出仕的原则是“辞尊居卑，辞富居贫”——当小官，少拿钱。并举了孔子“抱关击柝”“为委吏”“为乘田”的例子。第六章讲述士人不仰仗别国诸侯生活，但可以接受周济的道理；其原则是“无功不受禄”。第七章讲述士人不去谒见诸侯但可以去服役的道理。服役是对国家有责任，去谒见，却没什么道理；如果这人博学多才，诸侯应该上门来看他，而不是让他折节去谒见。第八章讲善士要互相交流，才能进德修业；互相交流仍不够，要上溯古人和他们交朋友：“读其书，不知其人，可乎？”第九章说贵戚之卿对君主有劝谏之责，反复劝谏而不改，可以改立君主。即使异姓之卿，也应当“君有过则谏，反复之而不听，则去”。这一部分除第一、第二章外，可以抽绎出三个关键词：态度、原则、责任。

原文

10.1–1 孟子曰：“伯夷，目不视恶色，耳不听恶声。非其君，不事；非其民，不使。治则进，乱则退。横[1]政之所出，横民之所止，不忍居也。思与乡人处，如以朝衣朝冠坐于涂炭也。当纣之时，居北海之滨，以待天下之清也。故闻伯夷之风者，顽[2]夫廉，懦夫有立志。伊尹曰：‘何事非君？何使非民？’治亦进，乱亦进，曰：‘天之生斯民也，使先知觉后知，使先觉觉后觉。予，天民之先觉者也。予将以此道觉此民也。’思天下之民匹夫匹妇有不与

译文

孟子说：“伯夷，眼睛不看丑恶的事物，耳朵不听邪恶的声音。不是他理想的君主，不去侍奉；不是他理想的百姓，不去使唤。天下太平，就出来做事；天下混乱，就退居乡野。施行暴政的国家，住有暴民的地方，他都不忍心去居住。他认为和世俗之人相处，就好比穿戴着礼服礼帽坐在泥地炭灰之上。就在商纣的时候，他住在北海边上，期盼着天下的清平。所以闻知伯夷高风亮节的人中，贪夫都能变得廉洁，懦夫也能独立不移。伊尹说：‘哪个君主，不可以侍奉？哪个百姓，不可以使唤？’天下太平时出来做官，天下混乱也出来做官，他说：‘上天生育这些百姓，就是要让先知先觉的人来开导后知后觉的人。我是天生之民中的先觉者，我将以尧舜之道来开导芸芸众生。’他这样想：在天下的百姓中，只要有一个男子或一个妇女，没有被尧舜之道

被尧舜之泽者，若己推而内之沟中——其自任以天下之重也。”

的雨露所沾溉，便好像自己把他推进山沟里让他去死一样。他就是这样把匡扶天下的重任一肩挑上。”

注释

1 横：音 hèng，凶暴，横逆，不讲理。
2 顽：贪。

原文

10.1–2 “柳下惠不羞污君，不辞小官。进不隐贤，必以其道。遗佚而不怨，厄穷而不悯。与乡人处，由由然[1]不忍去也。‘尔为尔，我为我，虽袒裼裸裎于我侧，尔焉能浼[2]我哉？’故闻柳下惠之风者，鄙夫宽，薄夫敦。[3]孔子之去齐，接淅[4]而行；去鲁，曰：‘迟迟吾行也，去父母国之道也。’可以速而速，可以久而久，可以处而处，可以仕而仕，孔子也。”

译文

“柳下惠不以侍奉坏君为可耻，也不因官小而辞掉。立于朝廷，见有贤人，从不隐瞒，但荐举他一定按自己的原则办事。弃若敝屣之时，他不怨恨；穷苦困厄之际，他不忧愁。和世俗之人相处，轻松自然而不忍离开。〔他说：〕‘你是你，我是我，你纵然在我边上一丝不挂，哪能就弄脏我呢？’所以闻知柳下惠高风亮节的人中，胸襟狭小的变宽厚了，刻薄寡恩的也敦厚了。孔子离开齐国，不等把米淘完滤干就走；离开鲁国，却说：‘我们慢慢走吧，这是离开祖国的做法啊！’应该马上走就马上走，应该继续干就继续干，应该闲居就闲居，应该做官就做官，这便是孔子。”

注释

1 由由然：即愉愉然（如），即油油然、油然，即犹然，即攸然（悠然），即“诱然”。“天油然作云，沛然下雨，则苗浡然兴之矣。”（《孟子·梁惠王上》）“始舍之，圉圉焉；少则洋洋焉；攸然而逝。”（《万章上》“宋荣子犹然笑之。”（《庄子·内篇·逍遥游》）“采菊东篱下，悠然见南山。”（陶潜《饮酒诗二十首》之五）形容平和的样子，悠闲的样子，自然而然的样子，不做作的样子，轻松的样子，悠然自得有如闲云野鹤的样子。

2 浼：音 měi，污染。

3 鄙夫、薄夫：分别指心胸狭隘的人、心肠刻薄的人。

4 接淅：许慎《说文解字》引作“滰淅”（jiàngxī）；滰，滤干；淅，淘米。

原文

10.1–3 孟子曰：“伯夷，圣之清者也；伊尹，圣之任者也；柳下惠，圣之和者也；孔子，圣之时者也。孔子之谓集大成。集大成也者，金声而玉振之也。金声也者，始条理也；玉振之也者，终条理也。始条理者，智之事也；终条理者，圣之事也。智，譬则巧也；圣，譬则力也。由[1]射于百步之外也，其至，尔力也；其中，非尔力也。”

译文

孟子又说：“伯夷是圣人之中清廉的人，伊尹是圣人之中负责的人，柳下惠是圣人之中平和的人，孔子则是圣人之中与时俱进的人。孔子，可以叫他为集大成者。‘集大成’的意思，就像先敲青铜镈钟，最后用玉制特磬收束一样。先敲镈钟，是节奏条理的开始；用特磬收束，是节奏条理的终结。条理的开始在于智，条理的终结在于圣。智好比技巧，圣好比气力。就好像在百步以外射箭，射那么远，凭你的力量；能够射中，却不凭你的力量。”

注释

1 由：通“犹”。

原文

10.2-1 北宫锜[1]问曰：“周室班[2]爵禄也，如之何？”孟子曰：“其详不可得闻也，诸侯恶其害己也，而皆去其籍[3]；然而轲也尝闻其略也。天子一位，公一位，侯一位，伯一位，子、男同一位，凡五等也。君一位，卿一位，大夫一位，上士一位，中士一位，下士一位，凡六等。天子之制，地方千里，公侯皆方百里，伯七十里，子、男五十里，凡四等。不能五十里，不达于天子，附于诸侯，曰附庸。天子之卿受地视[4]侯，大夫受地视伯，元士受地视子、男。

译文

北宫锜问道：“周朝排定的官爵和俸禄的等级制度是怎么回事呢？”孟子答道：“详细情况已经不能够知道了，因为诸侯厌恶它妨碍自己，都把那些文献毁灭了。但是，我也曾听说过一些大致情形。天子为一级，公一级，侯一级，伯一级，子和男合起来算一级，一共五级。君为一级，卿一级，大夫一级，上士一级，中士一级，下士一级，共六级。按照规定，天子管理的土地纵横各一千里，公和侯各一百里，伯七十里，子、男各五十里，一共四级。土地不够五十里的国家，够不着天子，因此附属于诸侯，叫作‘附庸’。天子的卿，其封地等同于侯；大夫，其封地等同于伯；元士，其封地等同于子、男。

注释

1 北宫锜：卫人；锜，音 qí。

2 班：列。

3 去其籍：除去其典籍；去，除去。

4 视：比照。

原文

10.2-2“大国地方百里，君十卿禄，卿禄四大夫，大夫倍上士，上士倍中士，中士倍下士，下士与庶人在官者同禄，禄足以代其耕也。次国地方七十里，君十卿禄，卿禄三大夫，大夫倍上士，上士倍中士，中士倍下士，下士与庶人在官者同禄，禄足以代其耕也。小国地方五十里，君十卿禄，卿禄二大夫，大夫倍上士，上士倍中士，中士倍下士，下士与庶人在官者同禄，禄足以代其耕也。耕者之所获，一夫百亩；百亩之粪，上农夫食九人，上次食八人，中食七人，中次食六人，下食五人。庶人在官者，其禄以

译文

“大国土地纵横各一百里，君主的俸禄为卿的十倍，卿为大夫的四倍，大夫为上士的两倍，上士为中士的两倍，中士为下士的两倍，下士的俸禄和平民任小官者相同，其俸禄足以抵偿他们耕种的收入了。稍小一点的国的土地为方圆七十里，君主的俸禄为卿的十倍，卿为大夫的三倍，大夫为上士的两倍，上士为中士的两倍，中士为下士的两倍，下士的俸禄和平民任小官者相同，其俸禄足以抵偿他们耕种的收入了。小国的土地纵横各五十里，君主的俸禄为卿的十倍，卿为大夫的两倍，大夫为上士的两倍，上士为中士的两倍，中士为下士的两倍，下士的俸禄和平民任小官者相同，其俸禄足以抵偿他们耕种的收入了。农夫的耕种收入，一夫一妇分田百亩。百亩田地的耕作，上上等农夫可以养活九个人，上次等养活八个人，中上等养活七个人，中次等养活六个人，下等养活五个人。平民之任小官者，

是为差。"

10.3–1 万章问曰:"敢问友。"

孟子曰:"不挟[1]长,不挟贵,不挟兄弟而友。友也者,友其德也,不可以有挟也。孟献子[2],百乘之家也,有友五人焉:乐正裘,牧仲,其三人,则予忘之矣。献子之与此五人者友也,无献子之家者也。此五人者,亦有献子之家,则不与之友矣。非惟百乘之家为然也,虽小国之君亦有之。费[3]惠公曰:'吾于子思,则师之矣;吾于颜般,则友之矣;王顺、长息则事我者也。'

他们的俸禄也比照上文分等级。"

万章问道:"请问如何交朋友。"

孟子答道:"不要仗着自己年纪大,不要仗着自己地位高,不要仗着自己兄弟富贵来交友。所谓交朋友,是心灵品德的交集,绝不能有所倚仗。孟献子是有着一百辆车马的大夫,他有五位朋友:乐正裘,牧仲,其他三位,我忘记了。献子同这五位相交,并不会想到自己是有着富贵之家的大夫。这五位,如果也想着献子是有着富贵之家的大夫,就不会同他交友了。不单单是有着一百辆车马的大夫如此,即使小国之君也有朋友。费惠公说:'我对子思,只是把他当作老师;对于颜般,只是把他当作朋友;王顺和长息,不过是侍奉我的人罢了。'

注释

1 挟:音 xié,倚仗。

2 孟献子:鲁国大夫仲孙蔑。

3 费:音 bì,小国名。

原文

10.3–2 “非惟小国之君为然也,虽大国之君亦有之。晋平公之于亥唐也,入云则入,坐云则坐,食云则食,[1] 虽蔬食[2]菜羹,未尝不饱,盖不敢不饱也。然终于此而已矣。弗与共天位也,弗与治天职也,弗与食天禄也,士之尊贤者也,非王公之尊贤也。舜尚[3]见帝,帝馆甥[4]于贰室,亦飨[5]舜,迭为宾主,是天子而友匹夫也。用[6]下敬上,谓之贵贵;用上敬下,谓之尊贤。贵贵尊贤,其义一也。”

译文

“不单单小国的君主如此,即使大国之君也有朋友。晋平公对待亥唐,亥唐叫他进去,便进去;叫他坐,便坐;叫他吃饭,便吃饭。即便是糙米饭和水煮蔬菜,未曾没吃饱过,因为不敢不吃饱。然而也就做到这个地步罢了。不和他共有天授之位,不和他共治天授之职,不和他共食天授之禄,这不过是士人尊敬贤者的态度,不是天子和诸侯尊敬贤者应抱有的态度。舜谒见尧,尧请女婿住在另一处官邸中,也请他吃饭,接着互为客人和主人,这就是天子和老百姓的交友。以卑贱者身份尊敬高贵者,叫做尊重贵人;以高贵者身份尊敬卑贱者,叫作尊敬贤者。尊重贵人和尊敬贤者,道理是一样的。”

注释

1 入云、坐云、食云:分别为“云入”“云坐”“云食”之倒文。

2 蔬食:蔬,同“疏”;蔬食,即《论语》“饭疏食饮水曲肱而枕之”的“疏食”,粗粝之食。

3 尚:同“上”;以匹夫而晋谒天子,故云“上”。4 甥:女婿;舜是尧的女婿。

5 飨:音 xiǎng,设酒宴招待。

6 用:以。

原文

10.4-1 万章问曰："敢问交际何心也？"孟子曰："恭也。"曰："'却之却之为不恭[1]'，何哉？"曰："尊者[2]赐之，曰，'其所取之者义乎，不义乎？'而后受之，以是为不恭，故弗却也。"曰："请无以辞却之，以心却之，曰，'其取诸民之不义也'，而以他辞无受，不可乎？"曰："其交也以道，其接也以礼，斯孔子受之矣。"

译文

万章问道："请问互相交流的时候，要抱持什么态度？"孟子答道："毕恭毕敬。"万章说："〔俗话说，〕'一再拒绝人家的礼物，这是不恭敬'，为什么呢？"孟子说："尊者有所赐予，还得想想：'他得来这礼物合于义呢，还是不合于义？'然后才接受，这是不恭敬的，因此便不拒绝。"万章说："我说，我不用言辞拒绝他的礼物，用心来拒绝罢了，心里说，'这是他取自百姓的不义之财呀'，再用托词来拒绝，难道不可以吗？"孟子说："他依规矩同我交往，依礼节同我接触，这样，孔子都会接受礼物的。"

注释

1 却之却之为不恭：对尊者的赐予，一再推却，是不恭敬的；却，推却。按，"却之却之"是用重叠形式表示反复"却之"。《孟子·梁惠王下》："戒之戒之！出乎尔者，反乎尔者也。"

2 尊者：与"长者"不同；长者以年齿言，尊者以地位言。

原文

10.4-2 万章曰："今有御[1]人于国门之外者，其交也以道，其馈也以礼，

译文

万章说："如今有一个在国都郊外拦路抢劫的人，他也依规矩同我交往，也依礼节送我东西，这样就可以接受

斯可受御与？”曰：“不可；《康诰》曰：‘杀越人于货，闵不畏死，凡民罔不譈。[2]’是不待教而诛[3]者也。殷受夏，周受殷，所不辞也；于今为烈，如之何其受之？”曰：“今之诸侯取之于民也，犹御也。苟善其礼际矣，斯君子受之，敢问何说也？”曰：“子以为有王者作，将比[4]今之诸侯而诛之乎？其教之不改而后诛之乎？夫谓非其有而取之者盗也，充类至义之尽[5]也。孔子之仕于鲁也，鲁人猎较[6]，孔子亦猎较。猎较犹可，而况受其赐乎？”

赃物了吗？”孟子说：“不可以；《康诰》说：‘杀人越货的亡命之徒，是人人都可以杀掉的。’可见这种人是不必先教育就可以诛杀的。这种法律，殷商受之于夏朝，周朝受之于殷商，没有更改；如今这法律更是显赫昭彰，又怎么可以接受赃物呢？”万章说：“今天这些诸侯，他们的财物取自于民，也和拦路抢劫差不多。假如做好交流时的礼节，那么君子也就接受了，请问这又如何解说呢？”孟子说：“你以为若有圣王兴起，对于今天的诸侯，是不加区别全部诛杀呢，还是先行教育，如有不改悔者，然后〔分别不同情形再行〕诛杀？而且，不是自己所有，而取得它，将这种行为说成抢劫，这只是把它归类到‘义’的顶点才说的话。孔子在鲁国做官的时候，鲁国人争夺猎物，孔子也争夺猎物。争夺猎物都可以，何况接受赐予呢？”

注释

1 御：拦截，禁止。

2 “杀越人”至“不譈”：今本《尚书·康诰》作“杀越人于货，暋不畏死，罔弗憝”；“越”为语气词，无实义；于，往；于货，取货；闵，同“暋”(mǐn)，强悍，强横；譈，同“憝”(duì)，怨恨。

3 不待教而诛：赵岐《注》："若此之恶，不待君之教命，遭人得讨之。"《孟子译注》则译为"这是不必先去教育他就可以诛杀的"。按，后说得之。《论语·尧曰》："子张曰：'何谓四恶？'子曰：'不教而杀谓之"虐"……'"《荀子·宥坐》："孔子慨然叹曰：'呜呼！上失之，下杀之，其可乎？不教其民而听其狱，杀不辜也。'"

4 比：同。

5 充类至义之尽：把它强调到义的顶点。

6 猎较：狩猎时，竞争谁能夺得禽兽。

原文

10.4–3 曰："然则孔子之仕也，非事道[1]与？"曰："事道也。"

"事道奚猎较也？"曰："孔子先簿正祭器[2]，不以四方之食供簿正。"

曰："奚不去也？"曰："为之兆[3]也。兆足以行矣，而不行，而后去，是以未尝有所终三年淹也。孔子有见行可之仕，有际可之仕，有公养之仕。[4]于季桓子，见行可之仕也；于卫灵公，际可之仕也；于卫孝公，公养之仕也。"

译文

万章说："然而，孔子出来做官，不是为了行道吗？"孟子说："是为了行道。"

"既然为了行道，为什么又争夺猎物呢？"孟子说："孔子先用文书规定祭祀所用器物和祭品，但不用各处的食物来满足文书规定的祭祀〔，所以必须通过争夺猎物来提供祭品〕。"

万章说："他为什么不离开呢？"孟子说："孔子做官，总要试验一下。试验之后，主张可以实行，君主却不肯实行，这才离开，所以他未曾在一个朝廷停留达到三年。孔子有因可以行道而做官，也有因为君主礼遇他而做官，也有因国君养贤而做官。对于季桓子，是因为可以行道而做官；对于卫灵公，是因为礼遇而做官；对于卫孝公，是因为国君养贤而做官。"

注释

1 事道：行道；所争夺来的猎物原来是为了祭祀，既不能用来供祭祀，便无所用之，争夺猎物的风气自然可以逐渐衰灭了。

2 孔子先簿正祭器：孔子首先用修订簿书来匡正宗庙祭祀之器。

3 兆：开始，试行，试验。

4 际可、公养："际可"为独对某一人之礼遇，"公养"则是对当时一般人之礼待。

原文

10.5 孟子曰："仕非为贫也，而有时乎为贫；娶妻非为养也，而有时乎为养。为贫者，辞尊居卑，辞富居贫。辞尊居卑，辞富居贫，恶乎宜乎？抱关击柝[1]。孔子尝为委吏[2]矣，曰：'会计当而已矣。'尝为乘田[3]矣，曰：'牛羊茁壮长而已矣。'位卑而言高，罪也；立乎人之本朝[4]，而道不行，耻也。"

译文

孟子说："做官不是因为贫穷，但有时候也是因为贫穷。娶妻不是为了奉养父母，但有时候也是为了奉养父母。因为贫穷而做官的，便该拒绝高官，而居于卑位；拒绝厚禄，而只拿薄薪。拒绝高官，居于卑位；拒绝厚禄，只拿薄薪，怎样才合适呢？去守门打更好了。孔子曾经当过管理仓库的小官，他说：'账目清楚就行了。'也曾做过管理牲畜的小官，他说：'牛羊壮实成长了就行了。'位置低下，纵论天下古今，是罪过；站在别人朝廷上做官，而政治主张不能推行，是耻辱。"

注释

1 抱关击柝：抱关，守城门的军卒；柝，音 tuò，值更所击的木头，中空，类今之木鱼。

2 委吏：管仓库的小官。
3 乘田：管畜牧的小官；乘，音 shèng。
4 本朝：朝廷。

原文

10.6-1 万章曰："士之不托诸侯，何也？"孟子曰："不敢也。诸侯失国，而后托于诸侯，礼也；士之托于诸侯，非礼也。"

万章曰："君馈之粟，则受之乎？"曰："受之。"

"受之何义也？"曰："君之于氓[1]也，固周[2]之。"

曰："周之则受，赐之则不受，何也？"曰："不敢也。"

曰："敢问其不敢何也？"曰："抱关击柝者皆有常职以食于上。无常职而赐于上者，以为不恭也。"

译文

万章说："士人不仰仗别国诸侯生活，为什么呢？"孟子说："因为不敢这样。诸侯失去了国家，然后才仰仗别国诸侯，这是合于礼的；士仰仗别国诸侯，是不合于礼的。"

万章说："君主如果送给他谷米，那接受吗？"孟子说："接受。"

"接受又有个什么说法呢？"答道："君主对于流亡者，本来可以周济他。"

问道："周济他，就接受；赐予他，就不接受，为什么呢？"答道："不敢啊。"

问道："请问，不敢接受，又是为什么呢？"答道："守门打更的人都有一定的职务，因而接受上面的给养。没有一定的职务，却接受上面的赐予的，这被认为是不恭敬的。"

注释

1 氓：自他国流亡而来之民。
2 周：周济，接济。

原文

10.6–2 曰："君馈之，则受之，不识可常继乎？"曰："缪公之于子思也，亟问[1]，亟馈鼎肉[2]。子思不悦。于卒也，摽[3]使者出诸大门之外，北面稽首再拜[4]而不受，曰：'今而后知君之犬马畜伋。'盖自是台无馈[5]也，悦贤不能举，又不能养也，可谓悦贤乎？"

曰："敢问国君欲养君子，如何斯可谓养矣？"曰："以君命将[6]之，再拜稽首而受。其后廪人继粟，庖人[7]继肉，不以君命将之。子思以为鼎肉使己仆仆尔[8]亟拜也，非养君子之道也。尧之于舜也，使其子九男事之，二女女焉，百官牛羊仓廪备，以养舜于畎亩之中，后举而加[9]诸上位。故曰，王公之尊贤者也。"

译文

问道："君主给他馈赠，他也就接受，不知道可以经常这样做吗？"答道："鲁缪公对于子思，就是屡次问候，屡次送给他肉食，子思不高兴。最后一次，子思便挥手把来人赶出大门，然后朝北面磕头作揖拒绝了，并说：'今天才知道君主把我当狗当马畜养。'大概从此才不让仆役给子思送礼了。喜爱贤人，却不能重用，又不能有礼貌地照顾生活，可以说是喜爱贤人吗？"

问道："国君要在生活上照顾君子，要怎样才能照顾得好呢？"答道："先称述君主的旨意送给他，他便作揖磕头而接受。然后管理仓库的人经常送来谷米，掌管伙食的人经常送来肉食，这些都不用称述君主的旨意了〔，接受者也就可以不再作揖磕头了〕。子思认为为了一块肉便让自己劳神费力作揖行礼，这便不是照顾君子生活的方式了。尧对于舜，让自己的九个儿子向他学习，把自己的两个女儿嫁给他，而且百官、牛羊、仓库全都具备，来让舜在田野中得到周到的生活照顾，然后提拔他到很高的职位上。所以说，这才算是王公尊敬贤者呀！"

注释

1 问：问讯，问候。

2 鼎肉：熟肉。

3 摽：音 biāo，挥手让别人走开。

4 稽首再拜：碰头于地叫作稽首；再拜，作揖两次；“再拜稽首”是吉拜，表示接受礼物；“稽首再拜”是凶拜，表示拒绝礼物。

5 自是台无馈：台，仆役。赵岐《注》：“台，贱官主使令者。《传》曰：‘仆臣台。’从是之后，台不持馈来，缪公愠也。”杨树达先生认为此句应读为“自是始无馈”，恐非。因为，“自是 +N+V”（N，名词；V，动词）格式的句子在《孟子》成书年代语言中较为常见如：“初，丽姬之乱，诅无畜群公子，自是晋无公族。”（《左传·宣公二年》）而读为“自是始无馈”，则只能归纳为“自是 +V”格式。后者仅见一例：“孙文子自是不敢舍其重器于卫。”（《左传·成公十四年》）况且，“始无”这一词组，最早见于典籍者，为成书于南北朝梁代之《南齐书·列传第五》：“民始无惊恐。”

6 将：送。

7 庖人：官名，类似现在的食堂主任。

8 仆仆尔：烦琐的样子。

9 加：加官。

原文

10.7-1 万章曰：“敢问不见诸侯，何义也？”孟子曰：“在国曰市井之臣，在野曰草莽之臣，皆谓庶人。庶人不传质[1]为臣，不敢见于

译文

万章问道：“请问士子不去谒见诸侯，这是什么道理呢？”孟子答道：“不曾有过职位的人，住在城市，便叫作市井之臣，住在乡野，便叫作草莽之臣，这都叫作庶人。庶人不送见面

诸侯,礼也。"

万章曰:"庶人,召之役,则往役;君欲见之,召之,则不往见之,何也?"曰:"往役,义也;往见,不义也。且君之欲见之也,何为也哉?"

礼而取得臣属资格,不敢去谒见诸侯,这是礼节。"

万章说:"庶人,召他去服役,便去服役;君主想要接见他,召唤他,却不去谒见,这又为什么呢?"孟子说:"去服役,是应该的;去谒见,是不应该的。而且君主想要见他,为的是什么呢?"

注释

1 传质:拿礼物(贽,也就是质)求见,必先由守门者传达,这叫作"传贽"。

原文

10.7–2 曰:"为其多闻也,为其贤也。"

曰:"为其多闻也,则天子不召师,而况诸侯乎?为其贤也,则吾未闻欲见贤而召之也。缪公亟见于子思[1],曰:'古千乘之国以友士,何如?'子思不悦,曰:'古之人有言曰,事之云乎,岂曰友之云乎[2]?'子思之不悦也,岂不曰:

译文

万章说:"为的是他见多识广,为的是他品德高尚。"

孟子说:"如果为的是他见多识广,那天子都不能召唤老师,何况诸侯呢?如果为的是他品德高尚,那我也没听说过想要和贤人见面却召唤他去的。鲁缪公屡次拜访子思,说:'古代有着千辆兵车的国君和士人交友,是怎么样的呢?'子思不高兴,说:'古代人说的意思,是说以士人为师吧,难道是说和士人交友吗?'子思的不高兴,难道不是心里这样说:'论地位,那你是君主,我是臣子,

‘以位，则子，君也；我，臣也；何敢与君友也？以德，则子事我者也，奚可以与我友？’千乘之君求与之友而不可得也，而况可召与？齐景公田，招虞人以旌，不至，将杀之。志士不忘在沟壑，勇士不忘丧其元。孔子奚取焉？取非其招不往也。”

哪敢和你交朋友呢？论道德，那你是向我学习的人，怎么够格和我交朋友呢？’千乘之国的国君追求和他交朋友都办不到，何况召唤他呢？齐景公田猎，用旌来召唤猎场管理员；他不来，准备杀他。有志之士不怕〔死无葬身之地，〕弃尸山沟；勇敢的人〔见义勇为，〕不怕丢掉脑袋。孔子对这个管理员取他哪一点呢？就是取不是他应该接受的召唤之礼，他硬是不去。”

注释

1 见于子思：被子思接见。

2 岂曰友之云乎：即“岂曰云友乎”，应译为：“难道说是指的交友吗？”云，说的，指。

原文

10.7–3 曰：“敢问招虞人何以？”曰：“以皮冠，庶人以旃[1]，士以旂[2]，大夫以旌。以大夫之招招虞人，虞人死不敢往；以士之招招庶人，庶人岂敢往哉？况乎以不贤人之招招贤人乎？欲见贤人

译文

问道：“请问召唤猎场管理员该用什么呢？”答道：“用皮帽子。召唤老百姓用旃，召唤士用旂，召唤大夫用旌。用召唤大夫的礼节去召唤猎场管理员，猎场管理员死也不敢去；用召唤士人的礼节去召唤庶人，庶人难道敢去吗？更何况用召唤不贤之人的礼节去召唤贤人呢？想同贤人会面，却不依循规矩礼

而不以其道，犹欲其入而闭之门也。夫义，路也；礼，门也。唯君子能由是路，出入是门也。《诗》云[3]：'周道如底[4]，其直如矢；君子所履，小人所视[5]。'"

万章曰："孔子，君命召，不俟驾而行；然则孔子非与？"曰："孔子当仕有官职，而以其官召之也。"

节，就好比要请他进来却闭上门。义好比是路，礼好比是门。只有君子能从这条路上走，从这扇门里进。《诗经》说：'大路平似磨刀石，又像箭矢一般直。君子在它上面走，小人以它为法式。'"

万章问道："孔子，国君之命在召唤，不等车马驾好便径行走去。这样看来，孔子错了吗？"答道："那是因为孔子正在做官，有职务在身，国君用他担任的官职去召唤他。"

注释

1 旃：音 zhān，曲柄旗。

2 旂：音 qí，有铃铛的旗。

3《诗》云：所引诗句见《诗经 · 小雅 · 大东》。

4 周道如底：周道，大道；"底"当作"厎"，"厎"即"砥"字，磨刀石。

5 视：看着，看齐，效法。

原文

10.8 孟子谓万章曰："一乡之善士斯友一乡之善士，一国之善士斯友一国之善士，天下之善士斯友天下之善士。以友天下之善士为未足，又尚[1]论古之人。颂[2]其

译文

孟子对万章说："一乡的优秀人物才结交那一乡的优秀人物，一国的优秀人物才结交那一国的优秀人物，天下的优秀人物才结交天下的优秀人物。觉得结交天下的优秀人物还不够，便又追论古代的人物。

诗，读其书，不知其人，可乎？是以论其世也。是尚友也。”

吟诵他们的诗歌，阅读他们的著作，不了解他为何许人，可以吗？所以要讨论他那一个时代。这就是上溯古人和他们交朋友。”

注释

1 尚：同“上”。
2 颂：同“诵”。

原文

10.9 齐宣王问卿。孟子曰：“王何卿之问也？”王曰：“卿不同乎？”曰：“不同；有贵戚之卿[1]，有异姓之卿。”王曰：“请问贵戚之卿。”曰：“君有大过则谏；反复之而不听，则易位。”王勃然变乎色。曰：“王勿异也。王问臣，臣不敢不以正对。”王色定，然后请问异姓之卿。曰：“君有过则谏，反复之而不听，则去。”

译文

齐宣王问有关公卿的事。孟子说：“王所问的是哪种公卿？”王说：“公卿难道还有不同吗？”孟子说：“有不同；有和王室同宗的公卿，有非王族的公卿。”王说：“我请问和王室同宗的公卿。”孟子说：“国君若有重大错误，他便劝谏；反复劝谏而不听从，就废掉他而改立别人。”宣王突然变了脸色。孟子说：“王不要奇怪。王问我，我不敢不告诉您正确的。”宣王脸色淡定了，又请问非王族的公卿。孟子说：“国君若有错误，他便劝谏；反复劝谏而不听从，就离去。”

注释

1 贵戚之卿：同姓之卿。

孟子

告子章句

告子章句上 凡二十章

导读

《告子上》共二十章。第一章告子说，把人的本性做成仁义，正好比用杞柳树来做成杯盘；意谓仁义是对人本性的扭曲。孟子则反驳道，如果顺着而非扭曲杞柳树的本性来做成杯盘，岂非仁义是顺从人性吗？按，在缺乏形式逻辑而以比喻为主要说理手段的古代，这种辩论虽能一时分出高下，却不能自拔于诡辩论的泥淖。第二章告子将本性比喻成急流水，哪边决口往哪边流。孟子顺着告子的比喻说开去——正如水总是往下流，本性也总是向善的。第三章讨论与生俱来的是否就是本性，辩论手法同一、二章，也是比喻。第四章讨论吃喝以及性欲是否人的本性，同样用的是比喻法。第五章辩论义是内在的还是外在的。孟季子对公都子说，心里敬哥哥，却先斟酒给本乡长者，可见“义”是外在的。孟子告诉公都子如何回答，叔叔和弟弟比，当然恭敬叔叔，但当弟弟做代祭者时，则暂时地恭敬弟弟。可见“义”是内在的。第六章，针对孟子主张的“性善”，公都子举出“性无善无不善”“性可以为善，可以为不善”“有性善，有性不善”三种说法，孟子用“恻隐之心，人皆有之；羞恶之心，人皆有之；恭敬之心，人皆有之；是非之心，人皆有之”维护性善说，并指出四者即仁、义、礼、智。第七章进一步指出“富岁，子弟多赖；凶岁，子弟多暴”是由于外在的不好的环境使“善性”变坏了，并通过味觉、听觉、视觉的人人相同来证明是非善恶感的人人相同。第八章告诫说，人的善良本性如果不好好保养而任由外在不良环境摧折，那这人离禽兽也就不远了。第九章以“弈秋诲二人弈”的故事说明“专心致志”是成功的阶梯，与《庄子》“庖丁解牛”故事一样广为人知。第十章讲的是鱼和熊掌不可兼得舍鱼而取熊掌，生和义不可兼得舍生取义的道理，则更加广为人知。孟子进一步指出，由此可知，有比生命更宝贵的东西，贤者能保持而“勿丧”罢了。十一、十二、十三章痛心一般人追求小的，如鸡犬、无名指之伸等等，却放弃了大的，如仁义和良心。十四章进一步指出只知保养小的，只是小人；能够保养大的，才是大人君子。十五章更进一步指出要开动脑筋，思考什么是值得重点保养的“大体”。十六章说，仁义忠信，好善不疲，是上天赐予的爵位；公卿大夫，是俗世认可的爵位。古人追求前者，后者也就跟着来了；今人追求前者，是为了最终追求到后者。这话现实意义很强！十七章申述十六章，俗世认为是宝物的，如公卿大夫，并不一定是真的宝物；仁义满身，才是真正拥有宝物。十八章讲仁义若太少，无济于事。十九章讲仁义不成熟，也无济于事；要让仁义多起来，成熟起来。二十章通过学射箭、学木工来强调规矩的重要。这一部分，除了极小部分，大致可归结为：1. 仁义是内在抑或外在的，也即“性善”与否。2. 外在环境对本性的影响。3. 人应当追求什么？放弃什么？

原文

11.1 告子曰：“性犹杞柳[1]也，义犹杯棬[2]也；以人性为仁义，犹以杞柳为杯棬。”孟子曰：“子能顺杞柳之性而以为杯棬乎？将戕贼杞柳而后以为杯棬也？

译文

告子说：“人的本性好比杞柳树，义理好比杯盘；把人的本性做成仁义，正好比用杞柳树来做成杯盘。”孟子说：“您是顺着杞柳树的本性来做成杯盘呢，还是扭曲杞柳树的本性来做成杯盘？如果要扭曲杞柳树的本性之如将戕贼杞柳而以为杯棬，则亦将戕贼人以为仁义与？率天下之人而祸仁义者，必子之言夫！”

后才做成杯盘，那不也要扭曲人的本性之后才做成仁义吗？率领天下的人来祸害仁义的，一定是您的这些话吧！”

注释

1 杞柳：榉树；杞，音 qǐ。

2 杯棬：一种大杯；棬，音 quān。

原文

11.2 告子曰：“性犹湍水也，决诸东方则东流，决诸西方则西流。人性之无分于善不善也，犹水之无分于东西也。”孟子曰：“水信[1]无分于东西，无分于上下乎？人性之善也，犹水之就下也。人无有不善，水无有不下。今夫水，搏而跃之，可使过颡[2]；激而行之，可使在山。是岂水之性哉？其势则然也。人之可使为不善，其性亦犹是也。”

译文

告子说：“人性好比急流水，东方开了缺口便朝东流，西方开了缺口便朝西流。人性不分善和不善，正好比水性不分东流西流。”孟子说：“水性诚然不分朝东流朝西流，难道也不分朝上流或朝下流吗？人性的善良，正好比水性朝下流。人没有不善良的，水没有不朝下流的。现在那儿有一汪水，拍它而让它涌起来，可以高过额角；汲水使它倒流，可以引上高山。这难道是水的本性吗？某种形势让它这样罢了。人所以能够做坏事，它的本质也正是这样。”

注释

1 信：诚，真的。

2 颡：音 sǎng，额。

原文

11.3 告子曰："生之谓性[1]。"孟子曰："生之谓性也，犹白之谓白与？"

曰："然。""白羽之白也，犹白雪之白；白雪之白犹白玉之白与？"

曰："然。""然则犬之性犹牛之性，牛之性犹人之性与？"

译文

告子说："天生的叫作本性。"孟子说："天生的叫作本性，就好比白色的东西都叫作白色吗？"

答道："是这样。""白羽毛的白色如同白雪的白色，白雪的白色如同白玉的白色吗？"

答道："是这样。""那么，狗性如同牛性，牛性如同人性吗？"

注释

1 生之谓性："生"和"性"是同源字，意义上有联系；与生俱来的本能叫作"性"。

原文

11.4 告子曰："食色，性也。仁，内也，非外也；义，外也，非内也。"孟子曰："何以谓仁内义外也？"

曰："彼长而我长之，

译文

告子说："吃喝以及性欲，是人的本性。仁是内在的，不是外在的；义是外在的，不是内在的。"孟子说："为什么说仁是内在的而义是外在的呢？"

答道："因为他年纪大，我才尊敬他，这尊敬不是我固有的；正好比那东非有长于我也；犹彼白而我白之，从其白于外也，故谓之外也。”曰：“异于白[1]。马之白也，无以异于白人之白也；不识长马之长也，无以异于长人之长与？且谓长者义乎？长之者义乎？”

曰：“吾弟则爱之，秦人之弟则不爱也，是以我为悦者也，故谓之内。长楚人之长，亦长吾之长，是以长为悦者也，故谓之外也。”曰：“耆秦人之炙[2]，无以异于耆吾炙，夫物则亦有然者也，然则耆炙亦有外欤？”

西是白的，是因为它的白是它自己表现在外的，我便把它叫作白东西。所以说它是外在的。”孟子说：“年长和白色是两码事。马的白和白人的白或许并无不同，但是不知道对老马的尊敬和对长者的尊敬，是否也没有什么不同呢？而且，您是说长者义呢，还是说尊敬长者的人义？”

答道：“是我的弟弟妹妹我便爱他，是秦国人的弟弟妹妹我便不爱他，这是因为我自己高兴这样做，所以说仁是内在的。尊敬楚国的长者，也尊敬我自己的长者，这是因为他们年长而令人高兴。所以说义是外在的。”孟子说：“喜欢吃秦国人的烤肉，和喜欢吃自己的烤肉并无不同，各种事物也有这样的情形，那么，难道喜欢吃烤肉也是外在的吗？〔那不和您说的饮食是本性的论点相矛盾了吗？〕”

注释

1 异于白：这是赵岐的读法。

2 耆秦人之炙：耆，同“嗜”；炙，音 zhì，烤肉。

原文

11.5 孟季子[1]问公都

译文

孟季子问公都子说：“为什么说义

子曰:“何以谓义内也?”曰:“行吾敬,故谓之内也。”“乡人长于伯兄一岁,则谁敬?”曰:“敬兄。”“酌则谁先?”曰:“先酌乡人。”“所敬在此,所长在彼,果在外,非由内也。”

公都子不能答,以告孟子。孟子曰:“‘敬叔父乎?敬弟乎?’彼将曰:‘敬叔父。’曰:‘弟为尸[2],则谁敬?’彼将曰:‘敬弟。’子曰:‘恶在其敬叔父也?’彼将曰:‘在位故也。’子亦曰:‘在位故也。庸[3]敬在兄,斯须之敬在乡人。’”

季子闻之,曰:“敬叔父则敬,敬弟则敬,果在外,非由内也。”公都子曰:“冬日则饮汤,夏日则饮水,然则饮食亦在外也?”

是内在的呢?”答道:“我所贯彻的是我内心的恭敬,所以说是内在的。”“本乡人比大哥年长一岁,那你尊敬谁?”答道:“尊敬大哥。”“那么,先给谁斟酒?”答道:“先斟酒给本乡长者。”“内心恭敬的在这里,先敬礼的却在那里,可见义果真是外在的,不是发自内心的。”

公都子不能对答,便来告诉孟子。孟子说:“〔你可以说:〕‘恭敬叔父呢,还是恭敬弟弟?’他会说:‘恭敬叔父。’你又说:‘弟弟若做了代受祭者,那又恭敬谁呢?’他会说:‘恭敬弟弟。’你便说:‘那又怎么解释刚才所说的敬叔父呢?’他会说:‘这是由于弟弟在尊位的缘故。’那你也可以说:‘那也是由于本乡长者在尊位的缘故。平常的恭敬在哥哥,暂时的恭敬在本乡长者。’”

季子听到了这话,又说:“对叔父也是恭敬,对弟弟也是恭敬,毕竟义是外在的,不是发自内心的。”公都子说:“冬天喝热水,夏天喝凉水,那么,难道吃喝〔不是出自本性,〕也是外在的吗?”

注释

1 孟季子:不详其人。

2 尸：古代祭祀不用牌位或者神主，更无画像，而用男女儿童为受祭代理人，叫作“尸”。

3 庸：平，平时。

原文

11.6 公都子曰：“告子曰：‘性无善无不善也。’或曰：‘性可以为善，可以为不善；是故文武兴，则民好善；幽厉兴，则民好暴。’或曰：‘有性善，有性不善；是故以尧为君而有象；以瞽瞍为父而有舜；以纣为兄之子，且以为君，而有微子启、王子比干。’今曰‘性善’，然则彼皆非与？”

孟子曰：“乃若[1]其情，则可以为善矣，乃所谓善也。若夫为不善，非才[2]之罪也。恻隐之心，人皆有之；羞恶之心，人皆有之；恭敬之心，人皆有之；是非之心，人皆有之。恻隐之心，仁也；羞恶之心，义也；恭敬之心，礼也；是非之

译文

公都子说：“告子说：‘本性没有什么善良，也没有什么不善良。’也有人说：‘本性可以让人做好事，也可以让人做坏事；所以当周文王、武王兴起时，百姓便一心向善；周幽王、厉王兴起时，百姓便变得横暴。’也有人说：‘有些人本性善良，有些人本性不善良；所以，以尧为君，也有象这样的百姓；以瞽瞍为父，也有舜这样的儿子；以纣为侄儿，而且贵为君主，也有微子启、王子比干这样的仁人。’如今老师说本性善良，那么，他们的说法都错了吗？”

孟子说：“从人天生的资质看，是可以做好事的，这便是我所说的人性善良。至于有些人做坏事，不能归罪于他的资质。同情心，人人都有；羞耻心，人人都有；恭敬心，人人都有；是非心，人人都有。同情心属于仁，羞耻心属于义，恭敬心属于礼，是非心属于

心，智也。仁义礼智，非由外铄[3]我也，我固有之也，弗思耳矣。故曰：‘求则得之，舍则失之。’或相倍蓰而无算者，不能尽其才者也。《诗》曰：‘天生蒸民，有物有则。民之秉彝，好是懿德。[4]’孔子曰：‘为此诗者，其知道乎！故有物必有则；民之秉彝也，故好是懿德。’”

智。这仁义礼智，不是从外面渗透给我的，是我本身固有的，只是不曾光大它罢了。所以说：‘追求它，就得到它；放弃它，就失去它。’人与人相差一倍、五倍以至无数倍的，就是不能释放人们善良本质的缘故。《诗经》说：‘天生育众民，万物便有规则。百姓秉持着那些通则，喜爱那优良的品德。’孔子说：‘这篇诗的作者真懂得道哇！有事物，便会有其通则；百姓秉持了这些通则，所以喜爱那优良的品德。’”

注释

1 乃若：至于。

2 才：与上文“乃若其情”的“情”都是说人的资质。

3 铄：销熔，引申为抽象意义的熔化、渗透。

4“天生”至“懿德”：见《诗经·大雅·烝民》；“蒸民”，《诗经》作“烝民”；烝（蒸），众；物，事；则，法则；秉，持；彝，常；懿，美。

原文

11.7–1 孟子曰：“富岁，子弟多赖[1]；凶岁，子弟多暴，非天之降才尔殊也，其所以陷溺其心者然也。今夫𪎊麦[2]，播种而耰[3]之，其

译文

孟子说：“丰年，年轻人多半善良；荒年，年轻人多半强暴，不是天生的资质这样不同，是由于不好的环境使他们心思变坏了。好比𪎊麦，播种耪地，如果土地一样，种植的时候一

地同，树之时又同，浡然而生，至于日至[4]之时，皆熟矣。虽有不同，则地有肥硗[5]、雨露之养、人事之不齐也。故凡同类者，举相似也，何独至于人而疑之？圣人，与我同类者。故龙子曰：'不知足而为屦，我知其不为蒉[6]也。'屦之相似，天下之足同也。

样，便会蓬勃地生长，到了夏至，就都成熟了。即便有所不同，那也是由于土地的肥瘦、雨露的多少、工作者的勤惰不同的缘故。所以一切同类之物，无不大体相同，为什么一讲到人类就怀疑了呢？圣人也是我们的同类。龙子曾经说过：'不看清脚样去编草鞋，我准知道不会编成筐子。'草鞋的相似，是因为天下人的脚大体相同。

注释

1 赖：善良。有的注本读"赖"为"懒"，不可信。类似句子都是相反的。例如："文武兴，则民好善；幽厉兴，则民好暴。"（《告子上》）"时年岁善，则民仁且良；时年岁凶，则民吝且恶。"（《墨子·七患》）"故饥岁之春，幼弟不饟；穰岁之秋，疏客必食。"（《韩非子·五蠹》）其中《墨子》一例表达的是类似的意思，尤为可证。

2 麰麦：大麦；麰，音 móu。

3 耰：音 yōu，一种松土的农具；这里指松土。

4 日至：这里指"夏至"。

5 硗：音 qiāo，土地贫瘠。

6 蒉：音 kuì，筐子。

原文

11.7-2 "口之于味，有同耆也；易牙先得我口之

译文

"口对于味道，有相同的嗜好；易牙早就摸准了这一嗜好。假使口对于

所耆者[1]也。如使口之于味也，其性与人殊[2]，若犬马之与我不同类也，则天下何耆皆从易牙之于味也？至于味，天下期于易牙，是天下之口相似也。惟[3]耳亦然，至于声，天下期于师旷，是天下之耳相似也。唯目亦然。至于子都[4]，天下莫不知其姣也。不知子都之姣者，无目者也。故曰，口之于味也，有同耆焉；耳之于声也，有同听焉；目之于色也，有同美焉。至于心，独无所同然乎？心之所同然者何也？谓理也，义也。圣人先得我心之所同然耳。故理义之悦我心，犹刍豢[5]之悦我口。"

味道，他的体验和别人不同，而且像狗及马和人的不同类一样，那么，为什么天下的人都追随着易牙的口味呢？一讲到口味，天下都期望做到易牙那样，这就说明了天下人味觉大体相同。耳朵也这样。一讲到声音，天下都期望做到师旷那样，这就说明了天下人的听觉大体相同。眼睛也这样。一讲到子都，天下没有人不知道他英俊。不认为子都英俊的，那是没有眼睛的人。所以说，口对于味道，有相同的嗜觉；耳对于声音，有相同的听觉；眼睛对于容色，有相同的美感。谈到心，就偏偏没有相同的地方吗？心相同的地方是什么呢？是理，是义。圣人早就懂得了我们内心相同的理义。所以理义使我心高兴，正和猪狗牛羊肉合乎我的口味一般。"

注释

1 易牙先得我口之所耆者：易牙，齐桓公宠臣；耆，同"嗜"。

2 其性与人殊：《孟子译注》说："此宜云'人与人殊'，原文盖省一'人'字。"按，此处"与人殊"之"人"指别人、他人，前面不必有一"人"字。那一时期，"NP+ 与人 + 形容词"格式的句子很常见，例如："尧舜与人同耳。"（《孟子·离娄下》）"其性与人殊"正是这样的句子。而"人与人”之后一般接“相V”，其中V为及物动词。例如：“人与人不相爱，则必相贼……人与人相爱，则不相贼。”（《墨子·兼爱》）而此句既无“相”，“殊”也不是及物动词，故不应补一“人”字。

3 惟：语首助词，无实义。

4 子都：春秋时郑国的美男子；按，“都”有优美义。

5 刍豢：牲畜中食草的如牛羊叫作“刍”，食谷的如犬豕叫作“豢”；豢，音 huàn。

原文

11.8 孟子曰：“牛山[1]之木尝美矣，以其郊于大国[2]也，斧斤伐之，可以为美乎？是其日夜之所息，雨露之所润，非无萌蘖[3]之生焉，牛羊又从而牧之[4]，是以若彼濯濯[5]也。人见其濯濯也，以为未尝有材焉。此岂山之性也哉？虽存乎人者，岂无仁义之心哉？其所以放其良心者，亦犹斧斤之于木也。旦旦而伐之，可以为美乎？其日夜之所息，平旦之气，其好恶与人相近也者几希[6]；则其旦昼[7]之所为，有梏亡之矣[8]。梏之反复，则其夜

译文

孟子说：“牛山的树木曾经是很茂盛的，因为它长在大都市的郊外，老用斧子去砍伐，还能够茂盛吗？当然，它日日夜夜在生长着，雨水露珠在滋润着，不是没有新条嫩芽生长出来，但紧跟着就放羊牧牛，所以变成那样光秃秃了。人们看见那光秃秃的样子，便以为这山不曾有过大树木，这难道是山的本性吗？在某些人身上，难道没有仁义之心吗？他之所以丧失他的良心，也正像斧子对于树木一般，天天去砍伐它，能够茂盛吗？他在白天黑夜里发出来的善心，他在天刚亮时呼吸到的清明之气，那时节他心里的好恶跟一般人相近的，本来就很少；可是一到第二天白昼，他的所作所为又把它消灭了。反复地消灭，那么，他夜里产

气不足以存；夜气不足以存，则其违禽兽不远矣。人见其禽兽也，而以为未尝有才焉者，是岂人之情也哉？故苟得其养，无物不长；苟失其养，无物不消。孔子曰：'操则存，舍则亡；出入无时，莫知其乡[9]。'惟心之谓与？"

生出的善念自然不能存在；夜里产生出的善念不能存在，便和禽兽差不离了。别人看到他简直是禽兽，便以为他不曾有过善良的本质。这难道也是这些人的本性吗？所以，如果得到滋养，没有东西不生长；失掉滋养，没有东西不消亡。孔子说过：'抓紧它就有，手一松就无；出出进进不定时，没人知它哪里住。'这是指人心而说的吧？"

注释

1 牛山：位于齐国国都临淄（在今山东淄博）之南。

2 郊于大国：位于大国的郊外；大国，大都市，指临淄，是当时的大都市之一。

3 萌蘖：新的枝条；萌，草木发芽，树木分蘖；蘖，树木被砍伐或倒下后再生的枝芽。

4 牛羊又从而牧之：牛羊又跟着被放牧了。

5 濯濯：白而无杂质貌，这里用来形容光秃秃无一点绿色；濯，音 zhuó。

6 几希：很少。希，少；今写作"稀"。赵岐读"几希"为"岂希"，不确。《孟子》中其他几处"几希"都是"不多"的意思："人之所以异于禽兽者几希。"（《离娄下》）"人之所以求富贵利达者，其妻妾不羞也，而不相泣者，几希矣。"（同上）"舜之居深山之中，与木石居，与鹿豕游，其所以异于深山之野人者几希。"（《尽心上》）

7 旦昼：明天。

8 有梏亡之矣：有，同"又"；梏，同"牿(gù)"，圈禁。

9 莫知其乡：乡，家乡，住的地方。赵岐《注》："乡犹里，以喻居也。"焦循《孟子正义》读“乡”为“向”,《孟子译注》采纳其说。按,周秦文献中未见“其向”连文者,焦说恐非。“其乡”则多见,“乡”基本上都如字读。如:“乡长治其乡。”(《墨子·尚同》)赵岐《注》可从。

原文

11.9 孟子曰:“无或[1]乎王之不智也。虽有天下易生之物也,一日暴之,十日寒之,未有能生者也。吾见亦罕矣,吾退而寒之者至矣,吾如有萌[2]焉何哉?

“今夫弈之为数[3],小数也;不专心致志,则不得也。弈秋,通国之善弈者也。使弈秋诲二人弈,其一人专心致志,惟弈秋之为听。一人虽听之,一心以为有鸿鹄[4]将至,思援弓缴[5]而射之,虽与之俱学,弗若之矣。为是其智弗若与?曰:非然也。”

译文

孟子说:“不要对王的不明智感到奇怪。即使有一种最容易成长的植物,晒它一天,冷它十天,也没见到能够成活的。我和王相见的次数实在太少了,我每次回去后,来‘冷’王的〔佞幸小人〕就接踵而至了;那么,我对于王善良之心的萌芽能起什么作用呢?

“譬如下棋,只是个小技艺,但如果不一心一意,也不能学好。弈秋下棋,全国第一。假使让他培养两个人下棋,其中一人一心一意,只听弈秋的话。另一人呢,虽然也听着弈秋说话,心里却老想着有只天鹅快要飞来,想着拿起弓箭去射它。这样,即使和前一人一道学习,成绩一定不如人家。是因为他的才智不如人家吗?当然不是这样的。”

注释

1 或:同“惑”。

2 有萌：有，动词词头；萌，草木发芽，发端。
3 弈之为数：弈，围棋；数，技也。
4 鸿鹄：天鹅。
5 缴：音 zhuó，生丝，用来系在箭上，因此也把系着丝线的箭叫作“缴”。

原文

11.10 孟子曰：“鱼，我所欲也，熊掌亦我所欲也；二者不可得兼，舍鱼而取熊掌者也。生亦我所欲也，义亦我所欲也；二者不可得兼，舍生而取义者也。生亦我所欲，所欲有甚于生者，故不为苟得也；死亦我所恶，所恶有甚于死者，故患有所不辟也。如使人之所欲莫甚于生，则凡可以得生者，何不用也？使人之所恶莫甚于死者，则凡可以辟患者，何不为也？[1] 由是则生而有不用也，由是则可以辟患而有不为也。是故所欲有甚于生者，所恶有甚于死者。

译文

孟子说：“鱼是我想要的，熊掌也是我想要的；如果两者不能都要，便放弃鱼而获取熊掌。生命是我想要的，道义也是我想要的；如果两者不能都要，便放弃生命而获取道义。生命固然是我想要的，但是我想要的还有比生命更宝贵的，所以我不做苟且偷生的事；死亡固然是我所厌恶的，但是我厌恶的还有比死亡更讨厌的，所以有的祸患我不能逃避。如果人们想要的没有比生命更宝贵的，那么，一切可以求得生存的手段，为什么却会有人不去用它呢？如果人们所厌恶的没有比死亡更讨厌的，那么，一切可以免除祸患的事情，为什么也会有人不去做它呢？由此可知，〔有时候分明〕可以活下去，也是会放弃的；由此可知，〔有时候分明〕可以避免祸患，也仍会坚守的。因此可知，有比生命更值得拥有的东西，也有比死亡更令人厌恶的东西。

"非独贤者有是心也，人皆有之，贤者能勿丧耳。一箪食，一豆[2]羹，得之则生，弗得则死，呼尔而与之，行道之人弗受；蹴尔[3]而与之，乞人不屑也。万钟则不辨礼义而受之。万钟于我何加焉？为宫室之美、妻妾之奉[4]、所识穷乏者得我[5]与？乡[6]为身死而不受，今为宫室之美为之；乡为身死而不受，今为妻妾之奉为之；乡为身死而不受，今为所识穷乏者得我而为之。是亦不可以已乎？此之谓失其本心。"

"这种心不仅仅贤人有，人人都有，不过贤人能够保持它罢了。一筐饭，一盘肉，得到便能活下去，得不到则死路一条，吆喝着给他，路过的饿人都不会接受；脚踏过给他，即使乞丐也不屑于接受。〔然而有人对〕万钟的俸禄却不管是否合于礼义而接受了。万钟的俸禄对我能增加些什么呢？是为了住宅的华美、妻妾的侍奉和所认识的贫苦人感恩戴德吗？过去宁肯死也不愿接受，今天却为了华美的住宅而接受了；过去宁肯死也不愿接受，今天却为了供养妻妾而接受了；过去宁肯死也不愿接受，今天却为了所认识的贫苦人感恩戴德而接受了。这些难道不可以悬崖勒马吗？这样做就叫作丢失了人的本性。"

注释

1 何不用也、何不为也：包括《孟子译注》在内的其他注本理解为"什么不使用呢""什么不干呢"，我们译为"为什么不用呢""为什么不做呢"。因为，a. 先秦典籍中的"何不V"，都是"为什么不V"，未见可理解为"什么不V"的。也即，"何不"用于任指表周遍义(类似"他啥都好""什么都新鲜")，当时语言中未见，是晚起的语言现象。到了汉代，"何不V"表周遍义产生了，汉末的赵岐也就用汉代才产生的语言现象来解释"何不用也""何不为也"两句了。b."由是"意为"因此"，它是顺承上文的。如果译为“为什么不用呢”“为什么不做呢”,下文“由是则生而有不用也,由是则可以辟患而有不为也”正好顺承上文;而译为“什么不使用呢”“什么不干呢”,“由是”却是逆承了,这与它的一贯用法不符。

2 豆:盛羹汤的高脚盘。

3 蹴尔:蹴,音 cù,踩,践踏;尔,动词、形容词、副词的词尾。

4 妻妾之奉:供养妻妾。赵岐《注》:“岂不为广美宫室、供奉妻妾、施与所知之人穷乏者?”有的注本解为“妻妾的侍奉”,以下各例支持赵岐的解释:“凡用兵之法……内外之费,宾客之用,胶漆之材,车甲之奉,日费千金。”(《孙子·作战篇》)“凡兴师十万,出征千里,百姓之费,公家之奉,日费千金。”(《用间篇》)“握以下者为柴楂,把以上者为室奉,三围以上为棺椁之奉。”(《管子·山国轨》)“大夏,帷盖衣幕之奉不给。”(《轻重丁》)车甲之奉,指养护车甲的费用。公家之奉,指国家用度的支出。“三围以上为棺椁之奉”,指三围以上的木材供造棺椁之用。“帷盖衣幕之奉不给”,指帷盖衣幕的供给难以为继。

5 得我:得,通“德”;德我,对我感恩戴德。

6 乡:通“向”,以往,以前。

原文

11.11 孟子曰:“仁,人心也;义,人路也。舍其路而弗由,放其心而不知求,哀哉!人有鸡犬放[1],则知求之;有放心而不知求。学问之道无他,求其放心而已矣。”

译文

孟子说:“仁是人的良心,义是人的正路。放弃了那条正路不走,丢失了那颗良心而不晓得去追回,真可悲呀!一个人,有鸡和狗走失了,晓得要去找回,有良心丢失了,却不晓得去追回。学问之道没有别的,就是把那丢失了的良心追回来罢了。”

11.12 孟子曰："今有无名之指屈而不信[2]，非疾痛害事也，如有能信之者，则不远秦楚之路，为指之不若人也。指不若人，则知恶之；心不若人，则不知恶，此之谓不知类[3]也。"

孟子说："现在有个人，他无名指弯曲而不能伸直，虽然不痛也不妨碍做事，如果有人能够让它伸直，即使跑去秦国楚国才能见得着那人，也不嫌远，为的是无名指比不上别人。无名指比不上别人，就知道厌恶；心性不及别人，竟不知道厌恶，这个就叫作不知轻重。"

注释

1 放：走失。

2 信：同"伸"。

3 不知类：不懂得触类旁通、举一反三。当时典籍中的"知类"均为此义。如："今人曰：'某氏多货，其室培湿，守狗死，其势可穴也。'则必非之矣。曰：'某国饥，其城郭庳，其守具寡，可袭而篡之。'则不非之。乃不知类矣。"（《吕氏春秋·有始览》）

原文

11.13 孟子曰："拱把[1]之桐梓，人苟欲生之，皆知所以养之者[2]。至于身，而不知所以养之者，岂爱身不若桐梓哉？弗思甚也。"

译文

孟子说："一两把粗的桐树梓树，想要让它茁壮成长，人人都晓得如何去培养。至于人本身，却不晓得如何去培养；难道爱自己还赶不上爱桐树梓树吗？真是太不爱动脑筋了。"

注释

1 拱把：拱，合两手拿；把，一只手拿。

2 皆知所以养之者：这句话可以有两种理解：a. 人人皆知所以养之者。

"皆"的语义指向是上一句"人苟欲生之"的"人"。b.尽知"所以养之"的各种方法、手段。"皆"的语义指向是"所以养之者"。赵岐说:"人皆知灌溉而养之。"可见他的理解是前者。"皆"的语义指向一般是其主语。如:"从我于陈、蔡者,皆不及门也。"(《论语·先进》)"如有不嗜杀人者,则天下之民皆引领而望之矣。""百姓皆以王为爱也。"(均见《孟子·梁惠王上》)《曹刿论战》:"小人有母,皆尝小人之食矣。"这一"皆"似乎是指向"小人之食"的,其实有可能是说"小人之母""每次都"尝了"小人之食","皆"的语义指向依然是主语。指向宾语,一般都用"尽""遍""备"来修饰动词:"故不尽知用兵之害者,则不能尽知用兵之利也。"(《孙子·作战篇》)

原文

11.14 孟子曰:"人之于身也,兼所爱。兼所爱,则兼所养也。无尺寸之肤不爱焉,则无尺寸之肤不养也。所以考其善不善者,岂有他哉?于己取之而已矣。体有贵贱,有小大。无以小害大,无以贱害贵。养其小者为小人,养其大者为大人。今有场师,舍其梧槚[1],养其樲棘[2],则为贱场师焉。养其一指而失其肩背,而不知也,则为狼疾[3]人也。饮食之人,则

译文

孟子说:"人们对于自己的身体,真是加倍珍惜。加倍珍惜,便加倍保养。没有一尺一寸的皮肤不珍惜,便没有一尺一寸的皮肤不保养。考察他养护得好或者不好,难道还有别的吗?只是观察他对于己身的养护何所取而已。身体四肢有重要的,也有次要的;有小的,也有大的。不要因为小的而损害大的,不要因为次要的而损害重要的。只知保养小的就是芸芸众生,力求保养大的便是道德君子。现在有一位园艺师,放弃梧桐楸树,却去培养酸枣,那就是位很糟的园艺师。如果有人只保养他的一根手指,却丢失了肩头背脊,自己还

人贱之矣，为其养小以失大也。饮食之人无有失也，则口腹岂适[4]为尺寸之肤哉？”

不明白，那便是糊涂蛋了。只晓得吃吃喝喝〔而不晓得培养心志〕的人，人家都轻视他；因为他只保养了小的，而丢失了大的。如果讲究吃喝的人并不影响心志的培养，那么，他的吃喝难道仅仅是为了满足身体的那一小部分吗？”

注释

1 梧槚：梧，梧桐；槚，音 jiǎ，即楸树。梧桐、楸树都是好木料。

2 樲棘：樲(èr)、棘，都是酸枣，这是同义词连用。

3 狼疾：同“狼藉”。

4 适：恰恰。

原文

11.15 公都子问曰：“钧[1]是人也，或为大人，或为小人，何也？”孟子曰：“从其大体为大人，从其小体为小人。”曰：“钧是人也，或从其大体，或从其小体，何也？”

曰：“耳目之官不思，而蔽于物。物交物，则引之而已矣。心之官则思，思则得之，不思则不得也。此[2]天之所与我者。

译文

公都子问道：“同样是人，其中有些是君子，有些是小人，为什么呢？”孟子答道：“放纵满足身体重要部分的是君子，放纵满足身体次要部分的是小人。”问道：“同样是人，有人放纵满足重要部分的需要，有人放纵满足次要部分的欲望，又为了什么呢？”

答道：“耳朵眼睛这类器官不会思考，故易为外物所蒙蔽。〔故耳目也不过是一物。它们〕一与外物接触，便被引向迷途了。心这个器官的功能是思考，一思考便可求得事物的真谛，不思考便得不先立乎其大者，则其小者不能夺也。此为大人而已矣。”

到。思考的能力是上天赋予人类的。因此，先把这重要的器官树立起来，次要的器官便不能喧宾夺主了。要成为君子，不过如此。”

注释

1 钧：同“均”。

2 此：有的《孟子》古本作“比天之所与我者”，而且赵岐的解释是“比方天所与人性情”。但“比”的类似用法当时文献中未见。相反，读为“此天之所与我者”，类似句子比比皆是：“今若天飘风苦雨，溱溱而至者，此天之所以罚百姓之不上同于天者也。”（《墨子·尚同上》）“强之暴寡，诈之谋愚，贵之傲贱，此天之所不欲也。”（《天志中》）

原文

11.16 孟子曰：“有天爵者，有人爵者。仁义忠信，乐善不倦[1]，此天爵也；公卿大夫，此人爵也。古之人修其天爵，而人爵从之。今之人修其天爵，以要人爵；既得人爵，而弃其天爵，则惑之甚者也，终亦必亡而已矣。”

译文

孟子说：“有上天赐予的爵位，有俗世认可的爵位。仁义忠信，好善不疲，这是上天赐予的爵位；公卿大夫，这是俗世认可的爵位。古代的人修养上天赐予的爵位，俗世认可的爵位也就跟着来了。现在的人修养上天赐予的爵位，为的是追求俗世认可的爵位；若已经得到俗世认可的爵位，便放弃上天赐予的爵位，真是糊涂透顶了，到头来连俗世认可的爵位也会丢掉的。”

注释

1 乐善不倦：杨伯峻先生译为“不疲倦地好善”，有人纠正他说，这一

“倦”应该是“厌倦”义。其实杨译是对的。从当时文献看,疲倦义是本义,厌倦义是东汉魏晋以后才产生的引申义。从“倦”与同义词组成的短语看,和“劳”“罢”(疲)组成的同义短语见于先秦两汉典籍,而与“厌”组成的同义短语则见成书于西晋的《三国志》和南北朝的《后汉书》《颜氏家训》。也就是说,《孟子》成书时代“倦”还没有厌倦义。

原文

11.17 孟子曰:“欲贵者,人之同心也。人人有贵于己者,弗思耳矣。人之所贵者,非良贵也。赵孟[1]之所贵,赵孟能贱之。《诗》云[2]:‘既醉以酒,既饱以德。’言饱乎仁义也,所以不愿人之膏粱之味也[3];令闻广誉施于身,所以不愿人之文绣[4]也。”

译文

孟子说:“希望尊贵,是人们的共同心理。每个人都固有他可尊贵的东西,只是不去想它罢了。别人当成宝物的,不一定真的是宝物。赵孟当成宝物的,赵孟也能让它轻贱。《诗经》说:‘酒已经喝多了,德已经满身了。’说的是既有仁义满身,也就不羡慕别人的肥肉精米了;人所共知的好名声集我一身,也就不羡慕别人的花团锦簇了。”

注释

1 赵孟:晋国正卿赵盾字孟,因而其子孙都称赵孟。

2《诗》云:所引诗句见《诗经·大雅·既醉》。

3 所以不愿人之膏粱之味也:愿,羡慕;膏,肥肉;粱,细粮。

4 文绣:古时有爵位者所穿着的绣服。

原文

11.18 孟子曰："仁之胜不仁也，犹水胜火。今之为仁者，犹以一杯水救一车薪之火也；不熄，则谓之水不胜火，此又与于不仁之甚者，亦终必亡而已矣。"

11.19 孟子曰："五谷者，种之美者也；苟为不熟，不如荑稗[1]。夫仁，亦在乎熟之而已矣。"

11.20 孟子曰："羿之教人射，必志于彀[2]；学者亦必志于彀。大匠诲人必以规矩[3]，学者亦必以规矩[4]。"

译文

孟子说："仁胜过不仁，正像水可以扑灭火一样。如今行仁的人，好像用一杯水来扑灭一车木柴的火焰；火焰不熄灭，便说水不能扑灭火，这些人等于又和那很不仁的人为伍了，到头来连他们的那一点点仁都会消亡的。"

孟子说："五谷〔的种子〕是种子中的精品，但如果未能成熟，反而不及稊米和稗子。仁，也在于使它成熟罢了。"

孟子说："羿教人射箭，一定期望学射者心志专一于拉满弓；学习的人也一定要心志专一。优秀木匠教诲徒弟，一定要教会他们使用圆规和矩尺；作为学者，也一定要学会'用圆规和矩尺'。"

注释

1 荑稗：音 tíbài，即"稊稗"；稊，稗类，结实甚小，可以作家畜饲料，古人也用来备凶年。

2 彀：音 gòu，张满弓。

3 规矩：赵岐说："规，所以为圆也（用来画圆的）；矩，所以为方也（用来画方的）。"他的意思，规是圆规，矩是矩尺。朱熹却说："规矩，匠之法也。"他理解的"规矩"和我们现在所说的"规矩"一样。从那时文献看，赵岐的理解是对的。例如："圣人既竭目力焉，继之以规矩准绳，以为（用来量）方员平直。"（《孟子·离娄上》）"轮匠执其规矩，以度（测量）天下之方圆。"（《墨子·天志上》）准，水平仪。绳，墨线，现在木匠还在用。

4 这是在打比喻。

告子章句下凡十六章

导读

《告子下》共十六章。第一章提出了比较轻重的原则必须是同等体积的，比较高矮的原则必须站在同一高度。以此类推，比较“礼”与“食”孰轻孰重，不能拿食的重者去比较礼的轻者。第二章说，想成为尧舜并不难，“尧舜之道，孝弟而已矣。子服尧之服，诵尧之言，行尧之行，是尧而已矣”。第三章讲孝是发自肺腑的对父母的依恋。第四章是《孟子》首章“王何必曰利？亦有仁义而已矣”的老调重弹。第五章讲送礼不在礼品的贵重，而在心意是否到；如心意不到，收礼者不必与送礼者见面道谢。第六章，孟子面临功业未立而离去的指责和用贤则“鲁之削也滋甚”的风评，指出，1.“虞不用百里奚而亡，秦穆公用之而霸。不用贤则亡，削何可得与?”2.“孔子则欲以微罪行，不欲为苟去。君子之所为，众人固不识也。”我的离去，和孔子相仿佛。第七章提出“五霸者，三王之罪人也；今之诸侯，五霸之罪人也；今之大夫，今之诸侯之罪人也”，并给出了理由。7.14 提出“争地以战，杀人盈野；争城以战，杀人盈城”，故“善战者服上刑”，第八章宗旨与 7.14 相仿佛，因而“君子之事君也，务引其君以当道，志于仁而已”。第九章认为“今之所谓良臣，古之所谓民贼也”，因为“君不乡道”而臣“富之”“为之强战”，如同“富桀”“辅桀”。第十章提出，收税远远低于十分之一，将使得文明倒退；收税远远高于十分之一，就如同实行暴政。十一章说大禹的治水，是“以四海为壑”；而“良臣”

白圭的治水，不过是“以邻国为壑”罢了。十二章讲君子离不开诚信。十三章讲“好善优于天下”的道理，因为“苟好善，则四海之内皆将轻千里而来告之以善”。十四章讲古之君子要君主如何礼遇他才出仕，共分三等。十五章就是著名的“天将降大任于是人也，必先苦其心志，劳其筋骨，饿其体肤……”就不必多介绍了。十六章说，不屑于教育某人，这态度对某人也算是一种教育。这一部分，除了两三章，大致可归结为：1. 如何践行仁义礼智孝悌等等，包括其中的一些技术性问题。2. 抨击“五霸”“诸侯”“今之大夫”，抨击助纣为虐的“良将”“良臣”。

原文

12.1–1 任人有问屋庐子曰[1]：“礼与食孰重？”曰：“礼重。”“色与礼孰重？”曰：“礼重。”

曰：“以礼食，则饥而死；不以礼食，则得食，必以礼乎？亲迎[2]，则不得妻；不亲迎，则得妻，必亲迎乎？”

屋庐子不能对，明日之邹[3]以告孟子。

译文

有个任国人问屋庐子说：“礼和食哪个重要？”答道：“礼重要。”“女色和礼哪个重要？”答道：“礼重要。”

问道：“如果守礼法找吃的，会饿死；不守礼法找吃的，能找到吃的，那一定要守礼法吗？如果行迎亲礼，得不到妻子；不行迎亲礼，能得到妻子，那一定要行迎亲礼吗？”

屋庐子答不上来，第二天去邹国时，把这话告诉了孟子。

注释

1 任人有问屋庐子曰：任，古国名，故城在今山东济宁；屋庐子，孟子弟子，名连。

2 亲迎(yíng)：古代婚姻礼仪；新郎亲迎新妇，自诸侯至于老百姓都如此。

3 邹:在今山东邹城东南,与故任国相距约百里。

原文

12.1–2 孟子曰:"于答是也何有[1]? 不揣[2]其本,而齐其末,方寸之木可使高于岑楼[3]。金重于羽者,岂谓一钩金[4]与一舆羽之谓哉? 取食之重者与礼之轻者而比之,奚翅[5]食重? 取色之重者与礼之轻者而比之,奚翅色重? 往应之曰:'紾[6]兄之臂而夺之食,则得食;不紾,则不得食,则将紾之乎? 逾东家墙而搂其处子[7],则得妻;不搂,则不得妻,则将搂之乎?'"

译文

孟子说:"回答这个有什么难呢? 如果不度量底部,而只比较它的顶端,那一寸厚的木块〔若放在高处,〕可以让它高于尖角高楼。金子比羽毛重,难道是说的一小块金子和一大车羽毛吗? 拿吃的重要方面和礼的细枝末节来比较,何止说吃更重要? 拿女色的重要方面和礼的细枝末节来比较,何止说女色更重要? 你回去这样回答他吧:'扭断哥哥的胳膊,去抢夺他的食物,就能得到吃的;不去扭断,就得不到吃的,还会去扭断吗? 爬过东邻的墙去拉扯处女,能得到老婆;不去拉扯,不能得到老婆,还会去拉扯吗?'"

注释

1 于(於)答是也何有:赵岐《注》:"於,音乌,叹辞也。"因此一些《孟子》注本将这段话断作:"於(wū)! 答是也何有。"(如中华书局之焦循《孟子正义》)朱熹《孟子集注》却说:"于(於),如字。何有,不难也。"杨伯峻先生《孟子译注》因此断作"于答是也,何有?"翻译为:"答复这个有什么困难呢?"按,朱熹的理解是正确的。a. 叹词"於"在《孟子》中一般作"恶"。如:"恶! 是何言也?"(《公孙丑上》《公孙丑下》)只是在《尚书》中才作"於"。如:"於,鲧哉!"(《尧典》)b. 更为重要的是，"答是也何有"前边必须有一介词"于"(於)，也即"答是也何有"在那一时代的语言中是不能存在的。"于……何有"是当时语言表示"不难"的一个固定结构。如："苟正其身矣，于从政乎何有？"(《论语·子路》)。

2 揣：音 chuǎi，度量高度。

3 岑楼：高锐似山的楼。

4 一钩金：重当时的三分之一两。

5 奚翅：何止；"翅"同"啻"，止。

6 紾：音 zhěn，扭转。

7 搂其处子：搂，拉扯；处子，处女。

原文

12.2 曹交[1]问曰："人皆可以为尧舜，有诸？"孟子曰："然。""交闻文王十尺，汤九尺，今交九尺四寸以长，食粟而已，如何则可？"

曰："奚有于是[2]？亦为之而已矣。有人于此，力不能胜一匹雏[3]，则为无力人矣；今曰举百钧，则为有力人矣。然则举乌获[4]之任，是亦为乌获而已矣。夫人岂以不胜为患哉？弗为耳。徐行后长者谓之弟[5]，疾行先长者谓之不弟。夫徐行者，岂

译文

曹交问道："人人都可以做尧舜，有这说法吗？"孟子答道："有的。"曹交问："我听说文王十尺高，汤九尺高，如今我有九尺四寸多高，只会吃饭罢了，要怎样做才好呢？"

孟子说："这算得了什么呢？只要努力去做就行了。比如这里有个人，自认为一只小鸡都提不起来，便是毫无力气的人了；说自己能举起三千斤，便是很有力气的人了。那么，举得起乌获所举重量的，也就是乌获了。一个人怎能以不胜任为忧呢？只是不去做罢了。慢点儿走，走在长者之后，便叫作'悌'；飞步紧走，

人所不能哉？所不为也。尧舜之道，孝弟而已矣。子服尧之服，诵尧之言，行尧之行，是尧而已矣。子服桀之服，诵桀之言，行桀之行，是桀而已矣。”

曰：“交得见于邹君，可以假馆，愿留而受业于门。”曰：“夫道若大路然，岂难知哉？人病不求耳。子归而求之，有余师。”

抢在长者之前，便叫‘不悌’。慢点儿走，难道是人做不到的吗？只是不做罢了。尧舜之道，不过是‘孝’和‘悌’而已。你穿尧的衣服，说尧的话，做尧所做的事，这就是尧了。你穿桀的衣服，说桀的话，做桀所做的事，这就是桀了。”

曹交说：“我准备去谒见邹君，向他借个地方住，情愿留在您门下学习。”孟子说：“道就像大路一样，难道难于认清吗？怕只怕人不去探求罢了。你回去自己探求吧，老师嘛有的是。”

注释

1 曹交：不知何人。

2 奚有于是：这（指这么个大块头，却只会吃饭）又算得了什么，这不算什么。类似“奚有于是”的有“平原之隰，奚有于高？大山之隈，奚有于深？”（《管子·形势》）意思是“它的高又算得了什么”“它的深又算得了什么”。

3 一匹雏：雏，小鸡；这里“匹”字疑有误，因为那时只有“马三匹”的表达法，没有“三匹马”的表达法，当然也不可能有“一匹雏”的说法。

4 乌获：上古的大力士。

5 弟：通“悌”，弟弟尊敬哥哥。

原文

12.3–1 公孙丑问曰：“高子曰，《小弁》[1]，小人之诗也。”

译文

公孙丑问道：“高子说，《小弁》是小人写的诗。是吗？”孟子说：“为孟子曰："何以言之？"曰："怨。"曰："固哉，高叟之为诗也！有人于此，越人关弓而射之，则己谈笑而道之；无他，疏之也。其兄关弓而射之，则己垂涕泣而道之；无他，戚之[2]也。《小弁》之怨，亲亲也。亲亲，仁也。固矣夫，高叟之为诗也！"

什么这样说呢？"答道："幽怨。"孟子说："太鄙陋了，高老先生的讲诗！这里有个人，若是越国人张弓射他，事后他可以谈笑风生地讲述这事；没有别的，只是因为越国人和他关系疏远。要是他哥哥张弓射他，事后他会一把鼻涕一把泪地讲述这事；没有别的，为此伤心哪。《小弁》的幽怨，正由于依恋亲人哪。依恋亲人，就是仁哪。太鄙陋了吧，高老先生的讲诗！"

注释

1《小弁》：《诗经·小雅》中的一篇；弁，音 pán。

2 戚之：为之悲戚。《荀子·强国》："仅存之国危而后戚之，亡国至亡而后知亡。"

原文

12.3-2 曰："《凯风》[1]何以不怨？"

曰："《凯风》，亲之过小者也；《小弁》，亲之过大者也。亲之过大而不怨，是愈疏也；亲之过小而怨，是不可矶[2]也。愈疏，不孝也；不可矶，亦不孝也。

译文

公孙丑说："《凯风》为什么不幽怨呢？"

答道："《凯风》这篇诗，是由于母亲有小过失；《小弁》这一篇诗，却是由于父亲有大过失。父母的过失大，而不抱怨，那是更疏远父母；父母的过错小，却去抱怨，那是这人容易动怒。更疏远父母是不孝，对父母动辄发怒也是不孔子曰：'舜其至孝矣，五十而慕[3]。'"

孝。孔子说：'舜是最孝顺的人了，五十岁还依恋父母。'"

注释

1《凯风》：见于《诗经·国风·邶风》，是赞美孝子的一篇诗。

2 不可矶：意思是稍微刺激就发大脾气；矶，音 jī，激怒。

3 慕：依恋。

原文

12.4 宋牼将之楚[1]，孟子遇于石丘，曰："先生将何之？"曰："吾闻秦楚构兵，我将见楚王说而罢之。楚王不悦，我将见秦王说而罢之。二王我将有所遇焉。"

曰："轲也请无问其详，愿闻其指[2]。说之将何如？"曰："我将言其不利也。"

曰："先生之志则大矣，先生之号[3]则不可。先生以利说秦楚之王，秦楚之王悦于利，以罢三军之师，是三军之士乐罢而悦于利也。为人臣者怀利以事其君，为人子者怀利以事其父，为人弟者怀利以事其兄，是君

译文

宋牼要到楚国去，孟子在石丘碰到了他，孟子问道："先生准备打哪儿去？"答道："我听说秦楚两国交兵，我打算去谒见楚王，劝他罢兵。如果楚王不高兴的话，我又打算去谒见秦王，劝他罢兵。在两位王中，我总会有所遇合。"

孟子说："我不想问得太详细，只想知道你讲话的主旨，你将如何进言呢？"答道："我打算陈述交战如何不利。"

孟子说："先生的志向固然很大，先生的主张却不可行。先生用利来向秦王、楚王进言，秦王、楚王因为喜欢有利，才停止军事行动，这就使得三军官兵乐于罢兵，而去喜欢利。做臣属的怀揣着利而服事君主，做儿子

臣、父子、兄弟终[4]去仁义，怀利以相接，然而不亡者，未之有也。先生以仁义说秦楚之王，秦楚之王悦于仁义，而罢三军之师，是三军之士乐罢而悦于仁义也。为人臣者怀仁义以事其君，为人子者怀仁义以事其父，为人弟者怀仁义以事其兄，是君臣、父子、兄弟去利，怀仁义以相接也，然而不王者，未之有也。何必曰利？”

的怀揣着利而服事父亲，做弟弟的怀揣着利而服事兄长，这就会使君臣、父子、兄弟之间最终都丢弃仁义，为了利益而打交道；这样而国家不灭亡的，是从没有过的事。如果先生用仁义来向秦王、楚王进言，秦王、楚王因为喜欢仁义而停止军事行动，这就会使三军官兵乐于罢兵，而去喜欢仁义。做臣属的满怀仁义来服事君主，做儿子的满怀仁义来服事父亲，做弟弟的满怀仁义来服事兄长，这就会使君臣、父子、兄弟之间都放弃唯利是图的念头，满怀仁义来打交道；这样的国家不以德政统一天下的，也是从没有的事。为什么定要言必称‘利’呢？”

注释

1 宋牼：宋国人，战国著名学者；牼，音 kēng。

2 指：意指，意向，略同于“旨”，大旨，宗旨。

3 号：名号，名义，提法。

4 终：至终，最终，最后。

原文

12.5 孟子居邹，季任[1]为任处守，以币交，受之而不报。处于平陆[2]，储子为

译文

孟子住在邹国时，季任留守任国，代理国政，送礼物来和孟子交友，孟子接受了，但不回报。孟子住在平

相，以币交，受之而不报。他日，由邹之任，见季子；由平陆之齐，不见储子。屋庐子喜曰："连得间矣。"

问曰："夫子之任，见季子；之齐，不见储子，为其为相与？"曰："非也；《书》曰[3]：'享多仪[4]，仪不及物曰不享，惟不役志于享。'为其不成享也。"屋庐子悦。或问之，屋庐子曰："季子不得之邹，储子得之平陆。"

陆时，储子做齐国的卿相，也送礼物来和孟子交友，孟子接受了，也不回报。过了些时候，孟子从邹国到任国，拜访了季子；从平陆到齐都，却不去拜访储子。屋庐子高兴地说："我钻到老师的空子了。"

便问道："老师到任国，拜访季子；到齐都，不拜访储子，是因为储子只是卿相吗？"答道："不是。《尚书》说过：'享献之礼本应仪节很多，如果仪节的隆盛赶不上礼物的丰盛，便等于没有享献，因为他的心意没有用在享献上面。'这是因为他并没有真正完成享献的缘故。"屋庐子听了很高兴。有人问他，他说："季子做不到亲身去邹国，储子却能做到亲身去平陆。〔他为什么不亲自送礼去呢？〕"

注释

1 季任：任国国君之弟。

2 平陆：今山东汶上。

3《书》曰：引句见《尚书·洛诰》。

4 享多仪：享见之礼仪繁多。有把这一"多"释为"推重，赞扬"的，但这一意义约产生于战国晚期，不可能早至《洛诰》成文时期。这一"多"为"多少"之"多"。类似文例如："忌则多怨，又焉能克？"（《左传·僖公九年》）"齐侯好内，多内宠。"（《僖公十七年》）"民之多幸，国之不幸也。"（《宣公十六年》）

原文

12.6-1 淳于髡曰："先名实[1]者，为人也；后名实者，自为[2]也。夫子在三卿[3]之中，名实未加于上下而去之，仁者固如此乎？"

孟子曰："居下位，不以贤事不肖者，伯夷也；五就汤，五就桀者，伊尹也；不恶污君，不辞小官者，柳下惠也。三子者不同道，其趋一也。一者何也？曰，仁也。君子亦仁而已矣，何必同？"

曰："鲁缪公之时，公仪子[4]为政，子柳[5]、子思为臣，鲁之削也滋甚；若是乎，贤者之无益于国也！"

译文

淳于髡说："将道德之名和治国惠民之功放在首要地位的，是为了他人；将道德之名和治国惠民之功放在次要地位的，是为了自己。您贵为齐国三卿之一，名誉和功业都还没上达君主下及臣民，您就要离开，仁人原来是这样的吗？"

孟子说："处在卑贱的地位，不以自己贤人之身服事不肖之人的，有伯夷在；五次去汤那儿，又五次去桀那儿的，有伊尹在；不讨厌污秽的君主，不拒绝卑微的职位，有柳下惠在。三个人的行为虽不相同，但趋向是一致的。这一致是什么呢？应该说，就是仁。君子只要仁就行了，为什么一定要相同呢？"

淳于髡说："当鲁缪公的时候，公仪子主持国政，泄柳和子思都是臣子，鲁国的削弱却更厉害，贤人对国家无用，就像这样的呀！"

注释

1 名实：名，声誉；实，事功。

2 自为：赵岐、朱熹都解释为"独善其身"，大量文例可以证明"自为"就是"为自己"。例如："齐高固来逆女，自为也。"（《左传·宣公五年》，沈玉成译文："齐国的高固前来迎接叔姬，这是为了自己。"）"所以为蚳鼃则善矣，所以自为则吾不知也。”（《孟子·公孙丑下》，杨伯峻《孟子译注》：“孟子替蚳鼃考虑的主意是不错的了，但是他怎样替自己考虑呢，那我还不知道。”）“其为人太多，其自为太少，曰：‘请欲固置五升之饭足矣。’”（《庄子·杂篇·天下》）“晏子知道，道在为人，而失在为己。为人者重，自为者轻。”（《晏子春秋·内篇问上》）最后一例说明，“自为”就是“为己”。

3 三卿：上卿、亚卿、下卿。

4 公仪子：即公仪休，鲁国博士。

5 子柳：即泄柳。

原文

12.6–2 曰：“虞不用百里奚而亡，秦穆公用之而霸。不用贤则亡，削何可得与？”

曰：“昔者王豹处于淇[1]，而河西[2]善讴；绵驹处于高唐[3]，而齐右[4]善歌；华周杞梁之妻善哭其夫而变国俗。有诸内，必形诸外。为其事而无其功者，髡未尝睹之也。是故无贤者也，有则髡必识之。”

曰：“孔子为鲁司寇，不用，从而祭，燔肉不至[5]，

译文

孟子说：“虞国不用百里奚，因而灭亡；秦穆公用了他，因而称霸。不用贤人即亡国，即便想要割地求和而苟且偷生，又如何做得到呢？”

淳于髡说：“从前王豹住在淇水之旁，河西的人都会唱歌；绵驹住在高唐之上，齐国西部的人都会唱歌；华周杞梁的妻子痛哭她的丈夫，因而改变了国家风尚。里面有什么，一定会显现于外面。如果从事某项工作，却没看到成绩的，我不曾见过这样的事。所以，要么是没有贤人，如果有贤人，我一定认识他。”

孟子说：“孔子任鲁国司寇，不被重用，跟随着去祭祀，祭肉也不见送来，便

不税冕而行[6]。不知者以为为肉也，其知者以为为无礼也。乃孔子则欲以微罪行，不欲为苟去。君子之所为，众人固不识也。”

匆忙离开。不了解孔子的人以为他是为了祭肉，了解他的人明白他是为了鲁国失礼而离开。至于孔子，却是想要背着个小罪名而走，不想随便离开。君子的所作所为，芸芸众生本来就是弄不清楚的。”

注释

1 王豹处于淇：王豹，齐国的歌唱家；淇，音 qí，水名，黄河支流，在河南境内。

2 河西：指卫国，卫国在黄河西岸。

3 绵驹处于高唐：绵驹，春秋时高唐的歌唱家；高唐，故城在今山东禹城西南。

4 齐右：高唐在齐之西部，西在右（以朝南论），所以叫齐右。

5 燔肉不至：燔，亦作“膰”，音 fán，祭肉；古礼，宗庙社稷祭祀，必分赐祭肉与同姓之国以及有关诸人，表示“同福禄”。

6 不税冕而行：表示匆忙；税，音 tuō。

原文

12.7-1 孟子曰：“五霸[1]者，三王[2]之罪人也；今之诸侯，五霸之罪人也；今之大夫，今之诸侯之罪人也。天子适诸侯曰巡狩，诸侯朝于天子曰述职。春省耕而补不足，

译文

孟子说：“五霸，是三王的罪人；现在的诸侯，是五霸的罪人；现在的大夫，又是现在诸侯的罪人。天子巡行诸侯国叫作‘巡狩’，诸侯朝见天子叫作‘述职’。〔天子的巡狩，〕春天考察耕种，补助不足的人；秋天考察收获，周济不够的人。一进到某国的疆界，看到土地已

秋省敛而助不给。入其疆,土地辟,田野治,养老尊贤,俊杰在位,则有庆[3];庆以地。入其疆,土地荒芜,遗老失贤,掊克[4]在位,则有让[5]。一不朝,则贬其爵;再不朝,则削其地;三不朝,则六师[6]移之。是故天子讨而不伐,诸侯伐而不讨。五霸者,搂诸侯以伐诸侯者也;故曰,五霸者,三王之罪人也。

经开辟,田野整治得很好,赡养老人且尊敬贤者,俊杰能人都有官位,那么就有赏赐;赏赐用土地。如果一进入某国疆界,土地抛荒,老人遭遗弃,贤者不任用,搜刮聚敛之人窃据要津,那么就有责罚。〔诸侯的述职,〕一次不朝,就降低爵位;两次不朝,就削减土地;三次不朝,就把军队派去。所以天子用兵是'讨'而不是'伐',诸侯则是'伐'而不是'讨'。五霸呢,是挟持一部分诸侯来攻伐另一部分诸侯的人;所以我说,五霸呢,是三王的罪人。

注释

1 五霸:指齐桓公、晋文公、秦穆公、楚庄王、吴王阖闾,或指齐桓公、晋文公、秦穆公、宋襄公、楚庄王,还有其他说法。

2 三王:夏禹、商汤、周文王。

3 庆:奖赏。

4 掊克:聚敛,这里指聚敛之人;掊,音 póu。

5 让:责备,责罚。

6 六师:即六军;周制,天子有六军,诸侯三军、二军、一军不等,每军12500人。

原文

12.7–2"五霸,桓公为盛。葵丘[1]之会,诸侯束牲载书而

译文

"五霸,齐桓公的事功最为盛大。在葵丘的盟会,捆绑了牺牲,

不歃血[2]。初命曰，诛不孝，无易树子，无以妾为妻。再命曰，尊贤育才，以彰有德。三命曰，敬老慈幼，无忘宾旅。四命曰，士无世官，官事无摄，取士必得[3]，无专杀大夫。五命曰，无曲防[4]，无遏籴，无有封而不告[5]。曰，凡我同盟之人，既盟之后，言归于好。今之诸侯皆犯此五禁，故曰，今之诸侯，五霸之罪人也。长君之恶[6]其罪小，逢君之恶其罪大。今之大夫皆逢君之恶，故曰，今之大夫，今之诸侯之罪人也。”

把盟约放在它身上，〔因为相信诸侯不敢负约，〕没有歃血。第一条盟约说，诛责不孝之人，不要废立世子，不要立妾为妻。第二条盟约说，尊贵贤人，养育人才，来表彰有德者。第三条盟约说，恭敬老人，慈爱幼小，不要怠慢贵宾和旅客。第四条盟约说，士人的官职不要世代相传，公家职务不要兼任，录用士子要取贤人，不要独断专行杀戮大夫。第五条盟约说，不要弯曲堤防〔而以邻为壑〕，不要阻遏邻国来采购粮食，不要有所封赏而不报告〔盟主〕。最后说，所有参与盟会的人自订立盟约以后，都恢复旧日的友好。今日的诸侯都违犯了这五条禁令，所以说，今天的诸侯是五霸的罪人。臣下帮助君主干坏事，这罪行还算小；臣下迎合君主干坏事，〔为他寻找理由，使他无所忌惮，〕这罪行可就大了。而今天的大夫，都迎合君主干坏事，所以说，今天的大夫，是今天诸侯的罪人。”

注释

1 葵丘：地名，春秋时属宋，在今河南兰考。

2 诸侯束牲载书而不歃血：束牲，不杀的牺牲，指束缚之而不杀；载，加以；书，即盟书；歃，音 shà，以口微吸之。

3 得：得贤。

4 无曲防：防，堤；这里是说宜直其堤防，不要曲其堤防，以邻为壑。
5 无有封而不告：意思是不要以私恩擅自封赏而不告盟主。
6 长君之恶：扩大君主的过错。

原文

12.8 鲁欲使慎子[1]为将军。孟子曰："不教民而用之，谓之殃民。殃民者，不容于尧舜之世。一战胜齐，遂有南阳[2]，然且不可[3]——"慎子勃然不悦曰："此则滑釐所不识也。"

曰："吾明告子。天子之地方千里；不千里，不足以待诸侯。诸侯之地方百里；不百里，不足以守宗庙之典籍[4]。周公之封于鲁，为方百里也；地非不足，而俭[5]于百里。太公之封于齐也，亦为方百里也；地非不足也，而俭于百里。今鲁方百里者五，子以为有王者作，则鲁在所损乎，在所益乎？徒取诸彼以与此，然且仁者不为，况于杀人以求之乎？君子之事君

译文

鲁国打算让慎子做将军。孟子说："不先教导训练百姓便用他们打仗，这叫作祸害老百姓。祸害老百姓的人，在尧舜的时代，是容不下他的。打一次仗便胜了齐国，因而得到了南阳，这样尚且不可以——"慎子突然脸色一变，不高兴地说："这是我所不了解的了。"

孟子说："我明白地告诉你吧。天子的土地纵横一千里；如果不到一千里，便不足以统领诸侯。诸侯的土地纵横一百里；如果不到一百里，便不足以奉守祖宗所传法度和典籍。周公被封于鲁，是应该纵横一百里的；土地并非不够，但还少于一百里。太公被封于齐，也应该是纵横一百里的；土地并非不够，但还少于一百里。如今鲁国有五个纵横一百里，你以为假如有圣明之王兴起，鲁国的土地会被减少呢，还是会

也，务引其君以当道，志于仁而已。”

被增加？白拿那一国土地来给这一国，仁人尚且不干，何况杀人来求得土地呢？君子服事君王，务必引导他趋向正路，有志于仁罢了。”

注释

1 慎子：善用兵者，名滑釐。
2 南阳：即汶阳，在泰山之西南，汶水之北，本属鲁，其后逐渐为齐所侵夺。
3 然且不可：即便这样，也是不行的。
4 典籍：重要文册。
5 俭：少。

原文

12.9 孟子曰：“今之事君者皆曰：‘我能为君辟土地，充府库。’今之所谓良臣，古之所谓民贼也。君不乡[1]道，不志于仁，而求富之，是富桀也。‘我能为君约与国，战必克。’今之所谓良臣，古之所谓民贼也。君不乡道，不志于仁，而求为之强战，是辅桀也。由今之道，无变今之俗，虽与之天下，不能一朝居也。”

译文

孟子说：“今天服事君主的人都说：‘我能够替君主开拓土地，充实府库。’今天的所谓‘良臣’，正是古代的所谓‘民贼’。君主不向往道德，无意于仁，却想让他富足，这等于让夏桀富足。〔服事君主的人又说：〕‘我能够替君主联合诸侯，每战必胜。’今天的所谓‘良臣’，正是古代的所谓‘民贼’。君主不向往道德，无意于仁，却想为他努力作战，这等于辅助夏桀。顺着当今这条路走下去，也不改变当今的风俗习气，即便给他整个天下，他也是一天都坐不安稳的。”

注释

1 乡：通"向"，向往。

原文

12.10 白圭[1]曰："吾欲二十而取一，何如？"孟子曰："子之道，貉[2]道也。万室之国，一人陶，则可乎？"曰："不可，器不足用也。"

曰："夫貉，五谷不生，惟黍[3]生之；无城郭、宫室、宗庙、祭祀之礼，无诸侯币帛饔飧[4]，无百官有司，故二十取一而足也。今居中国，去人伦，无君子[5]，如之何其可也？陶以寡，且不可以为国，况无君子乎？欲轻之于尧舜之道者，大貉小貉也；欲重之于尧舜之道者，大桀小桀也。"

译文

白圭说："我想定税率为二十抽一，怎么样？"孟子说："您的办法是貉国的办法。一万户的国家，只有一个人制作瓦器，那做得到吗？"答道："做不到，瓦器会不够用的。"

孟子说："貉国，各种谷类都不生长，只生长糜子；没有城墙、房屋、祖庙和祭祀的礼节，没有各国间的互相往来，送礼宴客，也没有各种衙门和官吏，所以二十抽一的税就够了。如今在中国，抛弃人间伦常，不要大小官吏，那怎么能行呢？做瓦器的太少，尚且国将不国，何况没有官吏呢？想要比尧舜的十分抽一的税率还轻的，是大貉小貉；想要比尧舜的十分抽一的税率还重的，是大桀小桀。"

注释

1 白圭：人名，曾为相于魏，筑堤治水，促进生产，比孟子稍年轻。

2 貉：同"貊(mò)"，北方某国国名。

3 黍：就是古人所说的"稷"，北方叫作"糜子"。

4 饔飧：熟食，这里指以饮食招待客人之礼。

5 君子：指百官。

原文

12.11 白圭曰：“丹之治水也愈于禹。”孟子曰：“子过矣。禹之治水，水之道也，是故禹以四海为壑。今吾子以邻国为壑。水逆行谓之洚水——洚水者，洪水也——仁人之所恶也。吾子过矣。”

12.12 孟子曰：“君子不亮，恶乎执？[1]”

译文

白圭说：“我治理水患，比大禹还强呢。”孟子说：“您错了！禹治理水患，是顺着水的路径疏导的，所以禹以四海为蓄水池。如今先生您却以邻国为蓄水池。水逆流而行叫作洚水——洚水就是洪水——是仁人所最厌恶的。先生您错了！”

孟子说：“君子不讲诚信，那秉持什么呢？”

注释

1 君子不亮，恶乎执：亮，同“谅”，信誉。焦循《孟子正义》载何异孙《十一经问对》解作，君子不讲求小信，因为厌恶固执。此说不可信。a.“谅”有诚信义。b.“恶乎”后总是接着动词性的成分，在这一“恶乎 V(O)”格式中，“恶”总是读作 wū 的。c. 战国中期，“执”是及物动词，其意义是拿着，或捉拿、拘捕，未见引申出“固执”之例。

原文

12.13 鲁欲使乐正子[1]为政。孟子曰：“吾闻之，喜而不寐。”公孙丑曰：“乐正子强乎？”

译文

鲁国打算叫乐正子治国理政。孟子说：“我听说这事儿，高兴得睡不着。”公孙丑说：“乐正子很坚强吗？”答道：“不。”“有智慧，有主意吗？”答道：“不。”“见多识曰:“否。”“有知虑乎?”曰:“否。”“多闻识乎?”曰:“否。”

“然则奚为喜而不寐?”曰:“其为人也好善[2]。”“好善足乎?”

曰:“好善优于天下[3],而况鲁国乎?夫苟好善,则四海之内皆将轻千里而来[4]告之以善;夫苟不好善,则人将曰:‘訑訑[5],予既已知之矣。’訑訑之声音颜色距[6]人于千里之外。士止于千里之外,则谗谄面谀之人至矣。与谗谄面谀之人居,国欲治,可得乎?”

广吗?”答道:“不。”

“那您为什么高兴得睡不着呢?”答道:“他的为人,就是喜好仁善。”“喜好仁善就够了吗?”

答道:“喜好仁善,以此治理天下都绰绰有余,何况仅仅治理鲁国呢?假如喜好仁善,那四方之人都会不顾千里之遥赶来告诉他什么是仁善;假如不喜好仁善,那别人会〔模仿他的话〕说:‘呵呵!我早就知道了!’说出‘呵呵’的声音脸色就会把别人拒绝于千里之外了。士人在千里之外止步不来,那进谗言的、当面奉承的人就会来了。和进谗言的、当面奉承的人混在一块,国家想要治理好,做得到吗?”

注释

1 乐正子:乐正克,就是孟子在《尽心下》二十五章所说的“善人”“信人”。

2 好善:爱好善的事物。

3 优于天下:“优游于治天下”之意。

4 轻千里而来:意思与“不远千里而来”相同。

5 訑訑:音 yíyí,感叹词,骄傲自满时发出的声音。

6 距:同“拒”。

原文

12.14 陈子[1]曰："古之君子何如则仕？"孟子曰："所就三，所去三。迎之致敬以有礼；言，将行其言也，则就之。礼貌[2]未衰，言弗行也，则去之。其次，虽未行其言也，迎之致敬以有礼，则就之。礼貌衰，则去之。其下，朝不食，夕不食，饥饿不能出门户，君闻之，曰：'吾大者不能行其道，又不能从其言也，使饥饿于我土地，吾耻之。'周之，亦可受也，免死而已矣。"

译文

陈子说："古代的君子要怎样才出去做官？"孟子说："就职的情况有三种，离职的情况也有三种。礼貌而恭敬地来迎接，他有所建言，就将实行他说的，这样便就职。礼遇容色虽未衰减，但其建言已不实行了，这样便离开。其次，虽然没有实行他的建言，还是礼貌而恭敬地来迎接，也便就职。礼遇容色已经衰减，这样便离开。最下等的是，早上没饭吃，晚上也没饭吃，饿极了连房门也走不出。君主知道了，说：'我从大的方面说不能实行他的学说，〔从小的方面说〕又不能听从他的建言，让他饥肠辘辘地待在我国土地上，我引以为耻。'于是周济他，这也可以接受，不过免于一死罢了。"

注释

1 陈子：孟子弟子陈臻。

2 礼貌：礼遇与容色（面部表情）。

原文

12.15 孟子曰："舜发于畎亩之中[1]，傅说举于版筑[2]之间，胶鬲举

译文

孟子说："大舜在田野之中发达起来，傅说在筑墙时被提拔，胶鬲在打鱼晒盐时被提拔，管夷吾坐牢时被提拔，孙叔

于鱼盐之中[3],管夷吾举于士[4],孙叔敖[5]举于海,百里奚举于市。故天将降大任于是人也,必先苦其心志,劳其筋骨,饿其体肤,空乏其身行[6],拂乱其所为,所以动心忍性[7],曾[8]益其所不能。人恒过,然后能改;困于心,衡[9]于虑,而后作;征于色,发于声,而后喻。入则无法家拂士,出则无敌国外患者,[10]国恒亡。然后知生于忧患而死于安乐也。"

12.16 孟子曰:"教亦多术矣,予不屑之教诲也者,是亦教诲之而已矣。"

敖在海边被提拔,百里奚在市场被提拔。所以,当上天将要把大任务降临某人肩上时,必定要让他的内心痛苦,让他的筋骨疲乏,让他的身体饥饿,让他身无长物一贫如洗,总是干扰他的作为使他事事不如意。用这些来磨砺他的心性,坚韧他的意志,增强他的能力。一个人常犯错误,然后才能改正;心中困苦,思虑阻塞,然后才能崛起;〔这些困苦思虑〕反映在面色上,吐露于倾诉中,才能为他人所理解。〔一个国家〕,内无有法度的大臣和廷争面折之士,外无与它抗衡的邻国和外部的忧患,常常容易衰败灭亡。所有这些不难让人知晓,忧愁祸患能够让人生存,而安逸快乐足以导致死亡啊!"

孟子说:"教育也有多种方式,我不屑于去教诲他,这也算是教诲他呢。"

注释

1 舜发于畎亩之中:舜曾耕于历山,又见《万章上》。

2 版筑:古人筑墙,用两版(板)相夹,实土于其中,以杵筑之。

3 胶鬲举于鱼盐之中:胶鬲见《公孙丑上》第一章;但他"举于鱼盐之中",故事不见于他书。

4 管夷吾举于士:管夷吾,即管仲;"士"为狱官之长。

5 孙叔敖:楚国令尹(宰相)。

6 空乏其身行:一般断此句为“空乏其身”,“行”接下文为“行拂乱其所为”。但“身行”屡见于《荀子》《晏子春秋》《吕氏春秋》,意义大致接近于“行为”。《吕氏春秋·季春纪》“赐贫穷,振乏绝”高诱注:“行而无资曰‘乏’,居而无食曰‘绝’。”可见“空乏其身行”意谓“使他行事没有资材”。说见白平《杨伯峻〈孟子译注〉商榷》。

7 忍性:坚忍其性,即使他的性格坚忍不拔。

8 曾:同“增”。

9 衡:通“横”,指横塞。

10 入则无法家拂士,出则无敌国外患者:入,指国内;出,指国外;拂,通“弼”,矫正,廷争面折,进逆耳忠言,提出相反意见。《荀子·臣道》:“有能抗君之命,窃君之重,反君之事,以安国之危,除君之辱,功伐足以成国之大利,谓之‘拂’……信陵君之于魏,可谓‘拂’矣。”信陵君违背魏安釐王旨意而盗符救赵,这一行为就是“拂”。《吕氏春秋·不苟论》:“文公曰:‘辅我以义,导我以礼者,吾以为上赏;教我以善,强我以贤者,吾以为次赏;拂吾所欲,数举吾过者,吾以为末赏。’”

孟子

尽心章句

尽心章句上凡四十六章

导读

《尽心上》共四十六章。第一章谈培养身心，等待天命，以此来立命安身。第二章讲虽然一切都取决于命运，但顺理而行，即致力行正道而死的人，接受的是正命。第三章说求则得之不求不得的东西，追求才是有益的，因追求与否完全取决于自己。第四章强调“诚”的重要。其中“万物皆备于我”乃一名言。第五章和《论语·泰伯》“民可使由之，不可使知之”意义类似。第六、第七章讲无羞耻之心的人，实在拿他没有办法。第八章讲古代贤君贤臣对权势不屑一顾。第九章讲人若崇德尚义，就能悠然自得。其中“穷则独善其身，达则兼善天下”乃一名言。第十章讲豪杰之士，无须等待大人物，自己也能兴起于世。接下来的若干章，或讲富而不骄的人有过人之处，或讲与民休息的道理，或描述圣人治下百姓因潜移默化而日益趋善，或强调仁声善教之深入人心，或倡言良知良能发自本心，或回顾大舜居深山与常人无异；也说了不愿做的不做不想要的不要，也说了孤臣孽子常惊醒常担忧才通达事理，还说了臣子的才能品行有高下之分，还说了“君子三乐”乃“父母俱存，兄弟无故”“仰不愧于天，俯不怍于人”“得天下英才而教育之”。二十一章说，君子所乐并非广土众民，理想所在并非中天而立，抚有四海，君子的理想是仁义礼智植根心中而悠然自得其乐。二十二章文字和7.13略同，讲行仁政须善待年长的贤人。二十三章讲“以粮为纲”的道理，提出要使粮食多得如同水和火。

二十四章有著名的“孔子登东山而小鲁，登泰山而小天下”，讲述曾经沧海难为水，曾亲炙于圣人之门者不轻易出仕的道理。二十五章讲好人坏人之分，无非看他追求义还是追求利。二十六章主张追求中道是对的，但不能拘执于一点。接下来的几章，或讲“柳下惠不以三公易其介”；或讲有为者贵在持之以恒；或讲只有伊尹那样的贤人，才能出于公心放逐君主；或讲出仕而推行仁政，贡献极大，并非吃闲饭；或讲只有居仁由义，才能成为伟人；或讲陈仲子的作为是放弃大义而追求小的操守。三十五章回答“舜为天子……瞽瞍杀人”怎么办这一棘手问题，孟子的答案是他不能利用天子职权阻止法官执法，只能抛弃天子之位，背负瞽瞍沿海滨逃匿。三十六章提出是环境导致人的气质风度不同。三十七章主张要从心底爱之敬之，才是交往长者贤者的正道。三十八章说只有圣人才能不辜负爹妈给的这大好一身。三十九章主张即使不能守满三年之孝，也应将守丧日期尽量延长。四十章介绍了君子的五种教育方式。四十一章说，高明的工匠不会为拙劣的工人降低标准，他树立标准，是使得有能力的人能跟上来。四十二章说，君子或贯彻道，或以身殉道，依据天下是否太平而定。四十三章说，学生若仗着什么来发问，我不会回答（其实这一态度就是身教）。四十四章说，不能停止的事不要停止，不能薄待的人不要薄待，前进太猛的人后退也快。四十五章提出了著名的“亲亲而仁民，仁民而爱物”。四十六章提出先解决当务之急。这一部分，以“修身”来总结它，大约是差不离的。

原文

13.1 孟子曰：“尽其心[1]者，知其性也。知其性，则知天矣。存其心，

译文

孟子说：“能够费尽心思，并付诸实施于行善，就能了解自己的本性。了解了自己的本性，就懂得了天命。保持自

养其性,所以事天也。夭寿不贰,修身以俟之,所以立命也。”

13.2 孟子曰:“莫非命也,顺受其正;是故知命者不立乎岩墙之下。尽其道而死者,正命也;桎梏死者,非正命也。”

13.3 孟子曰:“求则得之,舍则失之,是求有益于得也,求在我者也[2]。求之有道,得之有命,是求无益于得也,求在外者也。”

13.4 孟子曰:“万物皆备于我矣。反身而诚,乐莫大焉。强恕[3]而行,求仁莫近焉。”

己的本心,培养自己的本性,这就是对待天命的方法。无论短命或长寿,自己都一心一意,只管培养身心,等待天命,这是安身立命的方法。”

孟子说:“没有什么不取决于命运,但顺理而行,接受的便是正命;所以懂得命运的人不站在有倾覆之危的高墙下面。致力于行其正道而死的人,所受的是正命;作奸犯科而死的人,所受的不是正命。”

孟子说:“〔有些东西〕追求就会得到,放弃就会失掉,这样的追求有益于获得,因为追求与否取决于我自己。追求有一定的方式,是否得到却听从命运,这种追求无益于获得,因为追求与否取决于外在的因素。”

孟子说:“天下万物的至理具备于我一身。反躬自问,自己是真心诚意的,便没有比这更大的快乐了。不懈地按照推己及人之道做去,达到仁德的道路没有比这更直截的了。”

注释

1 尽其心:费尽心思,并付诸实施于行善。赵岐、朱熹的解释都很绕,都试图将字词的训释和义理的探究熔于一炉,不赘引。其实“尽心”没那么复杂:“吾尝同寮,敢不尽心乎!”(《左传·文公七年》,沈玉成译文:“我曾经和您同寮,岂敢不尽我的心意呢?”)“尽心力以事君。”

(《昭公十九年》,沈译:“尽心竭力以事奉国君。”)“寡人之于国也,尽心焉耳矣。”(《孟子·梁惠王上》,杨伯峻《孟子译注》:“我对于国家,真是费尽心力了。”)“尽心”也包括践行、付诸实施的内涵,所以我们这样译。

2 求在我者也:这一追求取决于我自己。《孟子·滕文公上》:“世子曰:‘然。是诚在我。’”《孟子译注》:“太子说:‘对。这应当决定于我。”《左传·襄公十九年》:“公曰:‘在我而已。’”沈玉成译文:“齐侯说:‘一切由我。’”

3 恕:《论语·颜渊》的“己所不欲,勿施于人”能够很好地解释什么叫作“恕”。

原文

13.5 孟子曰:“行之而不著焉,习矣而不察焉,终身由之而不知其道者,众也。[1]”

13.6 孟子曰:“人不可以无耻,无耻之耻[2],无耻矣。”

译文

孟子说:“每天都在做着,其中蕴含的道理却不明白;习惯了的东西却不察知其所以然;一生都在这条路上走着,却不了解这是条什么路的,是芸芸众生啊。”

孟子说:“人不可以没有羞耻心,不知羞耻的那份羞耻,真是无耻至极了。”

注释

1 “行之”至“众也”:这四句可参考《论语·泰伯》:“民可使由之,不可使知之。”《泰伯》这两句话不是说“要让”民“由之”,“不要让”民“知之”;而是说民的能力(或习性)“只能”“使由之”而“不能”“使知之”。这固然是“瞧不起”民众的,但却不是想要实行“愚民政策”。这是因为当时语言的“可”和现代汉语的“可”不一样:只表客观可能,不表主观意愿。

2 无耻之耻：有人理解“无耻之耻”为“无耻是耻”，也即“耻无耻”，意为“人能以无耻为耻”。我们不取。一来，当时文献中表示“……的耻辱”的“……之耻”相当多：“瓶之罄矣，维罍之耻。”（《诗经·小雅·蓼莪》）“受晋赂而辟之，楚之耻也。”（《左传·僖公三十三年》）“逃楚，晋之耻也。”（《襄公十年》）二来，按照赵岐所说，“无耻之耻”的“无耻”是“不知羞耻”，而下句“无耻矣”的“无耻”，却是“没有耻辱”“不会招致耻辱”，正如冯友兰先生所说“同文异解，似不甚妥”。而按照杨伯峻先生的和本书的译文，“无耻之耻”和“无耻矣”的两个“无耻”，都是“不知羞耻”“没有羞耻心”。

原文

13.7 孟子曰：“耻之于人大矣。为机变[1]之巧者，无所用耻焉。不耻不若人，何若人有[2]？”

13.8 孟子曰：“古之贤王好善而忘势；古之贤士何独不然？乐其道而忘人之势，故王公不致敬尽礼，则不得亟见之。见且由不得亟，而况得而臣之乎？”

译文

孟子说：“羞耻对于人关系重大。精于算计老于权谋者，羞耻对他是用不上的。不以赶不上别人为羞耻的人，又怎么会有赶上别人的机会呢？”

孟子说：“古代的贤君追求嘉言懿行，而忘记自己的权势；古代的贤士何尝不是这样呢？乐于走自己的正道，而忘却了他人的权势；所以天子诸侯不对他恭敬有加礼数用尽，就不能够多次和他相见。相见的次数尚且不能太多，何况要他作为臣下呢？”

注释

1 机变：巧诈，诈术。

2 何若人有：何“若人”之有。

原文

13.9 孟子谓宋勾践[1]曰：“子好游[2]乎？吾语子游。人知之，亦嚣嚣[3]，人不知，亦嚣嚣。”曰：“何如斯可以嚣嚣矣？”

曰：“尊德乐义，则可以嚣嚣矣。故士穷不失义，达不离道。穷不失义，故士得己[4]焉；达不离道，故民不失望焉。古之人，得志，泽加于民；不得志，修身见于世。穷则独善其身，达则兼善天下。”

译文

孟子对宋勾践说：“你喜欢游历各国吗？我告诉你如何游历求仕。别人理解我，我也悠然自得；别人不理解我，我也悠然自得。”宋勾践说：“要怎样才可以悠然自得呢？”

答道：“崇尚德，乐于义，就可以悠然自得了。所以，士人穷困潦倒时不失掉正义，飞黄腾达时不背离正道。不得志时不失掉正义，所以能够葆有善的本性；得志之时不离开正道，所以百姓不致丧失希望。古代的人，得志，恩泽普施于百姓；不得志，修养个人品德而表现于世间。不得志时，便独善其身；得志之时，便兼善天下。”

注释

1 宋勾践：其人不可考。

2 游：游说。

3 嚣嚣：无欲而自得其乐的样子。

4 得己：就是“自得”。

原文

13.10 孟子曰:"待文王而后兴[1]者,凡民也。若夫豪杰之士,虽无文王犹兴。"

13.11 孟子曰:"附之以韩魏之家[2],如其自视欿然[3],则过人远矣。"

13.12 孟子曰:"以佚道使民,虽劳不怨。以生道杀民,虽死不怨杀者[4]。"

译文

孟子说:"一定要等文王出来而后兴起的,是芸芸众生。至于豪杰之士,即使没有文王,也能兴起。"

孟子说:"用韩、魏两家的财富来增强他,如果他仍然谦虚随和,那他就远远超过一般人了。"

孟子说:"役使百姓注意劳逸结合,百姓虽然疲劳,也不怨恨。为百姓求活路的过程中,一些百姓可能失去生命;他们这样死去,不会怨恨〔为他们求活路而〕使他们可能失去生命的人。"

注释

1 兴:感动奋发。
2 附之以韩魏之家:附,增强;韩魏之家,春秋时晋国的韩、魏两家大臣。
3 欿然:谦虚的样子;欿,读作坎(kǎn)。
4 以生道杀民,虽死不怨杀者:为百姓求活路的过程中,有些百姓会失去生命,但他们不会因此怨恨为他们求活路而使他们可能失去生命的人。这样解释,是因为当时类似文例表明,战争中失去生命的人,是战争发动者或引起战争的人所杀的,也即,他们都是间接的杀人者。

原文

13.13 孟子曰:"霸者之民欢虞[1]如也,王者之

译文

孟子说:"霸主的百姓欢欣鼓舞,圣王的百姓光明坦荡。百姓要被杀了,也

民皞皞如[2]也。杀之而不怨，利之而不庸[3]，民日迁善而不知为之者。夫君子[4]所过者化，所存者神，上下与天地同流，岂曰小补之哉？"

不怨恨；得了他的好处，也不觉得他有功于己；天天向好的方面发展，也不知道谁使他这样。圣人经过之处，人们潜移默化；驻足之处，春风化雨，有如神助；上与天、下与地同时运转，难道说只是小小的补益吗？"

13.14 孟子曰："仁言不如仁声[5]之入人深也，善政不如善教之得民也。善政，民畏之；善教，民爱之。善政得民财，善教得民心。"

孟子说："仁德的言语赶不上仁德的音乐沁人心脾，良好的政治赶不上良好的教育深得民心。良好的政治，百姓敬畏它；良好的教育，百姓热爱它。良好的政治得到百姓的财富，良好的教育赢得百姓的内心。"

注释

1 欢虞：欢娱。

2 皞皞如：光明坦荡的样子。"皞皞"即《滕文公上》"江汉以濯之，秋阳以暴之，皓皓乎不可尚已"的"皓皓"，也即《诗经·卫风·伯兮》"其雨其雨，杲杲出日"的"杲杲"（《说文》："杲杲，日出明亮貌。"）；"皞皞如"也即《论语·八佾》"从之，纯如也，皦如也"的"皦如"。朱骏声《说文通训定声》说"皞"为"洁白光明之貌"，最为确切。

3 庸：酬谢。

4 君子：此处指君王和圣人。

5 仁声：仁德的音乐。

原文

13.15 孟子曰："人之

译文

孟子说："人不必学习便能做到

所不学而能者，其良能也；所不虑而知者，其良知也。孩提之童[1]，无不知爱其亲者；及其长也，无不知敬其兄也。亲亲，仁也；敬长，义也；无他，达之天下也。”

的，是良能；不必思考便会知道的，是良知。两三岁的小儿没有不知道爱他父母的；等到他长大，没有不知道敬爱哥哥的。亲爱父母是仁，敬爱哥哥是义，没有别的原因，只因这两种品德可以通达于天下。”

13.16 孟子曰：“舜之居深山之中，与木石居，与鹿豕游，其所以异于深山之野人者几希；及其闻一善言，见一善行，若决江河，沛然莫之能御也。”

孟子说：“舜住在深山的时候，和木、石为伴，与鹿、猪同游，跟深山中野老村夫不同的地方极少；等到他听到一句好的言语，看到一桩好的行为，〔便采用推行，〕这种力量，好像江河决了口，汹涌澎湃，谁也阻挡不了。”

注释

1 孩提之童：孩，小儿笑声；提，怀抱；孩提之童，指嘿嘿笑着要父母抱的一两岁小孩，虚岁则是两三岁。

原文

13.17 孟子曰：“无为其所不为，无欲其所不欲，如此而已矣。”

13.18 孟子曰：“人之有德慧术知[1]者，恒存乎疢[2]疾。独孤臣孽子[3]，其操心也危[4]，其虑患也深，故达[5]。”

译文

孟子说：“别去做自己不想做的，别去想自己不想要的，这样就行了。”

孟子说：“人们变得有道德、智慧、本领、知识，总是在他们久遭病痛折磨之时。只有孤立之臣、庶孽之子，他们时常警醒自己，深深地担忧祸患，所以才能事事通达。”

注释

1 德慧术知：即德行、智慧、道术、才智。

2 疢：音 chèn，疾病。

3 孽子：非嫡妻之子叫作庶子，也叫孽子，地位卑贱。

4 危：不安。

5 达：通达。这是赵岐的理解，朱熹的解释是通达事理。如：但若要表达"通达事理"，"达"要带宾语，或后接介词及其宾语。如："故知义而不知世权者，不达于道也。"（《文子·微明》）"故达于道者，不以人易天。"（《淮南子·原道训》）"故达道之人，不苟得，不让福。"表示"通达"则不带宾语："今日必达。"（《左传·文公十八年》，沈玉成译为"今天一定得彻底执行。）"因大尹以达。"（《哀公二十六年》，沈译："通过大尹上达。"）"在邦必达，在家必达。"（《论语·颜渊》，杨伯峻译为："做国家的官时固然事事行得通，在大夫家也一定事事行得通。"）

原文

13.19 孟子曰："有事君人者，事是君则为容悦者也；有安社稷臣[1]者，以安社稷为悦者也；有天民[2]者，达可行于天下而后行之者也；有大人[3]者，正己而物正者也。"

译文

孟子说："有侍奉君主的人，就是侍奉某一君主，就曲意逢迎的人；有安定国家之臣，就是以安定国家为乐的人；有天民，就是他的学说方略能通达于天下时，便去实行的人；有大人，那是端正了自己，万事万物也随之端正了的人。"

注释

1 安社稷臣：大约就是《论语·季氏》的"社稷之臣"，即某国安危所倚重的重臣。《晏子春秋·内篇杂上》:“晏子侍于景公,朝寒,公曰:‘请进暖食。’晏子对曰:‘婴非君奉馈之臣也,敢辞。’公曰:‘请进服裘。’对曰:‘婴非君茵席之臣也,敢辞。’公曰:‘然夫子之于寡人何为者也?’对曰:‘婴,社稷之臣也。’公曰:‘何谓社稷之臣?’对曰:‘夫社稷之臣,能立社稷,别上下之义,使当其理;制百官之序,使得其宜;作为辞令,可分布于四方。’”

2 天民:此指“熟知天道之人”;见于《万章上》第七章、《万章下》第一章的“天民”,我们则译为“百姓”。

3 大人:高于“事君人者”“安社稷臣者”“天民者”的杰出卿大夫,或能“王天下”的诸侯。

原文

13.20 孟子曰:“君子有三乐,而王天下不与存焉[1]。父母俱存,兄弟无故[2],一乐也;仰不愧于天,俯不怍[3]于人,二乐也;得天下英才而教育之,三乐也。君子有三乐,而王天下不与存焉。”

译文

孟子说:“君子有三件乐事,以仁德一统天下还不包括在其中。父母都健在,兄弟无灾殃,是第一件乐事;抬头不愧于天,低头不愧于人,是第二件乐事;得到天下优秀人才而教导他们培育他们,是第三件乐事。君子有三件乐事,以仁德一统天下还不包括在其中。”

注释

1 不与存焉:不参与这一存在,不算在这之内。与,音yù,参与。焉,于此;此,指三乐。

2 故:事故,灾患。

3 怍:音zuò,惭愧。

原文

13.21 孟子曰："广土众民，君子欲之，所乐不存焉；中天下而立，定四海之民，君子乐之，所性不存焉。君子所性，虽大行不加焉，虽穷居不损焉，分定故也。君子所性，仁义礼智根于心，其生色也睟然[1]，见于面，盎[2]于背，施[3]于四体，四体不言而喻。"

译文

孟子说："广袤的土地，众多的人民，是君子希望拥有的，但不是他的乐趣所在；屹立于天下的中央，安定那四海的百姓，君子以此为乐，但不是他的理想所在。君子的本性，即便理想贯彻于天下，也并不会膨胀；即便艰难困苦地活着，也并不会减少，这是因为本分已定。君子的本性，仁义礼智根植于他心中，而表现在外的是和气安详，它表现在颜面，反映于肩背，延伸到手足四肢；手足四肢虽不说话，别人也一目了然。"

注释

1 睟然：清和润泽的样子；睟，音 suì。
2 盎：音 àng，显现。
3 施：延及。

原文

13.22 孟子曰："伯夷辟纣，居北海之滨，闻文王作兴，曰：'盍归乎来！吾闻西伯善养老者。'太公辟纣，居东海之滨，闻文王作兴，曰：'盍归乎来！吾闻西伯善养老者。'天下有善养

译文

孟子说："伯夷躲避纣王，住到北海海滨，听说文王兴起来了，便说：'何不归向西伯呢！我听说他是善于赡养老者的人。'姜太公躲避纣王，住到东海海边，听说文王兴起来了，便说：'何不归向

老,则仁人以为己归矣。五亩之宅,树墙下以桑,匹妇蚕之,则老者足以衣帛矣。五母鸡,二母彘,无失其时,老者足以无失肉矣。百亩之田,匹夫耕之,八口之家足以无饥矣。所谓西伯善养老者,制其田里,教之树畜,导其妻子使养其老。五十非帛不暖,七十非肉不饱,不暖不饱,谓之冻馁。文王之民无冻馁之老者,此之谓也。”

西伯呢!我听说他是善于赡养老者的人。’天下有善于赡养老者的人,那仁人便把他那儿作为自己的归宿了。五亩地的宅院,在墙下栽植桑树,妇女养蚕缫丝,老年人足以有丝绵衣穿了。五只母鸡,两只母猪,不要丧失它们繁殖的时机,老年人足以有肉吃了。百亩的土地,男子去耕种,八口之家足以吃饱了。所谓西伯善于赡养老者,是指他制定了土地制度,教育人民栽种和畜牧,引导他们的妻子儿女去奉养自己家的老人。五十岁,没有丝绵衣穿便不暖和;七十岁,没有肉吃便感到饥饿。穿不暖,吃不饱,叫作挨冻受饿。文王的百姓中没有挨冻受饿的老人,就是这个意思。”

13.23 孟子曰:“易其田畴[1],薄其税敛,民可使富也。食之以时,用之以礼,财不可胜用也。民非水火不生活,昏暮叩人之门户求水火,无弗与者,至足矣。圣人治天下,使有菽[2]粟如水火。菽粟如水火,而民焉有不仁者乎?”

孟子说:“精耕细作,减轻税收,可以使百姓富足。取食于百姓有一定时候,依礼消费,财物是用不尽的。百姓没有水和火便活不下去,黄昏夜晚敲别人的门来求水火,没有不给予的,是因为水火不是稀罕物。圣人治理天下,要使百姓的粮食多得就像水和火。粮食就像水火那样多了,百姓哪有不仁爱的呢?”

注释

1 易其田畴：易，治；畴，音 chóu，已耕之田；田畴，田地。

2 菽：音 shū，豆类的总称。

原文

13.24 孟子曰："孔子登东山[1]而小鲁，登泰山而小天下，故观于海者难为水，游于圣人之门者难为言。观水有术，必观其澜。日月有明，容光[2]必照焉。流水之为物也，不盈科不行；君子之志于道也，不成章不达[3]。"

译文

孟子说："孔子登上东山之巅，便觉得鲁国渺小；登上泰山之巅，便觉得天下渺小；所以观赏过大海波澜壮阔的人，别的水波他便不屑一看了；在圣人门下学习过的人，别的议论他便不屑一听了。观看水波也有讲究，一定要看它汹涌澎湃的潮头。太阳月亮的光辉，一点小缝隙都能透过。水流的特性是，不把土坎灌满，不再向前流；有志于道的君子，不成就一番事业，也就不能通达。"

注释

1 东山：即蒙山，在今山东蒙阴南。

2 容光：小缝隙。

3 不成章不达：成章，有一定成就；不达，不通达。

原文

13.25 孟子曰："鸡鸣而起，孳孳为善者，舜之徒也；鸡鸣而起，孳孳为

译文

孟子说："鸡一叫就起床，孜孜不倦行善的人，是舜一类人物；鸡一叫就起床，孜孜不倦求利的人，是跖一类的人。

利者，跖之徒也。欲知舜与跖之分，无他，利与善之间[1]也。”

要想知道舜和跖的区别何在，不用到别处去找，它就在‘利’和‘善’的中间。”

注释

1 利与善之间：利和善的中间；这是比喻的说法，在利和善的中间地带，即面临着对利和善的抉择。《孟子译注》说：“间，音谏(jiàn)。《论语·先进篇》云：‘人不间于其父母昆弟之言。’朱熹《集注》以‘异’字解之；异，不同也。”按，朱说不妥。“人不间于其父母昆弟之言”和“利与善之间”两“间”字所处的语法位置完全不同，不能以此例彼。《孟子》成书年代的语言中，“N+N+之间”是个常见结构，不烦枚举。“利”“善”因为都是抽象名词，所以用了个连词“与”来连接。类似的如：“子罕言利与命与仁。”

原文

13.26 孟子曰：“杨子取为我[1]，拔一毛而利天下[2]，不为也。墨子兼爱，摩顶放踵[3]利天下，为之。子莫[4]执中。执中为近之。执中无权，犹执一也。所恶执一者，为其贼道也，举一而废百也。”

译文

孟子说：“杨子采取‘为自己’的主张，拔一根汗毛而有利于天下，都不肯干。墨子主张兼爱，从摸秃头顶开始，一直摸到脚后跟，〔弄得全身上下没有一根毛，〕只要对天下有利，一切都干。子莫就主张中道。主张中道其实差不多对了。但是主张中道如果不知权变，便是拘执于一点。为什么厌恶拘执于一点呢？因为它有损于仁义之道，只是举其一点不及其余了。”

注释

1 杨子取为我：杨子，杨朱；取，采取（……的主张）。

2 利天下：顾颉刚认为应读为“利之以天下”，就是拿整个天下来换取杨朱腿上一根毛，杨朱也不干。但他读下文“墨子兼爱，摩顶放踵利天下”，却仍理解“利天下”为“有利于天下”。对此，冯友兰说：“同文异解，似不甚妥。利之以天下而欲拔其一毛，杨朱不为，此乃杨朱之学说；拔其一毛可以利天下，而杨朱不为，乃孟子对于杨朱学说之解释。二者不必同。”（《中国哲学史》）”先秦古籍中还有许多“利天下”，都是“对天下有利”的意思。例如：“杀己以存天下，是杀己以利天下。”（《墨子·大取》）“夫尧知贤人之利天下也，而不知其贼天下也。”（《庄子·杂篇·徐无鬼》）“吾欲行广仁大义，以利天下。”（《管子·小问》）

3 摩顶放踵：原文可能是“摩顶放于踵”。这一意义的“放”音 fǎng，同《梁惠王下》“放于琅邪”的“放”，其中“于”是不能少的。而且，从赵岐《注》“摩秃其顶，下至于踵”来看，也是有“于”的——在有无“于”上，赵岐的注文往往和原文对应。

4 子莫：有学者认为是《说苑·修文》的颛孙子莫。

原文

13.27 孟子曰：“饥者甘食，渴者甘饮，是未得饮食之正也，饥渴害之也。岂惟口腹有饥渴之害？人心亦皆有害。人能无以饥渴之害为心害，则不及人不为忧矣。”

译文

孟子说：“肚子饿的人什么食物都觉得好吃，干渴的人任何饮料都觉得甘甜。这样是不能品尝到饮料食品的正常滋味的，因为饥渴损害了他的味觉。难道只有口舌肚腹有饥渴的损害吗？人心也有这种损害。如果人们能够〔经常培养心志，〕不使人心遭受口舌肚腹那样的饥渴，那比不上别人优秀的忧虑就会没有了。”

13.28 孟子曰："柳下惠不以三公易其介[1]。"

孟子说："柳下惠不因为有大官做便改变他的操守。"

注释

1 介：耿介，有操守，不趋时。

原文

13.29 孟子曰："有为者辟若掘井，掘井九轫[1]而不及泉，犹为弃井也。"

13.30 孟子曰："尧舜，性之也；汤武，身之也；五霸，假之也。久假而不归，恶知其非有也。"

译文

孟子说："要有所作为譬如掏井，掏到六七丈深还不见泉水，〔若半途而废，〕就等于挖了一眼废井。"

孟子说："尧、舜爱好仁德，是出于天然本性；商汤和周武王是身体力行；五霸是借来运用，以此匡正诸侯。但是，久借不还，又怎知他不会最终拥有呢？"

注释

1 轫：同"仞"(rèn)，七尺为一仞。

原文

13.31 公孙丑曰："伊尹曰：'予不狎于不顺，放太甲于桐，民大悦。太甲贤，又反之，民大悦。'贤者之为人臣也，其君不贤，则固可放与？"孟子曰："有伊尹之志，则可；无伊尹之志，

译文

公孙丑说："伊尹说：'我不亲近违背义礼的人，便把太甲放逐到桐邑，百姓大为高兴。太甲变好了，又让他回来〔复位〕，百姓也大为高兴。'贤人作为臣属，君王不好，本来就可以放逐他吗？"孟

则篡也。”

13.32 公孙丑曰：“《诗》曰，‘不素餐兮[1]’，君子之不耕而食，何也？”

孟子曰：“君子居是国也，其君用之，则安富尊荣；其子弟从之，则孝悌忠信。‘不素餐兮’，孰大于是？”

子说：“是伊尹那样的想法，就可以；不是伊尹那样的想法，就是篡夺了。”

公孙丑说：“《诗经》说，‘不白吃饭哪’，可是君子不种庄稼，也来吃饭，为什么呢？”

孟子说：“君子居住在一个国家，君王用他，就会平安、富足、尊贵而有名誉；少年子弟信从他，就会孝父母、敬兄长、忠心而且信实。你说‘不白吃饭哪’，〔我请问，〕贡献还有比这更大的吗？”

注释

1 不素餐兮：见《诗经·魏风·伐檀》。

原文

13.33 王子垫[1]问曰：“士何事？”孟子曰：“尚志。”

曰：“何谓尚志？”曰：“仁义而已矣。杀一无罪非仁也，非其有而取之非义也。居恶在？仁是也；路恶在？义是也。居仁由义，大人之事备矣。”

译文

王子垫问道：“士应当做什么？”孟子答道：“要使自己所想的高尚。”

问道：“什么叫作使自己所想的高尚？”答道：“时刻想着仁和义而已。杀一个无罪的人，是不仁；不是自己所有，却拿了过来，是不义。住在哪里？仁就是；路在何方？义就是。住在仁的屋宇里，走在义的大路上，伟人的事业便齐备了。”

注释

1 王子垫:齐国王子,名垫。

原文

13.34 孟子曰:"仲子[1],不义与之齐国而弗受,人皆信之,是舍箪食豆羹之义也。人莫大焉亡亲戚君臣上下[2]。以其小者信其大者,奚可哉?"

译文

孟子说:"陈仲子,不义地把齐国交给他,他都不会接受,别人都相信他;〔但是〕他那种义也只是舍弃一筐饭一盘肉的义。人的罪过没有比不要父兄君臣尊卑还大的。因为他有小节操,便相信他的大节操,怎么可以呢?"

注释

1 仲子:即《滕文公下》第十章的陈仲子。

2 人莫大焉亡亲戚君臣上下:即"亡亲戚君臣上下,人莫大焉",无亲戚君臣上下,人之罪过莫大于此。《古书疑义举例五种》中举有好些"倒句例"。如:"何哉,君所为轻身以先于匹夫者?……何哉,君所谓逾者?"(《梁惠王下》)"死矣,盆成括!"(《尽心下》)王引之说这句的"焉"相当"于",举了包括本例在内的3个例句为证。但是,所举例句都不可靠。例如《公羊传·宣公六年》"勇士入其大门,则无人门焉者;入其闺,则无人闺焉者。"这是训诂学上著名的、常被引用的名词活用的例子,"门焉"是《左传》中的常见短语,是攻门、进门和守门的意思。王引之为了证成其说,故意将"门""焉"二字颠倒了。

原文

13.35 桃应[1]问曰:"舜为天子,皋陶为士,瞽瞍

译文

桃应问道:"舜做天子,皋陶做法官,如果瞽瞍杀了人,那怎么办?"孟

杀人,则如之何?”孟子曰:“执之而已矣。”

“然则舜不禁与?”曰:“夫舜恶得而禁之?夫有所受之也。”

“然则舜如之何?”曰:“舜视弃天下犹弃敝蹝[2]也。窃负而逃,遵海滨而处,终身欣然,乐而忘天下。”

子答道:“把他逮捕起来罢了。”

“那么,舜不阻止吗?”答道:“舜凭什么去阻止呢?皋陶那样做是有所依据的。”

“那么,舜该怎么办呢?”答道:“舜把丢掉天子之位看作丢掉破拖鞋一般。偷偷地背着父亲而逃走,傍着海边住下来,一辈子逍遥快乐,忘记了他曾经君临天下。”

注释

1 桃应:孟子弟子。

2 蹝:音 xǐ,亦作“屣”,没有脚跟的鞋子,类似现在的拖鞋。

原文

13.36 孟子自范之齐[1],望见齐王之子,喟然叹曰:“居移气,养移体,大哉居乎!夫[2]非尽人之子与?”

孟子曰:“王子宫室、车马、衣服多与人同,而王子若彼者,其居使之然也,况居天下之广居[3]者乎?鲁君之

译文

孟子从范邑到齐都,远远望见了齐王的儿子,长叹一声说:“环境改变气度,营养改变身体,环境真是重要哇!那人不也是人的儿子吗?〔为什么就显得特别不同了呢?〕”

又说:“王子的住所、车马和衣服多半和别人相同,为什么王子却像那样呢?是因为他的环境使他这样的;更何况是住在‘仁’的广厦中的人呢?鲁君到宋国去,在宋国的东南城门下呼喊,守门的说:‘这不

宋,呼于垤泽之门[4]。守者曰:‘此非吾君也,何其声之似我君也?’此无他,居相似也。”

是我的君主哇,为什么他的声音像我们的君主呢?’这没有别的缘故,环境相似罢了。”

注释

1 自范之齐:范,地名,故城在今河南范县东南,是从梁(魏)到齐的要道。

2 夫:彼,那人。

3 广居:指仁,见《滕文公下》第二章。

4 垤泽之门:宋东城南门;垤,音 dié。

原文

13.37 孟子曰:“食而弗爱,豕交之也;爱而不敬,兽畜之也。恭敬者,币之未将[1]者也。恭敬而无实,君子不可虚拘。”

13.38 孟子曰:“形色,天性也;惟圣人然后可以践形。”

13.39 齐宣王欲短丧。公孙丑曰:“为期之丧,犹愈于已乎?”孟子曰:“是犹或紾其兄之臂,子谓之姑徐徐云尔,亦教之孝悌

译文

孟子说:“养活他而不怜爱他,等于养头肥猪;怜爱他而不恭敬他,等于养狗养马。恭敬之心是在致送礼物之前就具备了的。只有恭敬的外表,没有恭敬的实质,君子不会被这种虚情假意所拘束。”

孟子说:“人的身体容貌是天生的,但只有圣人才能不辜负此大好天赋。”

齐宣王想要缩短守孝的时间。公孙丑说:“〔父母死了,〕守孝一年,不比停下完全不守强些吗?”孟子说:“这好比有个人在扭他哥哥的胳膊,你

而已矣。”

王子有其母死者，其傅为之请数月之丧。公孙丑曰：“若此者何如也？”曰：“是欲终之而不可得也。虽加一日愈于已，谓夫莫之禁而弗为者也。”

13.40 孟子曰：“君子之所以教者五：有如时雨化之者，有成德者，有达财[2]者，有答问者，有私淑艾[3]者。此五者，君子之所以教也。”

却对他说，暂且慢慢地扭吧，只要教导他孝顺父母尊敬兄长便行了。”

王子有死了母亲的，他的师傅为他请求守孝几个月。公孙丑问道：“像这样的事，怎么样？”孟子答道：“这个是想要把三年的丧期守满事实上却做不到。〔我上次所讲，〕即便多守孝一天也比不守孝好，是对那些没人禁止他守孝却不去守的人说的。”

孟子说：“君子教育的方式有五种：有如春风化雨沾溉万物的，有成全品德的，有培养才能的，有解答疑问的，还有以其流风余韵为人私自学习的。这五种，就是君子教育的方式。”

注释

1 将：送。

2 财：同“材”。

3 私淑艾：淑，取善；艾，通“乂”(yì)，治；私淑艾，就是私下自我完善。清代研究《孟子》的大家焦循读“淑”为“叔”，“艾”为“刈”，都是“取”的意思，“私淑艾”就是私下学习知识。但文献中“淑”未见用为“取”义的，“刈”也从不以抽象意义的知识、思想为宾语。故不取此说。

原文

13.41 公孙丑曰：“道则高矣，美矣，宜若登天

译文

公孙丑说：“道固然很高，很美好，大概像登天一样，似乎高不可攀，为什

然，似不可及也。何不使彼为可几及而日孳孳也？”

孟子曰：“大匠不为拙工改废绳墨，羿不为拙射变其彀率[1]。君子引而不发，跃如也。中道而立，能者从之。”

么不让攀登者为了几乎可攀上而每天努力呢？”

孟子说：“高明的工匠不因为拙劣工人而改变规矩，羿也不因为拙劣射手变更拉弓的标准。君子〔教导他人如射箭手，〕张满了弓，却不发箭，做出跃跃欲试的样子。他在正确道路的正中站住，有能力的便会紧跟上来。”

注释

1 彀率：彀，音 gòu，张满弓；率，音 lǜ，法规，标准；彀率，指开弓的标准。

原文

13.42 孟子曰：“天下有道，以道殉身[1]；天下无道，以身殉道；未闻以道殉乎人者也。”

13.43 公都子曰：“滕更[2]之在门也，若在所礼，而不答，何也？”

孟子曰：“挟贵而问，挟贤而问，挟长而问，挟有勋劳而问，挟故而问，皆所不答也。滕更有二焉。”

译文

孟子说：“天下清明，以自己一身去贯彻‘道’；天下黑暗，君子则不惜为‘道’而死；没有听说过牺牲‘道’来迁就别人的。”

公都子说：“滕更在您门下的时候，似乎在礼遇之列，可您不回答他，为什么呢？”

孟子说：“仗着地位来发问，仗着德才来发问，仗着年长来发问，仗着有功来发问，仗着故交来发问，都是我不回答的。滕更便占了两条。”

注释

1 以道殉身：意思是“道”为自己所运用。

2 滕更：滕国国君的弟弟，孟子的学生。

原文

13.44 孟子曰：“于不可已而已[1]者，无所不已。于所厚者薄，无所不薄也。其进锐者，其退速。”

13.45 孟子曰：“君子之于物也，爱之而弗仁；于民也，仁之而弗亲。亲亲而仁民，仁民而爱物。”

译文

孟子说：“在不可以停止的时候却停止了，那他就没有什么停不下来的时候了；对于应厚待的人却薄待他，那就没有谁不可以薄待了。前进太猛的人，后退也会快。”

孟子说：“君子对于万物，爱惜它，却不对它实行仁德；对于百姓，对他实行仁德，却不亲爱他。君子亲爱亲人，进而仁爱百姓；仁爱百姓，进而爱惜万物。”

注释

1 已：停止。

原文

13.46 孟子曰：“知者无不知也，当务之为急；仁者无不爱也，急亲贤之为务。尧舜之知而不遍物，急先务也；尧舜之仁不遍爱人，急亲贤

译文

孟子说：“智者没有不知道的，但是急于解决当前事务；仁者没有不爱人的，但是急于爱亲人和贤者。尧舜的智慧也不能遍知一切，因为他们急于解决首要任务；尧舜的仁德不能遍爱所有人，因为他们急于爱亲人和贤者。如果不能实行

也。不能三年之丧,而缌、小功之察[1];放饭流歠[2],而问无齿决[3],是之谓不知务。”

三年的丧礼,却对于缌麻三月、小功五月的丧礼仔细讲求;胡吃海喝,却讲究不用牙齿咬断干肉,这个叫作不识大体。”

注释

1 缌、小功之察:缌音 sī,指缌麻三月的孝服;缌麻三月是五种孝服(斩衰、齐衰、大功、小功、缌麻)中的最轻者,指用熟布为孝服,服丧三个月,如女婿为岳父母戴孝。小功,五月的孝服,如外孙为外祖父母戴孝。

2 放饭流歠:放饭,大饭;流歠,长歠;歠,音 chuò,饮,喝。

3 齿决:咬断干肉;在长者跟前咬断干肉,这是不大礼貌的。

尽心章句下凡三十八章

导读

《尽心下》共三十八章。第一章讲梁惠王不仁，他“以其所不爱及其所爱”，而仁人当“老吾老，以及人之老；幼吾幼，以及人之幼”。第二章讲“春秋无义战”，这也是《孟子》中的名言。第三章讲“尽信《书》，则不如无《书》”——同样是名言。第四章讲“善战”是大罪，像武王那样吊民伐罪才是正义的。第五章讲各种工匠能把规矩准则传授给人，技巧的掌握却靠自己。第六章讲大舜贫不卑而富不亢，始终如一。第七章讲“杀人之父，人亦杀其父”，和自己杀了父亲也差不多。第八章讲当今设立关卡不是为了抵御残暴，而是为了实行残暴。第九章讲本人胡作非为，就别想他人能对自己家人规矩。第十章讲考虑周到的人凶年邪世都能保全。十一章讲珍惜名誉的人让国都在所不惜，不珍惜名誉的人请他给人一点吃的却老大不高兴。十二章讲不信仁贤而无礼义，国家就会缺乏粮食和用度。十三章讲不行仁道，是不可能得天下的。十四章讲“民为贵，社稷次之，君为轻”，治国理政的重点当以此为顺序。十五章讲圣人是百世之师，后世之人闻风而能兴起——榜样的力量是无穷的。十六章从“仁”的得名之由讲“仁”是做人的道理。十七章的文字在《万章下》首章已经出现过，讲孔子离开故国和离开他国的不同态度。十八章讲孔子之“厄于陈蔡”，缘于和两国君臣缺乏沟通。十九章讲不必以流言蜚语为虑。二十章讲“贤者以其昭昭使人昭昭，今以其昏昏使人昭昭”。二十一章讲述“地上本没有路，走的人多了，也便成了路”(鲁迅《故乡》)的道理。二十二章的意思和前一章相仿佛，说钟钮因年代久远，所以快磨断了。二十三章讲冯妇不能善始善终，为世人所笑。二十四章讲仁义礼智的追求，对君子而言，乃天性使然。二十五章介绍了什么是善、信、美、大、圣。二十六章表述信仰是自由的，不必以强力约束。二十七章说，取之于民要缓，急则使人民或死或逃。二十八章讲诸侯之宝是土地、人民、政事，把珠宝美玉当宝贝的，将当身而败。二十九章认为某人若“小有才”，而“未闻君子之大道也，则足以杀其躯”。三十章说孟子收徒“往者不追，来者不拒”。三十一章认为仁和义其实很简单，把对家人才肯做的扩展到他人身上，就是仁和义了。三十二章说的也类似，讲平天下要从修身做起。三十三章言简义丰，讲的都是如何修身。三十四章说，游说诸侯，就要藐视他，不要把他高高在上的样子放在眼里；因为他干的那些个事儿，我都不屑于干。三十五章认为，寡欲之人多长寿，多欲之人多短寿。三十六章说，长辈喜欢吃的东西，如果太少，就只留给长辈吃。三十七章，一是说，如果交友交不到中行之士，就找狂放和狷介的人好了；二是阐述为何乡愿是败坏道德的人。三十八章讲述，根据历史，五百年必有王者兴；孔子至今，有一百多年了，未见有圣人兴起，那大概也就没有了。以此作为全书结尾，耐人寻味。这一部分，除了“修身”，还有如何“治国”“平天下”，以及对人物的评骘，对事物的看法。

原文

14.1 孟子曰：“不仁哉梁惠王也！仁者以其所爱及其所不爱，不仁者以其所不爱及其所

译文

孟子说：“太不仁义了，梁惠王这个人哪！仁人把他给喜爱者的恩德推广到他不爱的人，不仁者却把他给不喜爱者的祸害推广到他喜爱的人。”公孙丑问

爱。”公孙丑问曰：“何谓也？”

“梁惠王以土地之故，糜烂其民而战之，大败，将复之，恐不能胜，故驱其所爱子弟以殉之，是之谓以其所不爱及其所爱也。”

14.2 孟子曰：“春秋无义战。彼善于此，则有之矣。征者，上伐下也，敌国不相征也。”

14.3 孟子曰：“尽信《书》，则不如无《书》。吾于《武成》，[1] 取二三策[2] 而已矣。仁人无敌于天下，以至仁伐至不仁，而何其血之流杵也？”

道：“这是什么意思呢？”

答道：“梁惠王为了争夺土地的缘故，驱使他的百姓去作战，暴尸荒野，骨肉糜烂。被打得大败了，预备再战，怕不能得胜，又驱使他所喜爱的子弟去决一死战，这个就叫作把他给不喜爱者的祸害推广到他喜爱的人。”

孟子说：“春秋时代没有正义战争。那一国的君主比这一国的君主好一点，那是有的。但是征讨的意思是在上的讨伐在下的，同等级的国家是不能互相征讨的。”

孟子说：“完全相信《书经》，那还不如没有《书经》。我对于《武成》一篇，只采纳其中两三片简罢了。仁人无敌于天下，凭着周武王的大仁大德来讨代商纣的不仁不德，怎么会让血流得把捣米槌都漂浮起来了呢？”

注释

1 “尽信《书》”至《武成》：《书》，《尚书》。《武成》，《尚书》篇名，所叙大概是周武王伐纣时的事，有“血流漂杵”之说；今日的《尚书·武成》是伪古文。

2 策：竹简；古代用竹简书写。

原文

14.4 孟子曰："有人曰：'我善为陈[1]，我善为战。'大罪也。国君好仁，天下无敌焉。南面而征，北狄[2]怨；东面而征，西夷怨，曰：'奚为后我？'武王之伐殷也，革车三百两，虎贲三千人。王曰：'无畏！宁尔也，非敌百姓也。'若崩厥角[3]稽首。'征'之为言'正'也，各欲正己也，焉用战？"

译文

孟子说："有人说：'我很会布阵，我很会打仗。'这是大罪。国君若喜爱仁德，打遍天下无敌手。〔商汤〕往南征讨，北狄便埋怨；往东征讨，西夷便埋怨，说：'为什么把我排在后面？'周武王讨伐殷商，兵车三百辆，勇士三千人。武王〔对殷商的百姓〕说：'不要害怕！我是来安定你们的，不是和百姓为敌的。'百姓都额头碰地磕起头来。'征'的意思是'正'，若各人都希望端正自己，哪里用得着战争呢？"

注释

1 陈：同"阵"。

2 北狄：有的本子作"北夷"，应以"北狄"为是。a. 如作"北夷"，除本章存疑外，先秦文献中未之一见；而作"北狄"，除见于《孟子》其他两处外，又见于《左传》《管子》。b.《孟子》书中其他两处（《梁惠王下》《滕文公下》）均为"东面而征，西夷怨；南面而征，北狄怨"。

3 厥角：'厥'同"蹶"，顿，叩；角，额角；'厥角'即顿首、磕头。

原文

14.5 孟子曰："梓匠轮舆能与人规矩，不能使人巧。"

译文

孟子说："木工和专做车轮、车箱的人只能够把规矩准则传授给别人，却不能够让别人一定有技巧。"

14.6 孟子曰："舜之饭糗茹草[1]也，若将终身焉；及其为天子也，被袗衣[2]，鼓琴，二女果[3]，若固有之。"

孟子说："舜吃干粮啃野菜的时候，似乎是要终身如此了；等他做了天子，穿着麻葛单衣，弹着琴，尧的两个女儿侍候着，又好像这些本来就是他的。"

注释

1 饭糗茹草：饭，吃饭；糗，音 qiǔ，干饭；茹，音 rú，吃。

2 被袗衣：被，音 pī，披在或穿在身上；袗衣，单衣；袗，音 zhěn。

3 果：音 wǒ，就是《说文解字》所引的"婐"，伺候的意思。

原文

14.7 孟子曰："吾今而后知杀人亲之重也：杀人之父，人亦杀其父；杀人之兄，人亦杀其兄。然则非自杀之也，一间[1]耳。"

14.8 孟子曰："古之为关也，将以御暴；今之为关也，将以为暴。"

译文

孟子说："我今天才知道杀戮别人亲人有多严重了：杀了别人的父亲，别人也就会杀他的父亲；杀了别人的哥哥，别人也就会杀他的哥哥。那么，〔虽然父亲和哥哥〕不是被自己杀掉的，但也相差不远了。"

孟子说："古代设立关卡是打算抵御残暴，今天设立关卡却是打算实行残暴。"

注释

1 一间：意思是相距甚近；间，音 jiàn。

原文

14.9 孟子曰："身不行道，不行于妻子；使人不以道，不能行于妻子。"

14.10 孟子曰："周于利者凶年不能杀[1]，周于德者邪世不能乱。"

译文

孟子说："本人不依道而行，道在妻子儿女身上都行不通；使唤别人不合于道，要去使唤妻子儿女都不可能。"

孟子说："对利考虑周全的人荒年不会丧生，把心思用于道德的人乱世不会迷惑。"

注释

1 周于利者凶年不能杀：周，这里指考虑周到，周全；杀，丧命。这是赵岐的解释。朱熹认为这一"周"是"足够"的意思，指财物富足。当时文献支持赵岐说：《晏子春秋·外篇上》："夫能自周于君者，才能皆非常也。"《管子·宙合》："成功之术，必有巨获，必周于德，审于时。"《淮南子·原道训》："所谓后者……贵其周于数而合于时也。"本章"周于德"和《管子》的是一样的。

原文

14.11 孟子曰："好名之人能让千乘之国，苟非其人，箪食豆羹见于色。[1]"

译文

孟子说："珍惜名誉的人，可以把有千辆兵车国家的君位让给他人；如果不是珍惜名誉的人，即便要他让一筐饭，一盘肉，一张脸也会扯得老长。"

注释

1 "好名之人"至"见于色"：这几句有好几种解释。首先，好名之人，指珍惜名誉之人，并非有的注本所说的沽名钓誉者；当时文献中的"好名者"都如此。例如，《庄子·内篇·人间世》："且昔者桀杀关龙逢，纣杀王子比干，是皆修其身以下伛拊人之民，以下拂其上者也，故其君因其修以挤之；是好名者也。”《韩非子·诡使》：“好名义不进仕者，世谓之‘烈士’。”《淮南子·齐俗训》：“好名者非义不苟得。”其次，苟非其人，指和“好名之人”相反的人。当时文献中“其人”指的都是前文的主语，则本章“苟非其人”意为“苟非好名之人”。

原文

14.12 孟子曰：“不信仁贤，则国空虚[1]；无礼义，则上下乱；无政事，则财用不足。”

14.13 孟子曰：“不行仁而得国者，有之矣；不行仁而得天下者，未之有也。”

译文

孟子说：“不信任仁德贤能的人，那国家就会缺乏粮食；没有礼义，上下的关系就会混乱；国政荒废，国家的用度就会不够。”

孟子说：“不行仁道却能得到国家的，有这样的事；不行仁道却能得到天下的，从没有这样的事。”

注释

1 国空虚：指国内用度缺乏尤其是粮食缺乏。《晏子春秋·内篇谏下第二》：“景公春夏游猎，又起大台之役。晏子谏曰：‘春秋起役，且游猎，夺民农时，国家空虚，不可。’”

原文

14.14 孟子曰：“民为贵，社稷[1]次之，君为轻。是故得乎丘民[2]而为天子，得乎天子为诸侯，得乎诸侯为大夫。诸侯危社稷，则变置[3]。

译文

孟子说：“百姓最为重要，国家政权次之，君主最轻。所以得到百姓的拥戴便做天子，得到天子的拥戴便做诸侯，得到诸侯的拥戴便做大夫。诸侯危害国家，那就改立。

牺牲既成,粢盛既洁,祭祀以时,然而旱干水溢,则变置社稷。”

牺牲既已肥壮,祭品又已清洁,祭祀也按时进行,但还是遭受旱灾水灾,那就改立土谷之神。”

注释

1 社稷:社稷可指土谷之神,也可指国家政权。这一“社稷”指后者。原因有二:a. 全面调查得知,当“社稷”指国家、政权时,古代注家要么不出注,要么出注直书“社稷”而不予解释(尤其当“民”“社稷”“君”并举时);本例“社稷”,赵岐《注》为:“君轻于社稷,社稷轻于民。”b. 当“社稷”指土谷之神时,要与“血食”“奉”“神”“宗庙”等词语一道出现,本例不符合条件。

2 丘民:众民。

3 变置:改立。

原文

14.15 孟子曰:“圣人,百世之师也,伯夷、柳下惠是也。故闻伯夷之风者,顽夫廉,懦夫有立志;闻柳下惠之风者,薄夫敦,鄙夫宽。奋乎百世之上,百世之下,闻者莫不兴起也。非圣人而能若是乎?——而况于亲炙之者乎?”

14.16 孟子曰:“仁也者,人也[1]。合而言之,道也。”

译文

孟子说:“圣人是百代的老师,伯夷和柳下惠便是这样。所以听到伯夷风操的人,贪得无厌的人也清廉起来了,懦弱的人也想着要独立不移了;听到柳下惠风操的人,刻薄的人也厚道起来了,胸襟狭小的人也宽大起来了。他们在百代以前发奋有为,而百代之后,听到的人没有不奋发鼓舞的。不是圣人,能够像这样吗?〔百代以后还能如此,〕何况是亲自接受熏陶的人呢?”

14.17 孟子曰："孔子之去鲁，曰：'迟迟吾行也，去父母国之道也。'去齐，接淅而行——去他国之道也。"

14.18 孟子曰："君子之厄于陈蔡之间[2]，无上下之交也。"

孟子说："'仁'的意思就是'人'，'人'和'仁'合起来说，就是'道'。"

孟子说："孔子离开鲁国，说：'我们慢慢走吧，这是离开祖国的态度。'离开齐国，便不等把米淘完沥干就走——这是离开别国的态度。"

孟子说："孔子被困在陈国、蔡国之间，是由于与两国君臣没有交往的缘故。"

注释

1 仁也者，人也：古音"仁"与"人"相同；《中庸》也说："仁者，人也。"

2 君子之厄于陈蔡之间：君子指孔子。《论语·卫灵公》："在陈绝粮，从者病，莫能兴。"即是此事。

原文

14.19 貉稽[1]曰："稽大不理于口[2]。"孟子曰："无伤也。士憎兹多口。《诗》云：'忧心悄悄，愠于群小[3]。'孔子也。'肆不殄厥愠，亦不殒厥问。[4]'文王也。"

译文

貉稽说："我被人家说得很坏。"孟子说："没有关系。士人讨厌这种多嘴多舌。《诗经》说过：'烦恼沉沉压在心，小人当我眼中钉。'这是形容孔子一类的人。又说：'所以不消除别人的怨恨，也不失去自己的名声。'这是说的文王。"

注释

1 貉稽：姓貉名稽的一位官员。

2 不理于口：即不顺于他人之口。
3 忧心悄悄，愠于群小：见《诗经·邶风·柏舟》。
4 肆不殄厥愠，亦不殒厥问：见《诗经·大雅·绵》；肆，故，所以；殄，音tiǎn，灭绝；厥，那个；愠，恼怒，怨恨；问，通“闻”，声誉。

原文

14.20 孟子曰：“贤者以其昭昭使人昭昭，今以其昏昏使人昭昭。”

14.21 孟子谓高子曰：“山径之蹊[1]，间介然[2]用之而成路；为间[3]不用，则茅塞之矣。今茅塞子心矣。”

译文

孟子说：“贤人一定会用自己的明白来让别人明白，现在有些人自己还模模糊糊，却企图让别人明白。”

孟子对高子说：“山谷里的小道，时不时去走走，它就变成了一条路；只要有一段时间不去走它，又会被茅草堵塞了。现在茅草也把你的心给堵塞了。”

注释

1 山径之蹊：“径”同“陉”，山谷；蹊，音xī，小路。
2 间介然：时不时地，持续不断地。这两句话有两种句读：“山径之蹊间，介然用之而成路”“山径之蹊，间介然用之而成路”。我们取后者。因为，a. 凡“N间”者，均指两或多N之间，如人间、民间、草间、苇间、乳间等等均是，而“蹊间”不具备“两或多”的意义特征。b. 未见一例“蹊间”书证，“之蹊”的书证却有数例。c.“山径之蹊间”，“之”字多余。如“间”前为双音节的词或短语，则加“之”，如“陈蔡之间”“天地之间”“父子之间”；如“间”前为单音节的词，则不加“之”，如“民间”“草间”“乳间”。d.“间”“介”可以互训。如将此二字分属上下读，则未免太过巧合。e.《孟子》中常有同义词连用之例，如“兵革”“米粟”。f. 东汉马融《长笛赋》有“间介无蹊，人迹罕到”句，显然是用《孟子》典故，说明汉人是读为“间介然”的。g.“间介然用之”与下句“为间不用”相呼应。

3 为间：即“有间”，为时不久之意。

原文

14.22 高子曰：“禹之声尚文王之声[1]。”孟子曰：“何以言之？”曰：“以追蠡[2]。”曰：“是奚足哉？城门之轨，两马[3]之力与？”

译文

高子说：“禹的音乐好过文王的音乐。”孟子说：“为什么这样说呢？”答曰：“因为禹传下来的钟钮都快断了。”孟子说：“这个何足以证明呢？城门下车迹那样深，难道只是拉车的马的力量所致吗？〔那是由于日子长久车马经过多的缘故。禹的钟钮要断了，也是由于日子长久了的缘故哇。〕”

注释

1 禹之声尚文王之声：尚，同“上”；禹之声上于文王之声，禹的音乐超过文王的音乐。

2 追蠡：追，就是钟纽（钮），即古钟悬挂之处，旧读 duī；蠡，音 lí，欲断貌。

3 两马：大夫所乘车用两匹马。

原文

14.23 齐饥。陈臻曰：“国人皆以夫子将复为发棠[1]，殆不可复。”孟子曰：“是为冯妇[2]也。晋人有冯妇者，善搏虎。卒为善，士则[3]之。野有

译文

齐国遭了饥荒，陈臻对孟子说：“国内的人都以为老师会再度劝请齐王打开棠地的仓库来赈济灾民，大概不可以再做一次吧。”孟子说：“再做一次就成冯妇了。晋国有个人叫冯妇的，善于和老虎搏斗。后来变好了，〔不再打虎了，〕士人

众逐虎，虎负嵎，莫之敢撄。望见冯妇，趋而迎之。冯妇攘臂下车。众皆悦之，其为士者笑之。”

都以他为榜样。有次野地里有许多人正追逐老虎。老虎背靠着山角，没有人敢于去触犯它。他们望到冯妇了，便快步向前去迎接。冯妇也就捋起袖子，伸出胳膊，走下车来。在场的人都喜欢他，可是当地的士人却在讥笑他。”

注释

1 发棠：发，开仓赈济；棠，地名，今山东即墨南有甘棠社。

2 冯妇：冯，姓；妇，名。

3 则：取法，以……为榜样。

原文

14.24 孟子曰：“口之于味也，目之于色也，耳之于声也，鼻之于臭[1]也，四肢之于安佚[2]也，性也，有命焉，君子不谓性也。仁之于父子也，义之于君臣也，礼之于宾主也，知之于贤者也，圣人之于天道也，命也，有性焉，君子不谓命也。”

译文

孟子说：“口对于美味，眼对于美色，耳对于好听的声音，鼻对于芬芳的气味，手足四肢喜欢舒服，都是人的天性使然，但是得到与否，却属于命运，所以君子不会以天性为借口而强求它们。仁对于父子，义对于君臣，礼对于宾主，智慧对于贤者，圣人对于天道，能够实现与否，属于命运，但也是天性使然，所以君子不会以命运为借口而不去顺从天性。”

注释

1 臭：读作“嗅(xiù)”，气味，这里指芬芳之气。

2 安佚：今写作“安逸”，不辛劳，舒服；佚，音 yì，通“逸”。

原文

14.25 浩生不害[1]问曰："乐正子何人也？"孟子曰："善人也，信人也[2]。""何谓善？何谓信？"

曰："可欲之谓善，有诸己之谓信，[3]充实之谓美，充实而有光辉之谓大，大而化之之谓圣，圣而不可知之之谓神。乐正子，二之中、四之下也。"

译文

浩生不害问道："乐正子是怎样的人？"孟子答道："他是善人，是实在的人。""什么叫作善良？什么叫作有实在？"

答道："人人想要追求的叫做'善'，拥有这些善叫做'实在'；把那善和实在充实扩大便叫做'美好'；充实扩大之，使之光辉洋溢，叫作'伟大'；将那伟大光辉化育天下众生，便叫作'圣'；圣而臻于妙不可言便叫作'神'。乐正子是介于'善'和'实在'两者之中，'美好''伟大''圣''神'四者之下的人物。"

注释

1 浩生不害：齐人，姓浩生，名不害。

2 信人：《墨子·号令》："以富人重室之亲，舍之官府，谨令信人守卫之，谨密为故。""大将使信人将左右救之。""若行县，必使信人先戒舍室，乃出迎。"综合之，意为"可靠之人""靠得住的人""信得过的人"。

3 可欲之谓善，有诸己之谓信：赵岐理解这两句为，推己之善而及于人的人叫做善人，自己有善，说别人也有，就是信人。朱熹的理解却是，他人都想与之亲近的，是善人，拥有善的就是信人。我们综合归纳当时文例，"可欲"是美好事物，"有诸己"为当时习语，拥有美的、善的。我们的理解与朱熹的相近。

原文

14.26 孟子曰："逃墨必归于杨，逃杨必归于儒。归，斯受之而已矣。今之与杨、墨辩者，如追放豚——既入其苙[1]，又从而招[2]之。"

译文

孟子说："逃离墨子一派的，一定归向杨朱一派；逃离杨朱一派的，一定归向儒家一派。只要他回归，接受他就算完了。今天同杨、墨两家辩论的人，好像追逐走失的猪一般——已经送回猪圈了，还要把它的脚给绊住。"

注释

1 既入其苙：入，纳；苙，音 lì，畜养牲畜的栏。

2 招：羁绊其足。

原文

14.27 孟子曰："有布缕之征，粟米之征，力役之征。君子用其一，缓其二。用其二而民有殍，用其三而父子离。"

14.28 孟子曰："诸侯之宝三：土地、人民、政事。宝珠玉者，殃必及身。"

14.29 盆成括[1]仕于齐，孟子曰："死矣，盆成括！"盆成括见杀，门人问曰："夫子何以知其将见

译文

孟子说："有征收布帛的，有征收谷米的，还有征发人力的。君子只采用其中一种，其余两种暂缓征用。如果同时用两种，百姓就会有饿死的；如果三种同时用，那连父子之间也只能离散而各奔东西了。"

孟子说："诸侯的宝贝有三件：土地、百姓和政治。把珍珠美玉当作宝贝的，灾祸一定会降临到他身上。"

盆成括在齐国做官，孟子说："盆成括要死了！"盆成括被杀，学生问道："老师怎么会知道他将被杀？"答道：

杀？”曰：“其为人也小有才，未闻君子之大道也，则足以杀其躯而已矣。”

“他这个人只有小聪明，但是未曾闻知君子的大道理，那便足以招来杀身之祸了。”

注释

1 盆成括：盆成，姓；括，名。

原文

14.30 孟子之滕，馆于上宫。有业屦[1]于牖上，馆人求之弗得。或问之曰：“若是乎从者之廋也[2]？”曰：“子以是为窃屦来与？”曰：“殆非也。夫子之设科也[3]，往者不追，来者不拒。苟是心[4]至，斯受之而已矣。”

译文

孟子到了滕国，住在上宫。有一双没有织成的鞋放在窗台上，旅馆中人去取，却不见了。有人便问孟子说：“跟随您的人，连这样的东西也藏起来吗!？”孟子说：“你以为他们是为了偷鞋而来的吗？”答道：“大概不是的。〔不过〕您老人家开设的课程，〔对学生的态度是〕已去的不追问，将来的不拒绝。如果他们怀着您不会追问的心思到您门下，您也就接受了〔，那难免良莠不齐呢〕。”

注释

1 业屦：未织成的鞋。

2 若是乎从者之廋也：廋，音 sōu，隐藏，藏匿。按，这句话《孟子译注》译为：“像这样，是跟随您的人把它藏起来了吧？”恐非。其实这一类的句子都是感叹句。“若是乎”“如此乎”有的在前，如：“若是乎，贤者之无益于国也！”（《孟子·告子下》）“如此乎礼之急也。”（《礼记·礼运》)有的在后,如:"美哉周之盛也其若此乎!"(《左传·襄公二十九年》)"君子之无耻也若此乎?"(《庄子·杂篇·让王》)

3 夫子之设科也:有些版本作"夫予之设科也",赵岐也注作:"孟子曰,夫我设教授之科,教人以道德也。"我们依然读作"夫子"。因为,a.未见"夫予之设科也"类似句子。b."夫子之设科也"类似句子多见:"夫子之求之也,其诸异乎人之求之与!"(《论语·学而》)"夫子之言性与天道,不可得而闻也。"(《公冶长》)"夫子之问也,固不及质。"(《庄子·外篇·知北游》)

4 是心:赵岐、朱熹解为"学道之心""向道之心",我们认为指孟子"往者不追,来者不拒"的心思。例证如:"宋之盟,子木有祸人之心,武有仁人之心,是楚所以驾于晋也。今武犹是心也。"(《左传·昭公元年》)是心,指仁人之心。"'(王)曰:"何可废也?以羊易之!"——不识有诸?'曰:'有之。'曰:'是心足以王矣。'"(《梁惠王上》)是心,指以羊易之之心。"所欲有甚于生者,所恶有甚于死者。非独贤者有是心也,人皆有之。"(《告子上》)是心,指"所欲……之心"。

原文

14.31 孟子曰:"人皆有所不忍,达之于其所忍,仁也;人皆有所不为,达之于其所为,义也。人能充无欲害人之心,而仁不可胜用也;人能充无穿逾之心,而义不可胜用也;人能充无受尔汝之实[1],无所往而不为义也。士未可以言

译文

孟子说:"每个人都有所不忍心的人和事,把它延伸到所忍心的人和事上,便是仁;每个人都有不肯干的事,把它延伸到所肯干的事上,便是义。〔换言之,〕人能够扩充不想害人的心,仁便取之不尽用之不竭了;人能够扩充不挖洞跳墙的心,义便取之不尽用之不竭了;人能够扩充不受鄙视的言谈举止,那就无往而不合于义了。一个

而言，是以言餂[2]之也；可以言而不言，是以不言餂之也，是皆穿逾之类也。”

士人，不可以同他谈论却去同他谈论，这是用言语来挑逗他，以便自己取利；可以同他谈论却不同他谈论，这是用沉默来挑逗他，以便自己取利，这些都是和挖洞跳墙类似的。”

注释

1 无受尔汝之实：“尔”“汝”为古代尊长对卑幼的称呼，如果平辈用之，除非至交好友，便表示对他的轻视贱视；孟子这话的意思是，若要不受别人的轻贱，自己便先应有不受轻贱的言语行为。

2 餂：音 tiǎn，取。

原文

14.32 孟子曰：“言近而指远者，善言也；守约而施[1]博者，善道也。君子之言也，不下带[2]而道存焉；君子之守，修其身而天下平。人病舍其田而芸人之田——所求于人者重，而所以自任者轻。”

译文

孟子说：“言语虽浅近，而意义却深远的，这是‘善言’；所奉行的简单，效果却广大的，这是‘善道’。君子的言语，讲的虽是浅近的事情，可是‘道’就在其中；君子的操守，从修养自己开始，最终可以使天下太平。做人最怕是放弃自己的田地，而去给别人耘田——要求别人的很重，自己负担的却很轻。”

注释

1 施：施恩。

2 不下带：带，束腰之带；不下带，指人通常所看到的在自己的腰带以上，也就是通常所见、目力所及的事情。

原文

14.33 孟子曰："尧舜，性者也；汤武，反之也。动容周旋中礼者，盛德之至也。哭死而哀，非为生者也。经德不回[1]，非以干禄也。言语必信，非以正行也。君子行法，以俟命而已矣。"

译文

孟子说："尧舜的美德是出于本性，汤、武则是通过修身而将美德加之于己身的。一举一动一颦一蹙无不合于礼的，是美德中达到了顶点的。为死者而哭的悲哀，不是做给生者看的。贯彻道德，远离邪僻，不是为了谋求一官半职。言语一定信实，不全是为了端正行为〔，而是出自善良的本性罢了〕。君子依法度而行，只是等待天命罢了。"

注释

1 经德不回：经，行，贯彻；回，邪，不正。例如：《诗经·小雅·鼓钟》"淑人君子，其德不回。"郑玄解释说："回，邪也。"《鲁颂·閟宫》："赫赫姜嫄，其德不回。"，孔颖达解释说："其德贞正不回邪。"

原文

14.34 孟子曰："说大人，则藐之，勿视其巍巍然[1]。堂高数仞，榱题[2]数尺，我得志，弗为也。食前方丈，侍妾数百人，我得志，弗为也。般乐饮酒，驱骋田猎，后车千乘，我得志，弗为也。在彼者，

译文

孟子说："向大人物进言，就要藐视他，不要把他高高在上的样子放在眼里。殿堂高达数丈，椽子伸出几尺，我如果得志，不这样干。一丈见方的桌子摆满菜肴，陪玩伺候的美女多达数百，我如果得志，不这样干。饮酒作乐，驰驱畋猎，跟随的车子多达千辆，我如果得志，不这样干。那人所干的，都是我

皆我所不为也；在我者，皆古之制也，吾何畏彼哉？”

所不干的；我所干的，都符合古代制度，我为什么要怕那人呢？”

注释

1 勿视其巍巍然：不要把他那高高在上的样子放在眼里。

2 榱题：本义是房椽子，此处指屋檐；榱，椽子，音 cuī；题，物体的一端。

原文

14.35 孟子曰：“养心莫善于寡欲。其为人也寡欲，虽有不存焉者，寡矣；[1] 其为人也多欲，虽有存焉者，寡矣。”

译文

孟子说：“修养心性的方法没有比减少物欲更好的。某人清心寡欲，纵然不排除早死，可能性也不会太大；某人欲望强烈，纵然不排除长寿，可能性也会极低。”

注释

1 “其为人”至“寡矣”：不存，指死去。下文“存”指活着。赵岐《注》：“虽有少欲而亡者，谓遭横暴，若单豹卧深山而遇饥虎之类也。然亦寡矣。”赵岐的意思是说，清心寡欲的人，即使有短命的，这样的人也比较少。按，当时语言，如果“存”的主体是人时，一般都指这人活着。例如：“宦三年矣，未知母之存否。”（《左传·宣公二年》）所以赵岐《注》是不应随便推翻的。

原文

14.36 曾皙嗜羊枣[1]，而曾子不忍食羊枣。公孙丑问曰：“脍炙[2]与羊

译文

曾皙喜欢吃羊枣，曾子因而自己舍不得吃羊枣。公孙丑问道：“烧肉末和羊枣哪一种好吃？”孟子答道：“烧肉末

枣孰美？”孟子曰：“脍炙哉！”公孙丑曰：“然则曾子何为食脍炙而不食羊枣？”曰：“脍炙所同也，羊枣所独也。讳名[3]不讳姓，姓所同也，名所独也。”

呀！”公孙丑又问：“那么，曾子为什么吃烧肉末却不吃羊枣？”答道：“烧肉末是大家都喜欢吃的，羊枣只是个别人喜欢吃的。就好比父母之名要避讳，姓却不避讳一样；因为姓是许多人相同的，名却是他一个人的。”

注释

1 羊枣：小柿子，现在叫作牛奶柿。

2 脍炙：脍，肉糜；炙，烤肉，烧肉。

3 讳名：古代对于父母君上的名字，讲不得，写不得，叫作避讳。

原文

14.37–1 万章问曰：“孔子在陈曰：‘盍归乎来！吾党之小子狂简，进取，不忘其初。’[1]孔子在陈，何思鲁之狂士？”

孟子曰：“孔子‘不得中道而与之，必也狂猬乎！狂者进取，猬者有所不为也’。[2]孔子岂不欲中道哉？不可必得，故思其次也。”

“敢问何如斯可谓狂矣？”曰：“如琴张[3]、曾皙、牧皮[4]者，

译文

万章问道：“孔子在陈国说：‘何不回去呢！我们那里的学生狂放而耿直，进取而不忘本。’孔子在陈国，为什么思念鲁国那些狂放的人？”

孟子答道：“孔子说过：‘不能得到中行之士和他相交，又硬要交友的话，那总要交到狂放和猬介的人吧，狂放的人敢于进取，猬介者还不至于做坏事。’孔子难道不想结交中行之士吗？未必一定得到，所以只能想次一点的了。”

“请问，怎么样的人才能叫作狂

孔子之所谓狂矣。”

“何以谓之狂也？”曰：“其志嘐嘐[5]然，曰，‘古之人，古之人’。夷[6]考其行，而不掩焉者也。狂者又不可得，欲得不屑不洁之士而与之，是狷也，是又其次也。孔子曰：‘过我门而不入我室，我不憾焉者，其惟乡原[7]乎！乡原，德之贼也。’”

放的人呢？”答道：“像琴张、曾皙、牧皮这类人就是孔子所说的狂放的人。”

“为什么说他们是狂放的人呢？”答道：“他们志大而好夸夸其谈，总在说，‘古人哪！古人哪！’可是一考察他们的行为，却做不到说的那么多。假如这种狂放的人还是得不到，便想结交不屑于做坏事的人，这就是狷介之士，这又是次一等的。孔子说：‘从我家大门经过，而不进到我屋里来，我也并不遗憾的，那只有好好先生了。好好先生，是戕害道德的人。’”

注释

1 “孔子在陈”至“不忘其初”：《论语·公冶长》：“子在陈曰，归与归与！吾党之小子狂简，斐然成章，不知所以裁之。”和万章所说略有不同。

2 “孔子”至“有所不为也”：《论语·子路》：“子曰：‘不得中行而与之，必也狂狷乎！狂者进取，狷者有所不为也。’”中道（行），即不左不右，不偏不倚，一切都恰合于仁义道德；狂狷，狂放和狷介；狷介，即洁身自好。

3 琴张：不知何人。

4 牧皮：不知何人。

5 嘐嘐：志大言大者；嘐，音 xiāo。

6 夷：此字暂不可解。

7 乡原：原，同“愿”；乡愿，就是好好先生。

原文

14.37-2 曰:"何如斯可谓之乡原矣?"

曰:"'何以是嘐嘐也?言不顾行,行不顾言,则曰,古之人,古之人。行何为踽踽凉凉[1]?生斯世也,为斯世也,善斯可矣。'阉然[2]媚于世也者,是乡原也。"

万子曰:"一乡皆称原人焉,无所往而不为原人,孔子以为德之贼,何哉?"曰:"非之无举也,刺之无刺也,同乎流俗,合乎污世,居之似忠信,行之似廉洁,众皆悦之,自以为是,而不可与入尧舜之道,故曰'德之贼'也。孔子曰:恶似而非者:恶莠,恐其乱苗也;恶佞,恐其乱义也;恶利口,恐其乱信也;恶郑声,恐其乱乐也;恶紫,

译文

问道:"怎样的人才可以叫他好好先生呢?"

答道:"〔好好先生总是议论狂放之人说:〕'为什么如此志大而夸夸其谈呢?说的挨不着做的,做的也挨不着说的。只是说,古人哪,古人哪。'〔又议论狷介之士说:〕'为什么这样落落寡欢愁眉苦脸呢?'〔又说:〕'生在这个世界上,为这个世界做事,只要大家觉得好就行了。'这种浑浑噩噩只求取媚于俗世的人,就是好好先生。"

万章说:"全乡的人都说他是个诚谨善良的人,他也到处表现为是个诚谨善良的人,孔子竟把他看作戕害道德的人。为什么呢?"答道:"这种人,要非难他,却又举不出什么大错误来;要讥刺他,却也没什么可讥刺,他只是向世间通行的恶俗看齐,和这个污秽的世界合流,平时好像忠诚老实,行动好像清正廉洁,大家也都喜欢他,他自己也以为正确,但是不能和他一道走上尧舜的大道,所以说他是戕害道德的人。孔子说过,厌恶那种似是而非的东西:厌恶狗尾巴草,因为怕它把禾苗弄乱了;厌恶满嘴仁义行为相反的人,因为怕他把义搞乱了;厌恶巧舌如簧辩才无碍

恐其乱朱也;恶乡原,恐其乱德也。君子反经[3]而已矣。经正,则庶民兴;庶民兴,斯无邪慝矣。”

的人,因为怕他把信实搞乱了;厌恶郑国的乐曲,因为怕它把雅乐搞乱了;厌恶紫色,因为怕它把大红色搞乱了;厌恶好好先生,就因为怕他把道德搞乱了。君子使一切事物回到经常正道就可以了。经常正道不被歪曲,老百姓就会振奋兴起;老百姓振奋兴起,就没有邪恶了。”

注释

1 踽踽凉凉:落落寡欢的样子;踽,音 jǔ。

2 阉然:朱熹说:“阉,如阉人之阉,闭藏之意也。”这恐怕是望文生义。上古汉语的“阉”是个名词。而名词,那时一般不能加词尾“然”组成“N+然”结构。阉然,即奄(yǎn)然、厌然、黯然、暗然,是昏暗、暗昧、浑浑噩噩的样子,自然也是“闭藏之意”。

3 反经:归于经常;反,同“返”。

原文

14.38 孟子曰:“由尧舜至于汤,五百有余岁;若禹、皋陶,则见而知之;若汤,则闻而知之。由汤至于文王,五百有余岁,若伊尹、莱朱[1],则见而知之;若文王,则闻而知之。由文王至于孔子,五百有余岁,若太公望、散宜生[2],则见

译文

孟子说:“从尧舜到汤,经历了五百多年,像禹、皋陶这些人便是亲眼见到尧舜之道从而了解其道理的;像汤,便是只听到尧舜之道从而了解其道理的。从汤到文王,又有五百多年,像伊尹、莱朱那些人,便是亲眼见到从而了解其道理的;像文王,便只是听到从而了解其道理的。从文王到孔子,又有五百多年,像太公望、散宜生那些人,便

而知之;若孔子,则闻而知之。由孔子而来至于今,百有余岁,去圣人之世若此其未远也,近圣人之居若此其甚也,然而无有乎尔,则亦无有乎尔。"

是亲眼见到从而了解其道理的;像孔子,便只是听到从而了解其道理的。从孔子一直到今天,有一百多年了,离开圣人的年代竟然像这样地为时不远,距离圣人的故居竟然像这样地触手可及,但是没有继承的人,那就真是没有继承的人了。"

注释

1 莱朱:商汤的贤臣。

2 散宜生:周文王的贤臣,"散宜"为氏,"生"为名。

图书在版编目(CIP)数据

孟子/杨伯峻,杨逢彬导读注译.—长沙:岳麓书社,2023.11(2025.11 重印)

(古典名著全本全注全译)

ISBN 978-7-5538-1932-7

Ⅰ.①孟… Ⅱ.①杨…②杨… Ⅲ.①《孟子》—注释②《孟子》—译文 Ⅳ.①B222.5

中国国家版本馆 CIP 数据核字(2023)第 165373 号

MENGZI

孟子

导读注译:杨伯峻　杨逢彬

责任编辑:周家琛

责任校对:舒　舍

封面设计:罗志义

岳麓书社出版发行

地址:湖南省长沙市爱民路 47 号

邮编:410006

版次:2023 年 11 月第 1 版

印次:2025 年 11 月第 2 次印刷

开本:890mm×1240mm　1/32

印张:11.5

字数:300 千字

书号:ISBN 978-7-5538-1932-7

定价:46.00 元

承印:长沙鸿发印务实业有限公司

如有印装质量问题,请与本社印务部联系

电话:0731-88884129